ALLISON COUDERT · DER STEIN DER WEISEN

ALLISON COUDERT
DER STEIN
DER WEISEN
Die geheime Kunst der Alchemisten

Umschlagmotiv:
Splendor Solis – 7 Traktate vom Stein der Weisen
Schule von Nürnberg, um 1531/32, Ausschnitt

Lizenzausgabe 1992 für
Manfred Pawlak Verlagsgesellschaft mbH,
Herrsching
mit Genehmigung des Scherz Verlages, Bern und München
Titel der Originalausgabe: »Alchemy: the Philosopher's Stone«
© 1980 by Allison Coudert
Einzig berechtigte Übersetzung aus dem Englischen von
Christian Quatmann
Gesamtdeutsche Rechte bei Scherz Verlag, Bern und München
Umschlaggestaltung: Bine Cordes, Weyarn
Umschlagmotiv: bildarchiv preußischer kulturbesitz, Berlin
Gesamtherstellung: Mohndruck, Gütersloh
Printed in Germany
ISBN 3-88199-911-6

Inhaltsverzeichnis

Einleitung

Im China des 12. Jahrhunderts trank Lin Yen-chen, ein eitler Gesundheitsfanatiker, eine Flüssigkeit, die sein Arzt ihm als Lebenselixier verschrieben hatte – und starb eines langsamen, qualvollen Todes infolge von Quecksilbervergiftung.

Im Jahre 1604 drangen die Prahlereien des schottischen Alchemisten Alexander Seton bis zu Christian II., dem verarmten, aber habgierigen Kurfürsten von Sachsen. Christian lockte den kleinen, rundlichen Alchemisten in sein Schloß und wollte von ihm das Geheimnis der Transmutation erfahren. Als Seton sich weigerte, sein Wissen preiszugeben, sperrte Christian ihn in einen Turm und beauftragte vierzig (!) Männer, ihm durch Folterungen die entsprechende Formel zu entreißen. Obwohl man ihm mit spitzen Eisenstangen zusetzte, geschmolzenes Blei über seinen Körper goß, ihn der Glut des Feuers aussetzte, mit Ruten schlug und räderte, bis seine Gliedmaßen verrenkt und ausgekugelt waren, hielt Seton den Mund. Es gelang ihm schließlich, aus der Haft zu fliehen, aber gebrochen, wie er war, starb er kurze Zeit darauf.

Im Jahre 1703 ereilte Domenico Parodi, einen bekannten Bildhauer aus Genua, sein Schicksal sogar noch schneller. Im Zuge seiner Suche nach der alchemistischen Formel für die Transmutation unedlen Metalls in Gold stieß er zufällig auf eine Antimon-Verbindung und transmutierte, als er eine kleine Menge des giftigen Gases einatmete, sich selbst in Vergessenheit.

Seit mehr als zweitausend Jahren haben Alchemisten überall

auf der Welt ihre Zeit und ihre Energie, ihr Geld und oft sich selbst der grausamen Göttin Alchemie geopfert, die viel verlangte, doch jenen, die mutig genug waren, ihre erwählten Söhne zu werden, noch mehr versprach. Unermeßlicher Reichtum, geistige Erleuchtung und ewiges Leben waren die Geschenke, die sie zu vergeben hatte, aber furchtbar war auch der Preis des Scheiterns: bestenfalls Armut, meist jedoch Verdammung und Tod. Die Gewinnchancen sprachen gegen den Erfolg, aber immer und überall hat es jene außergewöhnlich hartnäckigen – in den Augen der meisten Leute verbohrten – Individuen gegeben, die bereit waren, das Spiel zu wagen. Auf ihrer Suche nach Reichtum, Vergeistigung und ewigem Leben, mit einem Wort: nach Vollkommenheit, überschritten die Alchemisten die Grenzen von Konvention, Wissenschaft, Religion, ja, die Grenzen der Vernunft. Zwar haben sie wahrscheinlich niemals wirklich unedles Metall in Gold transmutiert oder die Formel für Unsterblichkeit entdeckt, aber in ihren Laboratorien wurde die Chemie geboren, die Psychologen fanden Anschauungsmaterial in ihren Visionen, der Surrealismus machte bedeutende Anleihen bei ihrer Kunst und, was am wichtigsten ist, ihre Suche wirft Licht auf unsere eigene. Mögen sie im einzelnen auch andere Überzeugungen vertreten haben als wir, so ist doch die Grundtendenz ihrer Hoffnungen und Wünsche identisch mit der unseren. »Für uns ist der Himmel«, wie C. G. Jung sagt, »leerer Raum geworden, eine schöne Erinnerung an Dinge, die einmal waren. Aber unsere Herzen glühen, und heimlich nagt Unrast an den Wurzeln unseres Seins.«*

Im Gegensatz zu unserem leeren Himmel quoll der Himmel der Alchemisten über von prächtigen, bizarren Darstellungen zerstückelter Drachen, verwesender Körper, giftiger Schlangen, kopulierender Paare und Bildern von Pelikanen, die die eigene Brust aufreißen, um mit dem eigenen Blut ihre Jungen zu füt-

---

* Die bibliographischen Angaben zu im Buch erwähnten Autoren und zitierten Werken sind dem Literaturverzeichnis S. 255 ff. zu entnehmen.

tern. Gekrönte Könige und juwelenbehängte Königinnen reiben ihre Schultern an fremdartigen hermaphroditischen Geschöpfen, die auf Sonnenscheiben stehen oder auf brennenden Scheiterhaufen liegen. Gift, Krieg, Mord und Inzest sind die Schattenseiten von Liebe, Ehe, Geburt und ewigem Leben. Alle Größe und Niedrigkeit der menschlichen Natur liegen in dem unerschöpflichen Reichtum des alchemistischen Symbolismus verborgen. Wenn wir uns die Zeit nehmen, seine Sprache wiederzuerlernen, dann werden die Bilder ein Leben gewinnen, das zu unserem eigenen spricht.

Die Alchemie hat Teil an der allgemeinen Symbolsprache aller Mythen und Religionen. So wie Körper und Gehirn des Menschen im Grunde seit Zehntausenden von Jahren unverändert geblieben sind, so sind auch menschliche Erfahrungen und die Weisen ihrer Beschreibung und Erklärung gleichgeblieben. Geburt, Jugend, Reife, Alter und Tod sind ganz offensichtlich anthropologische Konstanten. Die Dichotomien von Leben und Tod, Licht und Dunkelheit, männlich und weiblich, oben und unten, Schlaf und Wachsein haben unausweichlich Form und Struktur des menschlichen Denkens über die Welt und die eigene Gattung in Gegenwart und Vergangenheit bestimmt.

Mythos und Religion entspringen dem Bedürfnis, dem kurzen Abenteuer, das der Mensch auf Erden zu bestehen hat, einen Sinn zu geben; sie helfen ihm, das Unvermeidliche als notwendig anzunehmen. Mythos und Religion sind beide zutiefst konservativ, da sie der *Tradition* Rechtfertigung und immer erneute Gültigkeit verleihen, indem sie sie als verbindliche Offenbarung einer wie immer gearteten höheren Autorität – Götter, Vorfahren, Naturgesetz – darstellen. Darüber hinaus geben sie Antwort auf alle Fragen, die ein gutes und nützliches Glied der Gesellschaft so zwischen Geburt und Tod bewegen mochten.

Auch die Alchemie operierte auf diesen beiden Ebenen: Sie verfolgte sowohl praktische als auch religiöse Ziele, indem sie die Menschen darüber belehrte, wie sie Gesundheit, Wohlstand, langes Leben erreichen könnten, und ihnen zugleich tröstliche Erklärungen über den Platz des Menschen im Universum vermittelte. Ist doch schon allein ihr Name nach wie vor in geheimnisvolles Dunkel gehüllt, da man nur *vermutet,* daß das mittellateinische *alchimia* abzuleiten ist vom griechischen *chemeia,* der Lehre vom Feuchten, dem »Urgrund« möglicherweise. Und was die einen abfällig »vermeintliche Goldmacherkunst« nennen, ist den anderen der einzig wahre Weg zu letzter Vollendung. Kein Wunder also, daß sich ganz verschiedene Charaktere von ihr angezogen fühlten. Die »Realisten« hofften, mit ihrer Hilfe das gute Leben zu genießen, den versprochenen Reichtum anzuhäufen und sich ewiger Jugend zu erfreuen. Die meisten von ihnen verloren dabei jedoch nur ihr Vermögen und machten sich das Leben schwer durch immer wieder erfolglose Versuche, unedles Metall in Gold zu transmutieren oder altem Fleisch seine jugendliche Frische wiederzugeben. Doch es gab auch jene, die nach tieferer Erkenntnis strebten und nach jenem Reichtum, der sich nicht in klingender Münze manifestiert. Ihr Interesse galt der anderen Seite der Alchemie, sie gesellten sich zu den »Suchern«, die es sich zur Aufgabe gemacht hatten, den geheimnisvollen Stein der Weisen zu finden, Inbegriff allen Wissens und aller Wahrheit.

Der Stein der Weisen (*Theatrum Chemicum Britannicum,* 1652).

Sie alle jedoch, »Realisten« wie »Idealisten«, wurden angetrieben von der ewigen menschlichen Sehnsucht, in einer Welt der flüchtigen Erscheinungen Stabilität und Dauer zu erlangen. Und eben diese Sehnsucht treibt uns noch heute.

Das Credo der Alchemisten

Nicolas Flamel, ein armer Schreiber, lebte zusammen mit seiner ihm treu ergebenen Frau Perrenelle in Paris. Eines Tages stieß er zufällig auf ein altes Buch; es war schön in Messing gebunden und voller eigentümlicher Zeichnungen. Flamel kaufte das Buch für zwei Gulden und nahm es mit nach Hause. Tagelang saß er über den fremdartigen Bildern. Auf einem davon versuchte ein alter Mann, der mit einem Stundenglas auf dem Kopf und einer Sense in der Hand vom Himmel herabschwebte, die geflügelten Füße des jungen Gottes Merkur abzuhacken. Auf einem anderen blies der Nordwind heftig in einen Busch roter und weißer Blumen, die auf der Spitze eines Berges wuchsen. Unterhalb des Busches saßen Drachen und Greife heiter in ihren Nestern. Das furchterregendste Bild zeigte König Herodes, wie er ein Schwert schwang und den Soldaten um ihn herum befahl, eine Gruppe kleiner Kinder niederzumetzeln, deren Mütter zu Füßen der erbarmungslosen Soldaten lagen und herzzerreißend weinten. (In seinem zweiten Surrealistischen Manifest bezeichnete André Breton diese Szene als *das* surrealistische Bild schlechthin.) Flamel erfuhr, daß das Buch von »Abraham, dem Juden, Prinzen, Priester, Leviten, Astrologen und Philosophen« geschrieben worden war, um seine Brüder zu lehren, wie man selbst das Gold machen könne, das sie als Tribut an Rom zahlen mußten.

Flamel suchte den berühmtesten Alchemisten von Paris auf und erfuhr von diesem eine Menge über die exotischen Bilder in seinem außergewöhnlichen Buch, aber jenes letzte Geheimnis, das auf rätselhafte Weise in diesen Seiten verborgen war, konnte auch er nicht entschlüsseln. Flamel fiel in einen Zustand tiefer Niedergeschlagenheit. Als seine Frau ihn fragte, was ihn denn so bedrücke, zeigte Flamel ihr das Buch, und zu seiner Freude erwies sich ihre Neugierde als genauso stark wie seine eigene.

Die nun folgenden einundzwanzig Jahre arbeiteten sie beide unermüdlich daran, dem Geheimnis des Steins der Weisen auf die Spur zu kommen. Umsonst. Der Verzweiflung nahe, beschlossen sie, Flamel solle nach Spanien reisen, um einen Juden ausfindig zu machen, der in der Kabbala bewandert war und vielleicht die rätselhaften Figuren erklären könnte. Flamel traf schließlich in Spanien einen jüdischen Arzt namens Meister Canches, der überglücklich war, ein Buch zu sehen, das er schon lange verloren glaubte. Auf der Rückreise nach Frankreich begann Meister Canches, der Flamel begleitete, die Bilder zu erklären. Aber bevor er noch alles offenbaren konnte, wurde der Jude krank und starb.

Die hieroglyphischen Figuren des Nicolas Flamel (ca. 1330–1418).

Als Flamel zu seiner geliebten Perrenelle zurückkehrte, wußte er zwar wesentlich mehr als vor seiner Reise, aber das letzte Geheimnis der Kunst kannte er noch immer nicht. Nach vielen weiteren Jahren harter und mühevoller Laboratoriumsarbeit entdeckten die beiden schließlich die Formel. Am 17. Januar 1382 mittags verwandelte das Ehepaar ein halbes Pfund Quecksilber in reines Silber. Vier Monate später, am 25. April gegen fünf Uhr nachmittags, gelang ihnen angeblich das noch schwierigere Unternehmen, die gleiche Menge Quecksilber in reines Gold zu transmutieren.

Das kinderlose Paar verwendete das Vermögen, das sich in der Folgezeit ansammelte, für wohltätige Zwecke. Die beiden halfen Witwen und Waisen, ließen vierzehn Hospitäler, drei Kapellen und sieben Kirchen bauen und viele Friedhöfe wiederherrichten. Flamel ließ Kopien der rätselhaften Figuren aus seinem Buch auf einen Bogen malen, den er auf dem Friedhof der Unschuldigen Kinder errichtete. Dort legten sie bis zur Mitte des 18. Jahrhunderts beredtes Zeugnis ab für die romantischste alchemistische Erfolgsgeschichte, die es in der Überlieferung gibt.*

Nicht alle Alchemisten waren so erfolgreich wie Nicolas Flamel. Giorgio Vasari, der berühmte italienische Maler und Kunstschriftsteller, erzählt die warnende Geschichte des Malers Parmigianino (1503–40), eines großen und originellen Künstlers, dessen schicksalhafte Leidenschaft für die Alchemie ihn zunächst arm machte und dann ins Grab brachte.

Parmigianino hatte den Auftrag, die Gewölbe und Kuppeln der Steccata, einer berühmten Renaissance-Kirche in Parma, auszumalen, aber er steckte so tief in seinen alchemistischen Experi-

---

* Nicolas Flamel (1330–1418) war tatsächlich ein Pariser Schreiber, der der Wohlfahrt ein Vermögen hinterließ und auch die Hieroglyphen-Malerei auf dem Friedhof bezahlte. Eine Marmorplatte von seinem Grab ist im Musée de Cluny zu sehen. Sie ist mit den Figuren der Heiligen Peter und Paul geschmückt und mit Symbolen für Sonne und Mond. Die Flamel zugeschriebenen Bücher sind jedoch Fälschungen des 16. und 17. Jahrhunderts.

menten, daß er mehr und mehr den Pinsel zugunsten des Schmelzofens vernachlässigte. Anstatt sich auf der Suche nach schönen Motiven den Kopf zu zerbrechen und die Kirchenwände damit zu schmücken, verschwendete er seine Zeit darauf, mit Kohlefeuer und Glasgefäßen zu spielen, und gab an einem Tag mehr Geld aus, als er in einer Woche verdiente. Die Männer der für die Steccata zuständigen Baugenossenschaft merkten natürlich bald, daß die Arbeit nicht mehr voranging, und forderten per Gerichtsbeschluß die Rückzahlung eines ihm gewährten Vorschusses. In tiefster Nacht floh Parmigianino nach Casal Maggiore. Dort ließ er einige Zeit die Finger von der Alchemie und bemalte eine Holzvertäfelung für die Kirche des heiligen Stephan. Aber schon bald darauf packte ihn seine unglückselige Leidenschaft erneut.

»Am Ende wurde Parmigianino – wie so viele andere, die sich ganz der Alchemie hingaben – geradezu verrückt. Aus einem gepflegten freundlichen Menschen verwandelte er sich in einen beinahe wilden, kaum noch zu erkennenden Mann mit langem Bart und ungekämmtem Haar. Derart heruntergekommen, melancholisch und exzentrisch geworden, fiel er einem starken Fieber und heftigem Ausfluß zum Opfer, die ihm innerhalb von ein paar Tagen das Tor zu einem besseren Leben öffneten. So fand er Erlösung von den Qualen dieser Welt, die er immer nur als einen Ort voll der Sorgen und Not gekannt hatte. Er wurde nackt begraben, wie er es verlangt hatte, mit einem Zypressenkreuz aufrecht auf der Brust.«*

Aber immer wieder setzte einer seine ganze Hoffnung auf Glück und Erkenntnis in die Alchemie. Und jeder Geschichte des Scheiterns, wie der Parmigianinos, hielten die Alchemisten Hunderte von Erfolgen entgegen wie beispielsweise den Flamels. Das alte Sprichwort »Wenn Wünsche Pferde wären, würden die Bettler reiten« trifft genau auf diese Adepten zu, die wie besessen auf den Pferden ihrer Phantasie dem Goldtopf am Ende des

* Zit. n. R. Wittkower, *Born Under Saturn*.

alchemistischen Regenbogens hinterherritten. Dennoch waren die meisten Alchemisten keine unbesonnenen Narren, die leichtsinnig in unbekannte Regionen vorgestürmt wären. Sie galoppierten den ausgetretenen Pfad der alten Philosophie entlang, und über die Hürden, auf die sie stießen, halfen ihnen die Ratschläge ehrwürdiger Denker hinweg. Die Weisheit aller Zeiten sollte der urmenschlichen Suche nach Gesundheit, Wohlstand und ewigem Leben dienstbar gemacht werden.

Würde ein kleines grünes Männchen vier Tage auf der Erde verbringen und Scotch und Soda, Whisky und Soda, Wermut und Soda und Weinbrand und Soda trinken, könnte es vernünftigerweise schlußfolgern, daß man von Soda betrunken wird. Obwohl im Irrtum, wäre es doch aufgrund einer streng logischen Kombination von Beobachtung und Deduktion zu dem Ergebnis gelangt. Die Alchemisten haben nichts anderes getan. Sie akzeptierten dieselben wissenschaftlichen Theoreme über die Materie wie die meisten intelligenten Leute bis ins 19. Jahrhundert hinein. Ausgehend von den Lehrsätzen des Aristoteles entwickelten sich die grundlegenden Theorien in den folgenden Jahrhunderten immer weiter, wurden differenzierter und umfassender zugleich.

Transmutation ist eine Lebenstatsache. Raupen verwandeln sich in Schmetterlinge, Eis schmilzt und wird zu Wasser, aus kleinen Eicheln entwickeln sich mächtige Bäume. Endlos ist die Reihe der Verwandlungen, die sich in der Natur oder im Laboratorium ereignen. Und schon lange, bevor es Alchemisten gab, fragten sich die Menschen: »Warum?«

Aristoteles gab eine Antwort, die die meisten Bewohner des Abendlands mehr als zweitausend Jahre lang zufriedenstellte. Er glaubte, genau wie Platon, daß alle Einzelformen von einer unbegrenzten, plastikartigen Materie stammen. Wurden diesem Urstoff die vier Qualitäten heiß, kalt, feucht und trocken eingeprägt – wie ein Siegel in flüssiges Wachs –, so entwickelten sich daraus die vier Elemente Erde, Luft, Feuer, Wasser. Alles bestand aus den vier Elementen, aus ihrer Kombination in verschiedensten Proportionen.

Aristoteles' Festlegung auf vier Elemente war offensichtlich willkürlich – die Chinesen kannten fünf –, aber sie eröffnete einen einfachen Weg der Kategorisierung und Erklärung vieler chemischer und physikalischer Eigenschaften von Körpern. Ein fester Körper war deshalb fest, weil das Element Erde in ihm gegenüber allen anderen Elementen überwog. Flüssigkeiten setzten sich überwiegend aus Wasser zusammen und Gase aus Luft. Das Element Feuer mußte schon in einem Körper enthalten sein, bevor er brannte.

Es war nicht leicht, oft sogar unmöglich, Substanzen in ihre Bestandteile zu zerlegen, aber sahen sie grünes Holz brennen, dann nahmen die Alchemisten an, sie sähen die vier Elemente: Der aufsteigende Rauch war für sie Luft, die feuchten Ausdünstungen waren Wasser, die Asche war Erde und das Feuer selbst natürlich Feuer.

Aristoteles' Theorie der vier Elemente war bis vor relativ kurzer Zeit ein derart fundamentaler Aspekt des westlich-abendländischen Denkens, daß es schwierig ist, die alten Schriften ohne diese Grundkenntnisse überhaupt zu verstehen.

Substanzen sind in ständiger Veränderung begriffen; sie treten in Erscheinung, wachsen, zerfallen, nehmen ab und verschwinden schließlich. Aristoteles erklärte diese Tatsache, indem er behauptete, daß die Elemente innerhalb der Substanzen ständig in fließender Bewegung seien und dabei von einem Zustand in den anderen übergingen – Erde in Wasser, Wasser in Luft, Luft in Feuer und umgekehrt. In diesem aristotelischen Märchenland brauchte der geübte Alchemist nur bewußt das zu tun, was überall in der Natur »von alleine« geschah. Durch Veränderung der Mischungsverhältnisse der vier konstitutiven Elemente in einer Substanz sollte er imstande sein, ein Ding in ein anderes zu verwandeln. »Wenn man einen metallischen Körper in einen anderen verwandeln will«, schrieb der Verfasser – angeblich Roger Bacon – von *The True Glass of Alchemy*, »dann möge man durch Addition und Subtraktion von einem Element etwas hinzufügen und weniger von einem anderen und sie wohl oder übel nach eigenem Belieben miteinander verschmelzen.« Das folgende Diagramm zeigt, wie geradlinig und logisch man sich diesen Vorgang dachte:

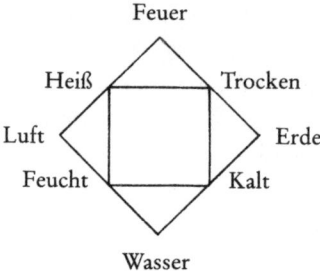

Erde beispielsweise war das Element, das entstand, wenn die Qualitäten trocken und kalt dem Urstoff eingeprägt wurden. Um Erde in Wasser zu verwandeln, galt es nur, die Qualität trocken durch feucht zu ersetzen. Nach dieser Logik ließ sich aus Wasser Luft machen, indem man an die Stelle von kalt heiß setzte. War es nicht genau das, was jedesmal passierte, wenn ein Kessel Wasser kochte?

Laut Aristoteles bestand jede Substanz aus Urstoff und einer spezifischen »Form«. Diese »Form« war eine Art primitiver DNA, die alle Charakteristika der Substanz determinierte, einschließlich der entsprechenden Element-Proportionen. Die »Form« eines Löwen war deshalb gänzlich verschieden von der »Form« des Lamms, nach dem es ihn gelüstete, genau wie die »Form« von Blei sich von der »Form« des Goldes unterschied. Alles, was es zu tun galt, um eine Substanz in eine andere umzuwandeln, war, die »Form« zu verändern. Und diese einfache Transformation zu erreichen, war das Ziel der Alchemisten – vor allem natürlich, die »Form« des Goldes zu finden und damit den Stein der Weisen.

»Die Alchemie«, schrieb Albertus Magnus, Lehrer des heiligen Thomas von Aquin und selbst ein berühmter Alchemist, »geht derart vor, daß sie eine Substanz zerstört, indem sie ihre spezifische Form wegnimmt und . . . die spezifische Form einer anderen Substanz hervorbringt.« Albertus Magnus wußte genau, wovon er da sprach, wenn wir den erstaunlichen Berichten über ein Diner, das er für den deutschen König Wilhelm von Holland gab, Glauben schenken dürfen. Obwohl tiefster Winter war, ließ Albertus Magnus die Tische im schneebedeckten Garten seines Klosters in Köln aufstellen. Während der verwirrte Fürst sich niedersetzte, um bei eisigem Wind zu speisen, verschwand plötzlich der Schnee, Frühlingslüfte erfüllten den Garten und süßduftende Blumen entsprossen der gefrorenen Erde. Die Bäume blühten, und Vögel flatterten durch ihre Zweige. Sobald das Mahl beendet war, bemächtigte sich jedoch wiederum die eisige »Form« des Winters des Zaubergartens.

Albertus Magnus glaubte wie jeder andere gestandene Alchemist, daß die Erschaffung eines Dinges die vorherige Zerstörung eines anderen verlangte – eine Überzeugung mit langer Tradition, bildete sie doch die den alten Fruchtbarkeitsriten zugrunde liegende Daseinserklärung. Nur der Tod von Tammuz, Dionysos, Attis, Osiris und Persephone oder ein Menschen- bzw. Tieropfer konnten das Wachstum der für das nächste Jahr benötigten Lebensmittel gewährleisten. Aus dem Tod entsteht das Leben, oder wie es in einem von den Alchemisten häufig zitierten Vers aus dem Johannes-Evangelium heißt: »Wahrlich, wahrlich, ich sage euch: Wenn das Weizenkorn nicht in die Erde fällt und stirbt, so bleibt es für sich allein; wenn es aber stirbt, bringt es viele Frucht« (12, 24). Die Vorstellung, daß der Tod der Geburt vorausgehen muß, ist ein grundlegendes alchemistisches Postulat und erklärt, warum das erste Stadium der alchemistischen Arbeit, worin eine Substanz ihrer Form beraubt und in den Zustand des Urstoffes zurückversetzt wird, als »Tod«, »Mortifikation« oder »Verwesung« der unreinen Substanz bezeichnet wird, die sich später in Gold verwandeln soll.

Die Alchemisten akzeptierten Aristoteles' Feststellung, daß alles in der Natur nach Vollkommenheit strebe. Das Kind strebt danach, ein reifer Mensch zu werden, die Knospe will sich zur vollen Blüte entwickeln. Gold war das vollkommenste der sieben

Metalle, und die sechs unedlen Metalle (Silber, Kupfer, Queck-silber, Zinn, Eisen und Blei) kämpften um dieselbe Vollkommen-heit. Und sie werden sie erreichen – vorausgesetzt, man läßt ihnen genügend Zeit in den Tiefen der Erde, oder die Zauber-kunst eines Alchemisten kommt ihnen zu Hilfe. »Unter den Me-tallen«, schrieb Petrus Bonus im 14. Jahrhundert, »gibt es nur ein vollkommenes, das den höchsten Grad metallischer Vollständig-keit repräsentiert, nämlich das Gold, und alle anderen sind dar-aufhin angelegt, sich in jenes zu verwandeln.«

Abu'l-Qasim al-Iraqui formulierte die islamische Version dieser alchemistischen Grundüberzeugung als frommen Ausruf: »Wis-se, möge Allah, der Höchstgepriesene, sich deiner erbarmen, daß wir am Anfang sagten, daß diese sechs Formen ihrer Art nach Gold sind, und daß Gold ihre Grenze ist.« Gold galt als das vollkommenste der Metalle, weil es am beständigsten war; und es war am beständigsten, weil es eine Mischung aller vier Elemente in so ausgewogenem Verhältnis enthielt, daß man sie nicht tren-nen konnte.

Aristoteles schlug noch eine andere Methode vor, die Unter-schiede zwischen Mineralien und Metallen zu beschreiben. Ob-wohl Metalle und Mineralien grundsätzlich aus den vier Elemen-ten zusammengesetzt sind, seien ihre unmittelbaren Konstituen-ten jedoch zwei »Ausdünstungen«, die sich unterhalb der Erd-oberfläche bilden, ein »erdiger Rauch« und ein »wäßriger Dunst«. Der erdige Rauch bestehe aus kleinen Erdpartikeln, die im Begriff seien, Feuer zu werden, während es sich bei dem wäßrigen Dunst um Wasser handele, das beginne, sich in Luft zu verwandeln. Steine und Mineralien würden aus dem erdigen Rauch gebildet und könnten deshalb nicht schmelzen oder sich verflüssigen. Metalle bestünden dagegen aus dem wäßrigen Dunst, wodurch sich erkläre, warum sie verformbar seien.

Die Alchemisten erweiterten diese Theorie Aristoteles' und nahmen an, die beiden Ausdünstungen seien eine »ideale« Art von Schwefel und Quecksilber, die in verschiedenen Mischungs-verhältnissen und Reinheitsgraden miteinander kombiniert seien, um die verschiedenen Mineralien und Metalle zu bilden. Das »merkurische« (Quecksilber-)Prinzip schien eine ausreichend plausible Erklärung für die Tatsache zu liefern, daß alle bekannten Metalle schmelzbar waren und in diesem Zustand dem einen immer flüssigen gleich wurden, nämlich dem Quecksilber. Dabei wußte jeder Alchemist ganz genau, daß gewöhnlicher Schwefel und Quecksilber unmöglich die Konstituenten der Metalle sein konnten, weil ihre Kombination Zinnobererz (Schwefelsulfid) ergibt. Das mag auch der Anlaß gewesen sein, die ursprüngliche Theorie aufzugeben, und statt dessen *ihren* Schwefel und *ihr* Quecksilber als »sophisch«, »philosophisch«, »ideal« oder ein-

Philosophisches Sulfur und Quecksilber vereint im Stein der Weisen (*Viridarium Chymicum*, 1624).

fach als »nicht gemein« zu beschreiben: »Sulphur und Mercurius (Schwefel und Quecksilber), nicht aber die gemeine, so von Krämern und Apothekern verkauft werden, sondern dieselben, so uns diese beyde schöne und angenehme von uns so hochgeliebte Leiber darreichen.« (Nicolas Flamel)

Die Schwefel/Quecksilber-Theorie überlebte mit Hinzufügung und Modifikationen bis zum Beginn der modernen Chemie im 18. Jahrhundert. Erst als Lavoisier der Phlogiston-Theorie, die die Verbrennung der Existenz eines »feurigen« Prinzips in den Körpern zuschrieb, den Gnadenstoß gab, verschwand sie völlig aus der Chemie (s. S. 251 f.).

Die Schwefel/Quecksilber-Theorie war jedoch ein Grundpfeiler der islamischen und abendländischen Alchemie. Schwefel und Quecksilber galten der Alchemisten-Zunft als »Eltern aller anderen Metalle«, oder, wie Thomas Norton sich ausdrückte: Der Schwefel und das Quecksilber in den Metallen sind wie die »schöne Weiße Frau, die mit dem Rötlichen Mann verheiratet ist«. Nortons Formulierung ist ein gutes Beispiel für die Art und Weise, in der Alchemisten menschliche Erfahrungswerte in die »tote« Natur hineinprojizierten. Sie unterschieden nicht zwischen sich selbst und der Umwelt, sondern »belebten« alles um sich herum. Metalle und Mineralien wurden geboren, wuchsen, heirateten, kopulierten, gebaren und starben. Felsen und Steine hatten Körper, Seelen, Gefühle und Wünsche. Die Alchemisten bedienten sich der leidenschaftlichen Sprache von Liebe und Haß, um chemische Reaktionen zu beschreiben, die wir in langweiligen Formeln wiedergeben.

Die Schwefel/Quecksilber-Theorie wurde im 16. Jahrhundert von einer der interessantesten Erscheinungen der Wissenschaftsgeschichte beeinflußt, und zwar von dem »paranoiden, sonderbaren, Mißbrauch treibenden, normalerweise betrunkenen Genie Philippus Aureolus Theophrastus Bombastus von Hohenheim, gemeinhin bekannt als Paracelsus, weil er nach seiner eigenen Einschätzung bedeutender war als der große griechische Arzt Celsus«. So die wenig schmeichelhafte Charakterisierung durch seinen Assistenten Johannes Oporinus, der noch mehr Interna auszuplaudern weiß:

Weder bescheiden in der Präsentation seiner Ansichten noch in sprachlicher Hinsicht sich Zurückhaltung auferlegend, griff Paracelsus das wissenschaftliche und medizinische Establishment seiner Zeit mit beißendem Spott an. Er beschimpfte Ärzte als unwissende Betrüger, denen es mehr auf das Geld als auf die Gesundheit ihrer Patienten ankomme, und er machte sich über ihre Therapie des Aderlasses lustig und über die Abführmittel, die sie den Kranken verabreichten, oder darüber, daß sie im Falle eines Mißerfolgs dieser Behandlungsmethode lächerlich teure Diäten aus feinsten Delikatessen verschrieben, die für das einfache Volk unbezahlbar waren. Er brachte seine Gegner mit seinen Schimpftiraden derart auf, daß sie ihm mit gleicher Münze zurückzahlten und hämisch auf seinen Alkoholkonsum verwiesen, auf sein verdächtig geringes Interesse für Frauen, seine abstoßende Gewohnheit, die Kleider so lange zu tragen, bis sie ihm buchstäblich vom Leib fielen, und seine Gewohnheit, morgens mit einem angstvollen Luftsprung zu erwachen, mit gezogenem Schwert und weit aufgerissenen Augen.*

Doch all seinen Eigenarten zum Trotz gelang es Paracelsus, den Medizinerstand aufzurütteln und zugleich die Grundlagen der Alchemie zu erweitern, indem er neben Schwefel und Quecksilber noch das Salz als dritte Konstituente materieller Körper einführte. Um zu beweisen, daß Salz, Schwefel und Quecksilber die drei Prinzipien der Materie seien, paßte Paracelsus das uralte Beispiel vom Holzverbrennen seinen Erfordernissen an:

»Jeder Körper besteht aus drei Dingen. Die Namen dieser drei Dinge lauten Schwefel, Quecksilber und Salz. Sind diese drei kombiniert, so haben wir, was wir einen Körper nennen ... Versteht nun also die Angelegenheit, nehmt (beispielsweise) Holz.

* Über Paracelsus (1493–1541) siehe W. Pagel, *Das medizinische Weltbild des Paracelsus.*

23

Das ist ein Körper. Laßt es nun brennen; dasjenige, was brennt, ist Schwefel; dasjenige, was verdampft, ist Quecksilber – und was zu Asche wird, ist Salz.«

Die Eigenschaften, die Paracelsus und seine Anhänger mit Salz, Schwefel und Quecksilber verbanden, entsprechen nicht ganz dem, was man vielleicht erwartet:

Quecksilber	Schwefel	Salz
Metallizität, Mischbarkeit, Lebhaftigkeit	Entzündbarkeit	Unentzündbarkeit und Beständigkeit
Lebhaft und unverändert im Feuer	Lebhaft und verändert im Feuer	In Asche auffindbar
Geist	Seele	Körper
Wasser	Luft	Erde

Diese Zusammenstellung chemischer Substanzen und ihrer chemischen Eigenschaften mit Geist, Seele und Körper macht deutlich, wie sehr die Alchemie sich von moderner Chemie unterscheidet. Im Laboratorium des Alchemisten war alles lebendig – so etwas wie anorganische Materie gab es nicht –, und die chemischen Eigenschaften der Substanzen wurden von den in ihnen wirkenden Geistern und Seelen bestimmt. »Wenn man nur das Quecksilber, den Schwefel und das Salz in das richtige Verhältnis zueinander bringt, bis der metallische Geist und Körper untrennbar zusammengefügt sind, und zwar mittels der metallischen Seele, dann fügt man die Kette der Liebe fest zusammen und bereitet den Palast für die Krönung.« (*Musaeum Hermeticum*) Uns erscheinen Begriffe wie »Liebe«, »Palast« und »Krönung« im Rahmen der Beschreibung eines chemischen Vorgangs fehl am Platze, die Alchemisten verstanden diese Worte als klare, wenn auch allegorische Anspielungen auf das letzte Stadium der alchemistischen Arbeit. In diesem Stadium wird der Stein der Weisen, hervorgegangen aus der lebendigen Vereinigung von

Die drei Prinzipien des Paracelsus (ca. 1493–1541).

Salz, Schwefel und Quecksilber oder aus Körper, Seele und Geist, schließlich als der König aller Substanzen gekrönt.

Alchemisten mögen ungenau und sogar widersprüchlich erscheinen, wenn sie gleichzeitig die vier Elemente, die zwei Ausdünstungen und die drei Prinzipien als Grundkonstituenten der Materie akzeptieren, aber diese offensichtliche Antinomie fiel ihnen nicht auf. Anders als die modernen Gefangenen eines kartesischen Denkgebäudes, fühlten sie sich überall zu Hause in einer Welt, in der jedes Ding auf vielen verschiedenen Ebenen interpretiert werden konnte. Basilius Valentinus, der berühmte

Mönch-Alchemist, von dem man sagt, er habe heimlich die Wirkung des Antimons an seinen nichtsahnenden Kloster-Brüdern ausprobiert, und zwar sehr zu deren Leidwesen (daher die populäre Ableitung des Wortes Antimon von »anti-moine« oder Anti-Mönch), hatte nicht das Gefühl mangelnder Konsistenz, als er die Elemente und Prinzipien in seiner Beschreibung des Menschen kombinierte: »Also ist der lebendige Mensch eine harmonische Mischung der vier Elemente, und Adam wurde aus Erde, Wasser, Luft und Feuer geschaffen, aus Seele, Geist und Körper, aus Quecksilber, Schwefel und Salz.«

Ein anderer Alchemist drückte dieselbe Wahrheit sogar noch paradoxer aus: »Eins, und es ist zwei; und zwei, und es ist drei; und drei, und es ist vier; und vier, und es ist drei; und drei, und es ist zwei; und zwei, und es ist eins.« *(Theatrum Chemicum)*

Die Philosophie des Aristoteles bildete Fundament und Rahmen für alchemistische Theorie und Praxis, aber auch andere Philosophien trugen zu ihrer endgültigen Struktur bei. Der stoische Begriff des »Pneuma«, des allumfassenden Weltgeistes, betonte die vitalistischen Tendenzen, die der Alchemie von jeher innewohnten. Pneuma galt als extrem feine, schon fast geistige Materie, die das Universum erfüllte, wobei es die materiellen Körper kontrollierte und organisierte. Die Stoiker glaubten, die Reproduktion von Tieren und Pflanzen richte sich nach feststehenden Typen (heute spricht man von »Genotypen«), weil jedes Ding sein eigenes, spezifisches Pneuma besitze, was sie *logos spermatikos* oder »Samenprinzip« nannten. Das »Samenprinzip« funktionierte so ähnlich wie Aristoteles' »Form«, indem es gestaltlose Materie auf vorhersagbare Weise strukturierte. Die Vorstellung, daß die Metalle aus Samen-Elementen oder Samen entstehen, wurde eines der Hauptaxiome der Alchemie und bildete die Basis für die vielen Analogien, die die Alchemisten zwischen ihrer Arbeit und dem Feld- und Gartenbau sahen.

»Seht, meine Brüder«, rief Cleopatra, eine der ersten Alchemistinnen, im 3. Jahrhundert n. Chr. aus, »seht, wie ihr die Erde bewässert und eurer Saat Nahrung gebt, damit ihr die Frucht

veranlaßt, in ihrer Jahreszeit geboren zu werden!«* Dreizehn-
hundert Jahre später stellte der mährische Alchemist Michael
Sendivogius eine ähnliche Analogie her: »Wer sich zu dem Glauben erniedrigen kann, daß die Metalle der Saat ermangeln, ist
unwürdig, die Mysterien unserer Kunst zu verstehen.«

Die westliche Alchemie wurde zutiefst von der Gnostik beeinflußt, einer dualistisch ausgerichteten Philosophie, die vor, während und nach dem Aufstieg des Christentums Bedeutung besaß.
Es gab viele verschiedene gnostische Sekten – die Manichäer sind
wahrscheinlich die berühmteste, nicht zuletzt wegen ihres ver-
heerenden Einflusses auf Augustinus und durch ihn auf bestimmte Aspekte der christlichen Lehre überhaupt –, aber alle
Gnostiker stimmten in dem Glauben überein, daß zwei gleich
starke Kräfte um die Vorherrschaft in der Welt streiten: ein guter
Gott und ein böser Demiurg. Der gute Gott entzieht sich jeder
menschlichen Erkenntnis; er existiert jenseits dieses Tales der
Tränen und hat keinen Anteil an dessen Erschaffung, das für die
Gnostiker ein unglückliches Ereignis war. Der böse Demiurg hat
die Welt schlau als ein riesiges, schreckenerregendes Gefängnis
entworfen, in das er die Menschheit geschickt hineingelockt hat.
Für die Gnostiker ist der Mensch göttlich, ein Lichtfunke, der
ohne eigenes Verschulden in einem Meer von Dunkelheit umher-
irrt. Er muß kämpfen, um sich aus dieser irdischen Mühsal zu
befreien, und zurückschweben in jenes Lichtreich, woher er gekommen. Der Kampf ist hart. Überwältigt von seinem Tod-im-
Leben, den die Unwissenden für Leben halten, hat der Mensch
für den Augenblick sein wahres Wesen vergessen. Die Erinnerung daran kann er durch Gnosis, durch Erkenntnis, wiedergewinnen, die ihn noch während seines physischen Daseins in einen Sohn Gottes verwandeln wird. Vom Offenbarungsvorgang
leiteten die Gnostiker ihren Namen her: die »Wissenden«.

Ein Großteil der esoterischen Seite der abendländischen Al-

---

* Zit. n. C. A. Browne, »Rhetorical and Religious Aspects of Greek
Alchemy«.

chemie entstammte gnostischem Gedankengut. Das wird besonders deutlich im Falle der frühen griechischen gnostischen Alchemisten Bolos von Mendes, Zosimos, Cleopatra und jenen, die unter dem Namen Hermes Trismegistos schrieben. Diese Autoren schilderten chemische Reaktionen in gnostischen Begriffen und präsentierten gnostische Lehrmeinungen im Gewand der Chemie. In ihren alchemistischen Destillierapparaten führten die Kräfte von Gut und Böse Krieg, während der Alchemist chemische Verbindungen ins Leben rief, sie zerstörte und ihnen ein neues, reineres Leben verlieh. Zosimos erfuhr »Gnosis« im Laufe seiner alchemistischen Visionen; genauso erging es einem der Philosophen, der ein Hörer der Cleopatra war: »Du hast mich staunen gemacht, o Cleopatra, mit dem, was du uns erzählt hast. Denn gesegnet sei der Schoß, der dich getragen hat.«*

Der gnostische Heiland Hermes Trismegistos, der »dreimalgrößte Hermes«, war der sagenhafte Begründer der Alchemie im Abendland. Die Alchemisten waren stolz darauf, »Hermetiker« genannt zu werden, und bezeichneten ihre Arbeit als »hermetische Kunst«. 36 000 »Original«-Schriften wurden dem Hermes Trismegistos zugeschrieben; die einflußreichste war die sogenannte »Smaragdtafel«. Sie umfaßt weniger Text als eine bedruckte Seite und besteht aus dreizehn kurzen, rätselhaften Maximen, aus denen die späteren Alchemisten unerschöpfliche Inspiration bezogen.

Die ganze Geschichte der Smaragdtafel ist so geheimnisumwoben wie ihr Ursprung. Die Legende will wissen, daß Alexander der Große die Smaragdplatte, auf der die Sätze in phönizischer Schrift eingraviert waren, in Hermes' Grab gefunden hat. Einer anderen Quelle zufolge stolperte Sarah, Abrahams Frau, in Gedanken versunken in einer Höhle nahe Hebron über die Tafel und entwand sie Hermes' steifen Fingern. Ibn Arfa Ras, ein arabischer Schriftsteller des 12. Jahrhunderts, erzählt wieder eine

---

* Zit. n. C. A. Browne, »Rhetorical and Religious Aspects of Greek Alchemy«.

andere Geschichte. Hermes, sagt er, war Adams Sohn. Er wurde in China geboren, reiste nach Indien (wohin die Schüler der Weisheit offensichtlich schon damals reisen mußten) und ließ sich in Ceylon nieder. Dort entdeckte er eine Höhle, die unermeßliche Schätze enthielt, einschließlich eines Porträts seines Vaters, und unter den schönen Gemmen gab es eine besonders große: die *Tabula Smaragdina*.[*]

In den letzten Jahrzehnten ist das behauptete hohe Alter der Tafel Gegenstand einer wissenschaftlichen Diskussion gewesen; aber es ist nach wie vor unklar, ob die Tafel eines der ältesten bekannten alchemistischen Fragmente ist oder vielleicht doch erst ein Produkt des Mittelalters. Aber wann immer sie auch geschrieben sein und woher immer sie stammen mag, die Smaragdtafel wurde zum Credo der Alchemisten und hatte einen tiefgreifenden Einfluß auf die alchemistische Literatur seit dem 13. Jahrhundert. Sie trug kräftig bei zu jener Vermischung von gnostischem Mystizismus und Laboratoriums-Chemie, die für einen Großteil der abendländischen Alchemie charakteristisch wurde:

Die Maximen des Hermes, eingraviert in die *Tabula Smaragdina*:

1. Es ist wahr, ohne Lüge und wirklich:
2. Was oben ist, ist wie das, was unten ist, fähig, die Wunder des Einen auszuführen.
3. Und wie alle Dinge aus dem Einen gekommen sind, so werden auch alle Dinge aus diesem Einen durch Adoption geboren.
4. Die Sonne ist sein Vater, der Mond seine Mutter. Der Wind hat es in seinem Bauche getragen, die Erde ist seine Amme.
5. Dies ist der Vater aller Vollkommenheit in der Welt.

[*] Zit. n. E. O. von Lippmann, »Some Remarks on Hermes and Hermetics«.

6. Seine Stärke und Macht sind unbeschränkt, wenn sie in Erde verwandelt werden.
7. Du wirst die Erde vom Feuer, das Zarte vom Groben trennen, sanft und sorgfältig.
8. Es steigt von der Erde zum Himmel hinauf und steigt wieder herab auf die Erde, um die Macht der höheren und niederen Wesen zu empfangen. So wird dir der Ruhm der Welt gehören, und deshalb wird alle Dunkelheit von dir fliehen.
9. Bei ihm ist die Kraft, die stärkste aller Kräfte. Denn es wird alle zarten Dinge überwinden und in jedes grobe eindringen.
10. So wurde die Welt geschaffen.
11. Aus diesem werden entstehen und hervorgehen wunderbare Anwendungen, zu denen die Mittel hier gegeben sind.
12. Darum werde ich Hermes Trismegistos genannt, und ich bin im Besitze der drei Teile der Philosophie der Welt.
13. Und was ich über das Wirken der Sonne gesagt habe, hat sich erfüllt.*

Man hat diese orakelhaften Sprüche als sinnlos abtun wollen, aber in ihrer eigentümlich aphoristischen Art ergeben sie sehr wohl einen alchemistischen Sinn: Als erstes verspricht jeder Alchemist – auch Hermes selbst –, nur zu sagen, was sicher und wahr ist. Die zweite und dritte Maxime beziehen sich auf den fundamentalen alchemistischen Lehrsatz von der Einheit aller Materie. Jedes geschaffene Ding entspringt einer einzigen göttlichen Seelensubstanz, die unendlich viele materielle Formen annehmen kann, wobei jede dieser Formen sich in ständiger Bewegung, »in Fluß«, befindet. Verwandlung (Transmutation) ist daher eine grundlegende Lebenstatsache, und die in den Gefäßen des Alchemisten auftretenden Reaktionen sind mikrokosmische Widerspiegelungen der im Makrokosmos sich vollziehenden

* Zit. n. J. Ruska, *Tabula Smaragdina.*

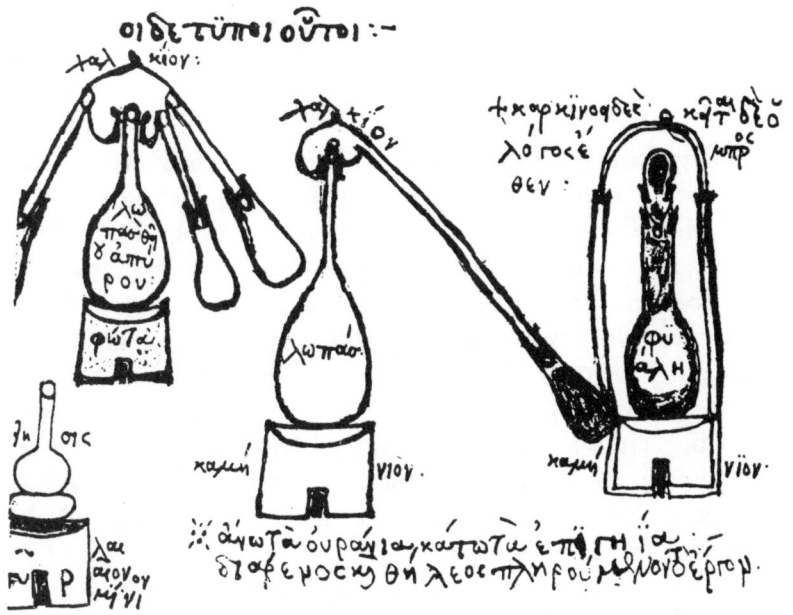

Alchemistische Gerätschaften aus dem alten Griechenland.

Umwandlungen. Der vierte Satz nennt Sonne und Mond bzw. Schwefel und Quecksilber als die Eltern des Steins, der sich außerdem aus den vier Elementen (Sonne = Feuer, Mond = Wasser, Luft und Erde) zusammensetzt. Der Stein der Weisen ist, laut Punkt fünf, »der Vater aller Vollkommenheit«, aber nur, »wenn er in Erde verwandelt« oder im Feuer des Alchemisten »fixiert« wird, so daß er sich nicht verflüchtigen und verschwinden kann.

Bei der Transmutation sollen die groben Elemente in den unedlen Metallen vom feinen Stoff vollkommenen Goldes getrennt werden, besagt Vorschrift Nummer sieben. Die achte Maxime ist eine kryptische Beschreibung der Rückfluß-Destillation in einem Kerotakis, einem speziell konstruierten Gefäß, in das man ein Stück Metall hängte und den Aktivitäten verschiedener Dämpfe aussetzte. Diese Methode wandten die griechischen Alchemisten üblicherweise an, um unedles Metall in Gold zu verwandeln.

Die europäischen Alchemisten hatten kaum Schwierigkeiten, gnostisches Ideengut zu adaptieren, besaßen doch gnostisches und christliches Denken gemeinsame Wurzeln. Beiden Lehren geht es um Rettung und Erlösung des Menschen, und beide beschrieben die Erfahrung der Erneuerung in den Begriffen von Tod und Wiedergeburt. Doch gewisse grundlegende philosophische Unvereinbarkeiten ließen die Kirche gegenüber den Anhängern einer Wissenschaft mit so dezidiert gnostischer Tendenz mißtrauisch sein. Denn während laut christlicher Doktrin der Mensch aufgrund der Erbsünde in seinem innersten Wesen verdorben ist, glaubten die Gnostiker an die grundsätzliche Göttlichkeit des Menschen, daran, daß er ein gottgleiches Geschöpf in zeitlich begrenztem Exil sei. Dieser gnostische Einfluß auf die Alchemie führte ihre christlichen Adepten oftmals bis an die Grenze der Häresie und darüber hinaus. Schreckten doch manche nicht davor zurück zu erklären, sie seien Gott – sehr zum Unwillen der Kirche, die solche Ketzer in gewohnt inquisitorischer Weise verfolgte.

Die Alchemie erreichte den Westen nicht auf dem direkten Weg antiker Tradition. Zwischen dem 6. und 12. Jahrhundert waren griechische Philosophie und Wissenschaft in Europa beinahe in Vergessenheit geraten. Ihre Lehren wurden jedoch von den Arabern am Leben erhalten, und im Zuge der kriegerischen Islamisierung nach dem Tod des Propheten Mohammed im Jahre 632 n. Chr. kehrten sie sozusagen wieder in ihre angestammte Heimat zurück: Im Jahre 635 eroberten Mohammeds Anhänger Damaskus; 636 belagerten und eroberten sie Jerusalem. Von dort wandten sie sich nach Ägypten, Palästina, Syrien, nach Kleinasien, Kreta, Sizilien, Rhodos, Zypern und Nordafrika. Zu Beginn des 8. Jahrhunderts hatten sie Spanien erreicht. Das restliche Europa verharrte in Furcht und Schrecken, bis ihr Vormarsch 732 in der Schlacht bei Poitiers von Karl Martell schließlich gestoppt wurde.

In vielen geistigen Zentren des riesigen arabischen Reiches stand in all diesen Jahrhunderten griechische Gelehrsamkeit in hohem Ansehen – Alexandria, Harran, Nisibin, Edessar und Jundi-Shapur. Vor allem die nestorianischen Christen hatten griechische philosophische, medizinische und wissenschaftliche Schriften gerettet und den Arabern zur Kenntnis gebracht. Die aufgeklärten Kalifen von Bagdad ließen mit Hilfe dieser christlichen Gelehrten die Werke des Aristoteles, Euklid, Archimedes, Hippokrates, Galen und anderer Griechen ins Arabische übersetzen. In der Zeit vom 8. bis 13. Jahrhundert fand eine kontinuierliche Übersetzung und Assimilierung griechischer Texte statt, und eine ganze Reihe berühmter Schulen in Bagdad, Damaskus, Cordoba und Toledo wurde gegründet. Bedeutende arabische Philosophen traten auf, deren tiefgreifender Einfluß auf das abendländische Denken noch immer nicht in seinem ganzen Umfang erkannt ist. Zu den berühmtesten gehörten al-Kindi (gest. 873), al-Farabi (gest. 950), Avicenna (gest. 1037) und Averroes (gest. 1198).

So erhielt die christliche Welt ihr eigenes klassisches Erbe paradoxerweise von den »ungläubigen« Moslems wieder zurück. Dieser Prozeß trat im 11. Jahrhundert, als die Christen Sizilien und Teile Spaniens zurückeroberten, in seine entscheidende Phase. Die Eroberung brachte viele lateinisch sprechende Christen in Kontakt mit arabischer und hebräischer Gelehrsamkeit – und in den Besitz einer ganzen Reihe wertvoller Bibliotheken. Man forschte dann gezielt nach weiteren bedeutenden Manuskripten und leitete deren Übersetzung in die Wege. Erzbischof Raymond von Toledo richtete sogar ein Übersetzer-Kolleg ein, in dessen Rahmen auch der erste alchemistische Text aus dem Arabischen ins Lateinische übertragen wurde, und zwar das »Buch über die Zusammensetzung der Alchemie«. Der Verfasser war angeblich ein christlicher Asket namens Morienus, der den arabischen Prinzen Khalid ibn Yazid in die Geheimnisse der Alchemie einweihte. Die lateinische Version – vollendet am 11. Februar 1144 – wurde Robert von Chester zugeschrieben, der auch die erste Übersetzung des Korans ins Lateinische vornahm.

Natürlich enthielt die klassische Literatur, wie sie das Abendland von den Arabern zurückerhielt, deutliche Spuren des arabischen Einflusses. Das gilt vor allem auch für die Alchemie. Viele alchemistische Begriffe sind nichts weiter als Transliterationen aus dem Arabischen, die zunächst latinisiert wurden und dann in die Nationalsprache eingingen:

al-qali	Alkali
al-kimia	Alchemie
al-kuhl	Alkohol
al-tannur	Athanor (Herd)
al-zauq	Azoth (Quecksilber)
al-iksir	Elixier
matrah	Matratze
naft	Naphta
natrum	Natrium

Der arabische Autor, der die abendländische Alchemie am stärksten beeinflußt hat, war Jabir ibn Hayyan oder Johannes Geber (geb. 721 oder 722). Die Jabir zugeschriebenen alchemistischen Werke wurden in Wirklichkeit von einer ganzen Reihe verschiedener Männer geschrieben, die im 9. und 10. Jahrhundert lebten und einer Gruppe ismaelitischer Mystiker, den Schiiten, angehörten. Wie die gnostischen Alchemisten kombinierten sie die praktische Chemie mit mystischen Doktrinen. Jabirs wichtigster Beitrag zur alchemistischen Theorie war die Schwefel/Quecksilber-Theorie, die rasch ein grundlegender Teil der westlichen Alchemie wurde. Jabir entwickelte außerdem noch die sogenannte »Methode des Gleichgewichts«, ein Beispiel dafür, welche Faszination Zahlen von jeher für die Alchemisten besaßen. Ziel von Jabirs Methode war es, die Alchemie auf gesicherte Daten, auf Zahlen und Maße zu gründen. Ein durchaus vernünftiges Bestreben – aber Jabirs Art zu denken und seine Auffassung von Zahlen und ihrer wechselseitigen Beziehung nachzuvollziehen, erfordert vor allem eine Menge Phantasie.

Jabir folgte dem Gedanken des Aristoteles, daß Körper aus den vier Qualitäten und den vier Elementen zusammengesetzt sind. Er glaubte, er könne über die genaue Beschaffenheit von Körpern Auskunft geben, indem er mit mathematischer Präzision feststellte, wieviel von jedem Element sie jeweils enthielten. Um das zu erreichen, verließ er sich auf die fraktionierte Destillation und bemerkte dazu ganz richtig, daß während der fraktionierten Destillation organischer Substanzen die Gas- und flüssigen Elemente zuerst herausdestilliert werden, und dann die brennbaren. Was übrigbleibt, ist der unauflösliche Rest an Asche. Wie andere Alchemisten vor und nach ihm setzt er das flüssige Element mit dem Wasser gleich, die Gase mit Luft, das Brennbare mit dem Feuer und den Rest mit Erde. Sobald das Mischungsverhältnis der vier Elemente bekannt sei, glaubte Jabir, würde er in der Lage sein, es zu variieren und Gold zu machen. Dazu seien nur die passenden Elixiere notwendig, die genau bemessen sein müßten, um den Bedürfnissen jedes einzelnen unedlen Metalls zu genügen:

»Dem Elixier flößen wir eine Natur ein, welche stärker ist als die schädliche Natur in dem Körper. Daher führen wir für eine Substanz, die ein Zuviel an Wasser besitzt, das Feuer ein und wenden es in dem notwendigen Maß an, ohne jedoch zuzulassen, daß die Substanz vom Feuer verzehrt wird, wodurch der Schaden nur um so größer würde. Derart wird die der Tätigkeit des Feuers ausgesetzte Substanz ausbalanciert und in den gewünschten Zustand gebracht werden.«

Jabir produzierte seine Elixiere nach mathematischen Gesichtspunkten von höchst erstaunlicher Art und Weise. Er entwickelte numerische Relationen zwischen Elixieren und verschiedenen Mineralien und Metallen, und auf der Basis dieser willkürlichen Relationen plante er, den Stein der Weisen herzustellen. Zum Beispiel: das Elixier = 100, Gold = 20, Silber =

10, Kupfer = 7, Blei = 4, Zinn = 5, Eisen = 2, Harsini* = 1.
Von diesen Gleichungen ausgehend, schlug er folgendes Rezept
vor: »Man nehme 10 Teile Harsini, 10 Teile Eisen, ½ Teil Gold,
4 Teile Kupfer, 2 Teile Zinn, 3 Teile Blei, 1 Teil Silber – dann
mische man all dies und erhält eine Substanz, deren Beschaffenheit derjenigen des Elixiers entspricht.« Die Formel stimmt inso-
weit, als 10 + 20 + 10 + 28 + 10 + 12 + 10 tatsächlich 100
ergeben; aber ansonsten bleiben doch viele Fragen offen! Vielleicht kommt es nicht ganz von ungefähr, daß die lateinische
Form von Jabirs Namen, Geber, der Ursprung des englischen
Wortes *gibberish* – »Kauderwelsch« – ist ...

Eine andere, gleichermaßen verblüffende Methode, deren Jabir sich bediente, um Elixiere zu produzieren, schloß verschiedene chemikalische Operationen ein, denen er jeweils einen bestimmten numerischen Wert gab; auf welcher Basis, läßt sich
unmöglich sagen. Sublimation entsprach ⅟₅₀, Lösung ⅟₇₀,
Schmelzen ⅟₂₀₀. Um einen Barren Gold (= 20) in das Elixier oder
den Stein (= 100) zu verwandeln, ohne irgend eine andere Substanz hinzuzufügen, mußte der Alchemist einfach Gold tausendmal schmelzen:

$$20 \times \frac{1000}{200} = 100$$

Jabir glaubte, daß die Alchemisten mit Hilfe der bizarren »Methode des Gleichgewichts« unzählige Substanzen schaffen könnten: »An nur einem Tag kann der Alchemist tausend Tiere, tausend Pflanzen und tausend Mineralien erzeugen.« Es sei nur notwendig, die vier Elemente im richtigen Verhältnis zu mischen
oder bestimmte chemikalische Operationen zehn-, hundert-
oder tausendmal durchzuführen. Jabir war übrigens auch einer

---

* Harsini ist eine Legierung aus Kupfer und Nickel, die in China als
Paktong bekannt ist und im Westen als »weißes Kupfer« oder »weiße
Bronze«; ebenfalls klassisches Paktong, eine Legierung aus Kupfer,
Nickel und Zinn, bekannt als »Nickel-Silber«.

der ersten Autoren, die beschrieben haben, wie man vielleicht menschliches Leben im Reagenzglas erzeugen könnte!

Jabirs »Methode des Gleichgewichts« war ein etwas skurriler Seitentrieb der frühen pythagoreischen Auffassung, daß die Zahl der bestimmende Faktor im Aufbau des gesamten Universums sei. Jabirs Anwendung der Zahl hat allerdings wenig mit einer quantitativen Analyse, wie wir sie heute verstehen, zu tun, ist jedoch typisch für alchemistisches Denken. Auch die abendländischen Alchemisten beschäftigten sich mit Zahlen und Mischungsverhältnissen, und obwohl ihre Schlußfolgerungen sich von Jabirs unterschieden, waren sie in ihrer Art genauso mystisch und willkürlich.

Jabir sah auch eine Verbindung zwischen den Buchstaben des arabischen Alphabets und den vier Elementen oder Qualitäten. Er dachte, daß er mittels der Analyse eines Worts wie *usrub* – »Blei« – imstande sei, das Wesen der entsprechenden Substanz qualitativ und quantitativ zu bestimmen. Dieser Hypothese lag die typisch alchemistische Ansicht zugrunde, daß Worte und Symbole die Dinge, für die sie stehen, nicht nur ihrem formalen, sondern auch ihrem realen Gehalt nach beschreiben. Es schien Jabir nicht im geringsten zu stören, daß ein anderes arabisches Wort für Blei, *rasas*, zu einem völlig anderen Ergebnis führen würde.

Neben diesen etwas krausen Ansichten enthalten die Jabir zugeschriebenen Abhandlungen jedoch auch eine ganze Menge praktischer Informationen und zeigen eine für die Zeit erstaunliche Kenntnis chemikalischer Zusammenhänge. Das früheste bekannte Rezept für die Herstellung von Salpetersäure zum Beispiel steht in Jabirs Werk »Die Weisheitstruhe«. Jabir beschreibt auch, wie sich Essigsäure durch die Konzentration von Essig herstellen läßt. Die Kenntnis der Säuren markiert einen wichtigen Schritt in der Entwicklungsgeschichte der Chemie, denn nachdem die Säuren einmal in die Laboratorien eingeführt waren, wurde eine große Zahl bis dato unbekannter chemischer Reaktionen möglich. Jabir schildert verschiedene Methoden der

Stahlherstellung und der Verfeinerung von Metallen, Techniken für das Färben von Leder und Tuch, für die Produktion wasserdichter Kleidung und für den Rostschutz. Er gab den Rat, man solle »goldenen« Markasit zu Dekorationszwecken verwenden und nicht Gold, um auf diese Weise die Baukosten zu senken. Im allgemeinen versuchte Jabir außerdem den »tieferen Sinn« der in chemischen Prozessen auftretenden Veränderungen zu ergründen und zu beschreiben, mehr noch als die meisten der zeitgenössischen oder späteren Alchemisten.

Das Nebeneinander von praktischen Entdeckungen und Aussagen hochspekulativer und mystischster Art in Jabirs Schriften zeigt deutlich den Unterschied zwischen Alchemie und Chemie. Die Alchemisten dachten in Symbolen, nicht wissenschaftlich-analytisch. Die Reaktionen in ihren Laboratorien spiegelten die irdische Welt ebenso wider wie die himmlische; ohne Bezug auf jene Dimensionen bleiben sie unverständlich. Praktische Chemie machte nur einen kleinen Teil dieses zutiefst intellektuellen und geistigen Abenteuers aus.

Einer der einflußreichsten Texte, die über die Araber nach Europa kamen, war die *Turba Philosophorum* – »Die Zusammenkunft« oder »Der Streit der Philosophen«. Die Geschichte dieses Werks zeigt den mühseligen Vermittlungsweg, den viele alchemistische Abhandlungen nehmen mußten, und erklärt, warum sie oft so schwer verständlich sind. Das Werk erschien zuerst im 13. Jahrhundert als lateinisches Manuskript; aber wie die Untersuchungen von Martin Plessner gezeigt haben, können die darin benutzten eigenartigen Begriffe und Namen nur verstanden werden, wenn man den lateinischen Text als Übersetzung einer arabischen Version sieht, die selbst wiederum die Übersetzung einer griechischen Fassung war. Der rätselhafte, überwiegend mystische Stil der *Turba* weist viele Gemeinsamkeiten mit gnostischer, alexandrinischer Alchemie auf, und dieser Stil verleitete zweifellos und unglücklicherweise westliche Alchemisten, sich einer ähnlich obskuren Sprache zu befleißigen.

Aristoteles, gemischt mit ein wenig stoischem Sauerteig, angereichert mit gnostischem Mystizismus, all das gefiltert durch das Denken arabischer Wissenschaftler und Philosophen und damit noch weiter verfremdet – so sah das geistige Fundament abendländischer Alchemie aus, und entsprechend vielschichtig entwickelte sich auch das Streben der einzelnen Vertreter der alchemistischen Kunst. Gold- und/oder Wahrheitssucher – die große Göttin Alchemie wußte jedem etwas zu geben, ließ den Stein der Weisen jedem so erscheinen, daß er dem Ziel seiner Sehnsucht entsprach.

...und nun zum Geld

Im Jahre 1554 lag Sir James S. auf dem Sterbebett und offenbarte seinem Lieblingsschüler Thomas Charnock mit letzter Kraft das Geheimnis des Steins der Weisen. Gleich nach Verstreichen einer angemessenen Trauerzeit machte Charnock sich daran, die Formel in die Praxis umzusetzen, aber an einem schicksalhaften Neujahrstag, nach Monaten sorgfältigen Experimentierens, fiel seine gesamte Ausrüstung den Flammen eines Laboratoriumsbrandes zum Opfer – ein durchaus üblicher Vorfall in jenen Tagen, als die alchemistischen Öfen auf Bratofenhitze gebracht wurden. Charnocks größter Verlust war die Geheimformel von Sir James, die er nachlässigerweise weder kopiert noch auswendig gelernt hatte.

Charnocks alchemistische Karriere war auf einem Tiefpunkt angelangt, als er eines Tages zufällig in eine fremde Gastwirtschaft geriet und einen blinden alten Mann vor einem gebannten Publikum geheimnisvolle alchemistische Formeln murmeln hörte. Charnock drückte sich herum, bis alle Gäste nach Hause gegangen waren und nur noch der alte Mann und ein Junge, der ihn führte, im Schankraum saßen. Charnock drängte den Alten, mehr von seiner Weisheit preiszugeben, aber der Adept erklärte, er habe geschworen, sein Wissen nur einem gewissen Thomas Charnock zu offenbaren, dessen Ruhm und Reputation als Gelehrter ihn dieses Vertrauens würdig erscheinen ließen. Voller Freude gab Charnock sich zu erkennen, und ein Handel wurde abgeschlossen: Der Blinde versprach, das Geheimnis zu offenbaren, wenn Charnock gelobe, es selbst erst auf seinem Sterbebett weiterzugeben, und auch dann nur, wenn ein würdiger Nachfolger gefunden sei. Charnock stimmte zu.

Am nächsten Sonntag, nach dem gemeinsamen Kirchgang, wanderten sie vor die Stadt und ließen sich in der Mitte eines weiten Feldes nieder. Der blinde Mann schickte den Jungen außer Hörweite und begann, Charnock »das Geheimnis der mineralischen Weisheit« zu offenbaren. Er sei William Holway, der letzte Prior von Bath, berichtete er. Ein Diener des bekannten englischen Alchemisten George Ripley habe ihn das Geheimnis der Transmutation gelehrt, und mit Hilfe dieses Wissens sei es ihm gelungen, einen Schatz anzusammeln, den er zur Erhaltung der Abteikirche benutzt hätte. Als die Abtei auf Geheiß Heinrichs VIII. aufgelöst wurde, versteckte er sein Transmutations-Pulver hinter einigen Steinen der Kirchenmauer. Zehn Tage, nachdem die Leute des Königs abgezogen waren, kehrte er zurück, um das wertvolle Pulver wieder an sich zu nehmen, fand jedoch zu seiner Bestürzung an der Stelle nur alte Lumpen. Halb wahnsinnig vor Kummer wanderte er verzweifelt im Land umher, verlor sein Augenlicht und damit die Fähigkeit, das Pulver von neuem herzustellen. Jetzt schließlich gebe er sein großes Geheimnis weiter an den einzigen Mann, der dessen würdig sei.

Charnock eilte zurück an Herd und Feuer, überzeugt, daß ihm diesmal Erfolg beschieden sein würde. Er verkaufte alle seine Juwelen, um die Unkosten für den ständigen Unterhalt seines alchemistischen Feuers (3 Pfund pro Woche, eine fürstliche Summe in jenen Tagen) decken zu können. Nach acht arbeitsintensiven Monaten im Laboratorium und kurz vor dem endgültigen Durchbruch wurde er von der englischen Armee zwangsrekrutiert, um Calais gegen den Grafen von Guise zu verteidigen. In einem rasenden Ausbruch der Enttäuschung ergriff Charnock ein Beil und zertrümmerte seine Gefäße und den Herd.

Aus dem Krieg zurück und ruhiger geworden, zündete Charnock in einem neuen Herd ein neues Feuer an und versuchte, seine Arbeit dort wiederaufzunehmen, wo er sie unterbrochen hatte. Nachdem er monatelang alle notwendigen Experimente der Reihe nach wiederholt hatte, stand er zum zweitenmal kurz vor dem letzten, entscheidenden Schritt, als er wegen einer Besorgung aus dem Labor gerufen wurde. Er ließ die Versuchsanordnung unter Aufsicht seiner Tochter Bridget zurück, die jedoch nachlässigerweise das Feuer ausgehen ließ. Charnock kam gerade noch rechtzeitig herbeigestürzt, um seine großen Hoffnungen zugleich mit der Glut verglimmen zu sehen.

Dennoch blieb er unbeirrt. Nach vierundzwanzig Jahren unermüdlicher Arbeit und zahllosen weiteren tapfer ertragenen Rückschlägen gelang es ihm schließlich, den Stein der Weisen herzustellen – jedenfalls behauptet er das:

> Und ohne unwahrhaft zu sein,
> Ich, Thomas Charnock, schuf den Stein.
> *(Theatrum Chemicum Britannicum)*

Seinem Eid treu, erzählte Charnock niemals genau, was er in all diesen Jahren des Experimentierens in seinem Laboratorium getan hat. Das Geheimnis seiner Kunst behielt er bis zu seinem Todestag für sich, und wenn irgend jemand es an jenem Tag von ihm vernommen haben sollte, so muß dieser jemand ebenfalls das Gelöbnis gehalten haben. Doch es existieren andere Quellen, die einen Eindruck vom Leben und Treiben in einem Laboratorium wie dem Charnocks vermitteln und einen Hinweis auf die praktische Seite der Alchemie geben. Bilder, Grafiken und schriftliche Zeugnisse von Alchemisten lassen eine lebendige Vorstellung von ihrer Arbeit entstehen. In dunklen, schäbigen Laboratorien beugten sie sich über ihren Herd inmitten eines Chaos von Destillierapparaten, Töpfen, Destillierkolben, Waagen, Fläschchen, zerbrochenem Geschirr, Manuskripten, diversen, mit Chemikalien gefüllten Gläsern, Pflanzen, unappetitlichen Tierkadavern, Metallen, Mineralien und ungesunden Substanzen.

Das Feuer war der wichtigste und diffizilste Teil der alchemistischen Technik. Petrus Bonus nennt es »das größte Geheimnis der Kunst«. Mit seiner Hilfe glaubten die Alchemisten, die Arbeit der Natur beschleunigen zu können und unedle Metalle in einem Bruchteil der natürlichen Zeit auf den Vollkommenheitsgrad von Gold zu bringen. Die bei der Kontrolle ihres Laboratoriumfeuers auftretenden Schwierigkeiten und das Feuer selbst bereiteten ihnen mehr Kummer als irgend etwas sonst. Sie beklagten sich ständig über schlampige Assistenten, die die sorgfältige Arbeit von Monaten ruinieren, weil sie vergessen, das Feuer zu schüren oder zu regulieren. Weil dies die häufigste Ursache für einen Mißerfolg war, widmete Thomas Norton ein ganzes Kapitel seines *Ordinall of Alkimy* dem Problem der alchemistischen Hitze. Er beschreibt den Alchemisten, der die komplizierten Zusammenhänge dieses Problems begreift, als »einen perfekten Meister«:

> Einen perfekten Meister man jenen nennt,
> Der seine Hitze richtig kennt.
> Nichts anderes kommt dich so teuer,
> Wie Unvertrautheit mit deinem Feuer.

Man war allgemein der Ansicht, die Hitze des Feuers müsse dem Arbeitsgang entsprechend allmählich gesteigert werden und ihren Höhepunkt im letzten oder roten Stadium erreichen: »Schüre das Feuer, bis durch seine Kraft und Macht das Material in einen Stein verwandelt ist, sehr rot, was die Philosophen Blut nennen oder Purpur, Rote Koralle, Roter Schwefel.«* In diesem letzten Stadium versuchten die Alchemisten, aus den Blasebälgen auch noch das Letzte herauszuholen.

Da es vor dem frühen 18. Jahrhundert kein zuverlässiges Thermometer gab, war es für die Alchemisten äußerst schwierig, ihr Feuer mit auch nur ungefährer Genauigkeit zu manipulieren. Sie waren gezwungen, sich auf eine Reihe ausgeklügelter, wenn auch

* *Compositum de Compositis*, Albertus Magnus zugeschrieben; zit. n. A. J. Hopkins, *Alchemy: Child of Greek Philosophy*.

Die vier Hitzegrade des alchemistischen Feuers, repräsentiert durch
Widder, Krebs, Waage und Steinbock (*Philosophia Reformata*, 1622).

unpräziser Vergleichsmaßstäbe zu verlassen, um die von ihnen
erzielten Hitzegrade zu beschreiben und zu bestimmen. Für nur
geringe Hitze nahmen sie Pferdedung, Wasser- oder Sandbäder,
für größere Hitze Holz, Holzkohle und Kohle. Eine gewisse
Vertrautheit mit Küche und Waschküche war vonnöten, um Hitzegrade als »solche Hitze, wie Köche sie machen, wenn sie fettes
Fleisch rösten« zu beschreiben, wie Thomas Norton es tat. Norton kennt auch ein *ignis humidus*, ein »feuchtes Feuer«, was
ziemlich paradox klingt, und er warnt vor einem »Effusions-
Feuer«:

> Auf Mund, Aug, Ohr und Nase achte man,
> Damit nichts Schlimm's passieren kann,
> Manch einer hat gelitten schwer,
> Weil er dies nicht gewußt vorher.

Nortons Warnung traf den Punkt. Johannes Oporinus, der eine Zeitlang als Paracelsus' Assistent arbeitete, wurde während eines Laboratoriumsexperiments von einem »Effusions-Feuer« zu Boden gestreckt: »Diese giftigen Dämpfe drangen in meine Nase ein . . ., und zwar in einem Maße, daß, als ich das Bewußtsein verloren hatte, es äußerst schwierig war, mich mittels einer reichlichen Wasserdusche wiederzubeleben.« Oporinus überlebte und konnte die Geschichte erzählen. Domenico Parodi war nicht so glücklich. Nachdem er tödliches Gas, das bei einem Antimon-Experiment entstanden war, eingeatmet hatte, stürzte er aus seinem Laboratorium und starb drei Tage später.

Ihren eigenen Angaben zufolge unterwarfen die Alchemisten ungefähr jede ihnen greifbare Substanz, ob natürlich oder künstlich, der Hitze des Feuers, in der Hoffnung, den Stein der Weisen zu produzieren. Norton liefert ein höchst anschauliches Porträt eines Alchemisten, der verzweifelt ist, weil er nach Jahren erfolglosen Experimentierens nicht mehr weiß, was er als nächstes noch versuchen soll:

Unter Tränen sagte er, sein Herz sei schwach,
Er habe alle seine lustigen Tage zugebracht
In sinnlosem Bemühen Tag und Nacht;
Gummi und Wurzeln, Gras und Kraut
Hat er in dem Gefäß gebraut;
Auch Krähenfuß, Celodin und Mizerion,
Eisenkraut, Lunara und Martagon:
In Arsen, Honig, Wachs, Wein, Antimonin,
In Haaren, Eiern, Kot und in Urin,
In Calx vive, Galle und Vitriol,
In Markasit, Tutit und jedem Mineral,
In Amalgam, in Bleichern, in Zitron',
Das alles half ihm nichts bei der Operation.

Nortons Lehrer, eben jener George Ripley, dessen Diener den Abt William Holway unterwies, nennt als einige der ausgefalle-

Darstellung der angeblichen Allgegenwart des Steins der Weisen: am Himmel, im Wasser, auf den Hügeln, ja, mitten auf dem Weg – aber keiner erkennt ihn (*Atalanta Fugiens*, 1617).

neren Substanzen, mit denen er experimentierte, unter anderem »das Öl der Schnecke« und den »Schleim der Sterne, der auf den Boden fällt«.* Die eigentümlichen Namen, die die Alchemisten dem Stein gaben, beispielsweise »Mondspeichel«, müssen Ripley ermutigt haben, derart spezielle Zutaten zu versuchen – manche Werke zählen bis zu 600 verschiedene auf.

* Ripley benennt diese im einzelnen in einem Gedicht mit dem bezeichnenden Titel »Eine Ermahnung, worin der Autor das Scheitern seiner Experimente erklärt«, in: *Theatrum Chemicum Britannicum*.

Die Auswahl des Rohmaterials für den Stein gestaltete sich um so frustrierender, als viele Alchemisten behaupteten, es liege im Grunde vor jedermanns Nase. »Es ist allen Menschen vertraut, jung und alt« – nur erkennt keiner seine Bedeutung:

Man findet es auf dem Land, im Dorf und in der Stadt, in allen von Gott geschaffenen Dingen; dennoch wird es von allen verachtet. Reich und arm halten es jeden Tag in der Hand. Von Dienstmädchen wird es auf die Straße geworfen. Kinder spielen damit. Trotzdem preist niemand es, obwohl es nächst der menschlichen Seele das schönste und wertvollste Ding auf Erden ist und die Kraft hat, Könige und Fürsten zu stürzen. Dennoch gilt es als das verkommenste und gemeinste Ding auf Erden. Von allen wird es weggeworfen und abgelehnt. *(Musaeum Hermeticum)*

Die meisten Alchemisten waren gegen den Gebrauch aller nur erdenklichen Substanzen und ließen lediglich Mineralien und Metalle gelten. Der chinesische Alchemist Ko Hung war der Meinung, pflanzliche Substanzen solle man nur benutzen, wenn das Ziel des Alchemisten etwas Geringeres als die Unsterblichkeit sei, wie zum Beispiel haarige Füße, lange Ohren oder sexuelle Potenz. Petrus Bonus war der Ansicht, es sei reine Zeitverschwendung, sich mit pflanzlichem oder tierischem Material zu beschäftigen. Und Basilius Valentinus stimmte ihm darin zu: »Es ist absurd anzunehmen, daß pflanzliche Substanzen für unseren Zweck irgendeine Bedeutung haben.« Trotzdem waren die meisten Alchemisten auf ihrer Suche nach Ingredienzen des Steins bestrebt, so viele verschiedene Substanzen wie nur möglich auszuprobieren.

Obwohl die Adepten oft uneins darüber waren, was eigentlich transmutiert werden soll, konnten und wollten sie die Schrittfolge der Transmutation genausowenig verändern wie der Indianer die Schritte seines Regentanzes oder der Priester die Ordnung der Messe. So sehr sie auch im Detail verschiedener Meinung waren, stimmten sie doch hinsichtlich des einzig richtigen Ablaufs ihrer Arbeit überein und beschrieben die einzelnen Stadien mittels farblicher Veränderungen. »Rot«, sagt Thomas Norton, »ist die letzte Phase in der Alchemie.«

Frühe griechische Alchemisten hatten zwischen das rote und das weiße Stadium noch ein gelbes geschoben, aber das wurde in der mittelalterlichen Alchemie wieder fallengelassen. Manchmal wurden zusätzliche Farben eingeführt, zum Beispiel das »Pfauenrad«, eine phantastische Farbenmischung, die nach dem weißen Stadium auftrat. Manche Autoren bestehen darauf, daß das schwarze Stadium häufiger als einmal auftreten könne. Aber hierbei handelt es sich um unbedeutende Abweichungen von der grundlegenden Farbensequenz Schwarz über Weiß zu Rot, die stets in dieser Reihenfolge stattfinden mußte. »Gewißlich wer diese Schwärtze im Anfang seines Wercks nicht siehet..., der tritt weit ab von dem rechten Wege der Meisterschaft«, schrieb Nicolas Flamel.

Die Farbenfolge in der Alchemie hat ihren Ursprung in der antiken Färbetechnik. Frühe griechische Alchemisten sprachen ständig vom »Tönen« unedler Metalle, bis diese schließlich die Farbe des Goldes annehmen würden. Das war der Vorgang, der im Kerotakis stattfand. Die Idee, Metalle zu färben, wurde von der mittelalterlichen Alchemie übernommen. George Ripley belehrte seine Leser: »Vom Berufsstand der Färber könnt ihr diese Wissenschaft lernen.« *(Theatrum Chemicum Britannicum)*

Die Seltenheit und der hohe Preis des Purpurs in der antiken Welt machten es zu einer außergewöhnlichen Farbe, die für die Kleider des Kaisers und für die Säume der Senatoren-Togen reserviert blieb. Die Assoziation dieser Farbe mit Majestät übertrug sich auch auf die Alchemie, wo Rot oder Purpur als Zeichen dafür galt, daß der »Junge König« oder der Stein der Weisen endlich auf der Szene des Laboratoriums erschienen war. Die von der Farbe ausgehende Faszination hielt während der ganzen langen Geschichte der Alchemie an und war einer der Gründe dafür, warum Alchemisten Manuskripte Büchern vorzogen: Die

48

Bilder in den Manuskripten waren oft handgemalt, und die Adepten glaubten, die Farben enthielten zusätzliche und sehr wichtige Schlüssel für ihre Arbeit.

Alchemisten hatten verschiedene Vorstellungen über die chemischen Prozesse, die sie in Gang setzen mußten, um sich an die Farbenfolge schwarz, weiß, rot zu halten. Die optimistischsten glaubten, der Stein werde aus einer Substanz, in einem Gefäß, in einem Arbeitsgang gemacht. Aber betrachtet man die drangvolle Fülle von Apparaten, die die Böden der meisten Laboratorien bedeckten, so vertrat die Mehrzahl der Alchemisten gewiß eine weniger simplifizierende Ansicht. George Ripley beschreibt zwölf Prozesse, Stolcius illustriert in seinem Buch über alchemistische Embleme elf grundlegende Arbeitsstadien, während Salomon Trismosin die Zahl auf sieben reduziert. Antoine-Joseph Pernety, ein französischer Alchemist des 18. Jahrhunderts, präsentiert in seinem alchemistischen Lexikon wiederum wie Ripley zwölf Prozesse. Er ordnete jedem Prozeß ein Zeichen des Tierkreises zu:

1. Calcinatio	♈	Widder
2. Coagulatio	♉	Stier
3. Fixatio	♊	Zwillinge
4. Dissolutio	♋	Krebs
5. Digestio	♌	Löwe
6. Destillatio	♍	Jungfrau
7. Sublimatio	♎	Waage
8. Separatio	♏	Skorpion
9. Ceratio	♐	Schütze
10. Fermentatio	♑	Steinbock
11. Multiplicatio	♒	Wassermann
12. Projectio	♓	Fische

Man könnte nun vielleicht denken, es habe einige Verwirrung geherrscht in einer Kunst, deren Praxis offensichtlich höchst variabel war, aber Petrus Bonus, einer der Päpste der Alchemie, belehrt uns da rasch eines Besseren:

Obwohl in der Ausdrucksweise der Weisen erhebliche Differenzen bestehen, verstehen sie doch alle einander. Schon die Tatsache, daß ein Grieche Griechisch, ein Lateiner Latein und ein Araber Arabisch versteht, beweist die Einheit jeder Sprache; und mit unserer Kunst verhält es sich ebenso. Inmitten der größten augenscheinlichen Verschiedenheit findet sich eine wunderbare substantielle Übereinstimmung in den Werken der Weisen; sie unterscheiden sich in Wörtern, Namen und Metaphern, aber bezüglich der Dinge sind sie einer Meinung.

Die Alchemisten hatten zwei Ziele vor Augen, wenn sie sich an die Arbeit machten. Waren ihre Geduld, ihre Geschicklichkeit und vor allem ihre Mittel bedeutend, so konnten sie sich auf die »Große Meisterschaft« konzentrieren und den roten, goldmachenden Stein produzieren. Wurden sie jedoch von Gläubigern bedrängt, von verzweifelten Ehefrauen und hungrigen Kindern beschimpft, so mußten sie sich mit der »Einfachen Meisterschaft« begnügen und den weißen, silbermachenden Stein herstellen. Das bedeutete laut Thomas Norton einen kürzeren Arbeitsgang, und die Erfolgsaussichten waren größer:

Nach all dem hör ich an einem Tag,
Daß mein Meister zu mir sagt,
Wie so viele Männer geduldig und weis'
Suchten und fanden den *Weißen Stein* mit Fleiß.
Danach wurden sie wahrhaft belehrt
Mit viel Mühe, was ihr *Stein* wert.
Aber wen'ge (sagt er) können es nur sein,
Die in fünfzehn Königreichen haben unsern *Roten Stein.*

Es ist nicht leicht, all die vielen von Alchemisten im Laufe der Zeit ersonnenen Prozesse zu schildern und zu unterscheiden. Die Kalzination war einer der unkomplizierteren; dabei wurde eine Substanz in einem offenen oder geschlossenen Gefäß erhitzt, meist mit dem Ergebnis einer Oxidation, die oft eine wie immer geartete schwarze Substanz zurückließ. Diesem Vorgang mag die Alchemie einen ihrer vielen Namen verdanken: »Die Schwarze Kunst«. Die Kalzination wurde von den Alchemisten als der »Tod«, die »Mortifikation« oder »Verwesung« der Substanzen im alchemistischen Gefäß umschrieben, und das Gefäß selbst hieß »Grab« oder »Sarg« oder sogar »Hölle« oder »Hades«. »Dann verschließe die Ingredienzen im Hades«, dozierte Cleopatra vor ihren begeisterten Hörern, »und rühre sie vorsichtig um, bis die Masse zähflüssig wird und nicht mehr vor dem Feuer davonläuft.«* Auf alchemistischen Illustrationen wurde die Kalzination durch Krähen, Raben, Schädel, Särge und verschiedene makabre und gewalttätige Sterbe- oder Tötungsszenen symbolisch dargestellt.

Gerinnung *(coagulatio)* und Fixierung sollten die Substanzen fest und nichtätherisch machen. Dieser grundlegende Schritt brachte die Alchemisten näher zum Gold, dem stabilsten und »fixiertesten« aller Metalle. Sie mußten ihrem Stein diese Qualität verleihen, damit er sie an unedle Materie weitergeben konnte. Das war keine einfache Prozedur, da philosophisches Quecksilber, das die meisten Alchemisten für einen wesentlichen Bestandteil des Steins hielten, äußerst flüchtig war. Sie bemühten sich, dieses Quecksilber im Stein zu »fixieren«, und sie illustrierten diesen Vorgang in oft grausamen Darstellungen des Gottes Merkur, dessen Hände und geflügelten Füße abgehackt waren. Glauber, »der Paracelsus des 17. Jahrhunderts«, betrachtete das »Fixieren« des Quecksilbers als einen so entscheidenden Schritt für die Herstellung des Steins, daß er den Prozeß in einem wenig originellen, aber einprägsamen Rätsel festhielt:

> Lös auf das Feste und laß es fliegen,
> Das Fliegende fixiere, und dann sei froh.

---

* Zit. n. C. A. Browne, »Rhetorical and Religious Aspects of Greek Alchemy«.

Die Fixierung von Quecksilber (*Della Transmutatione Metallica*, 1572).

Auflösung *(dissolutio)* und Digestion waren meist mit dem weißen Stadium der Arbeit verbunden, bei dem die Substanz in einem Gerät geschmolzen bzw. ein fester Stoff in einer Flüssigkeit unter Einwirkung mäßiger Hitze aufgelöst, »zerteilt« wurde.

Destillation und Sublimation wurden von den Alchemisten bis ins 19. Jahrhundert hinein immer wieder verwechselt. Wenn sie in ihren alchemistischen Gefäßen Dämpfe aufsteigen, kondensieren und wieder verdampfen sahen, glaubten sie, Zeugen einer wunderbaren Umwandlung zu sein, worin die »Seele« der Materie sich von ihrem »Körper« trennt, sich auf einer höheren Ebene verfeinert und rein mit ihm wiedervereinigt. Hermes Trismegistos, der legendäre Begründer der abendländischen Alchemie, hielt den Destillierapparat für einen Miniatur-Kosmos, worin destillierte Substanzen von der Erde zum Himmel aufsteigen. Punkt 8 der Smaragdtafel ist eine kryptische Beschreibung der Rückfluß-Destillation (s. S. 30).

Destillation und Sublimation wurden auf alchemistischen Illustrationen manchmal durch den Uroboros – die Schlange, die sich in ihren eigenen Schwanz beißt – symbolisch dargestellt, um die kreisförmige Bewegung des Vorgangs zu verdeutlichen. Meist jedoch hat man sie durch himmelwärts fliegende Vögel oder den Flug der Seele aus dem Körper und ihre Rückkehr in ihn symbolisiert.

Separatio war ein höchst vielseitiger Begriff, der Operationen wie Filterung, Dekantation (Abschlämmung) oder Destillation einer Flüssigkeit von ihrem Residuum beschrieb. Im Zuge der *ceratio* sollte das Material weich, flüssig und wachsähnlich werden.

Mit den drei letzten Arbeitsvorgängen auf Pernetys Liste kommen wir zum Höhepunkt der alchemistischen Arbeit. Die Fermentation (Gärung) besaß zweifache Bedeutung. Sie bezog sich sowohl auf einen Vorgang während der Transmutation unedlen Metalls in Gold wie auch auf einen Prozeß bei der Herstellung des Steins der Weisen. Im ersten Wortsinn nannte man den Stein oft »Ferment«, weil er wie Hefe die Kraft hatte, Substanzen seiner eigenen Natur gemäß umzuwandeln. Im Laufe der Produktion des Steins jedoch war die Fermentation jener Vorgang, der dem Stein das gewisse Etwas verlieh. Petrus Bonus vermittelt uns das klarste Bild, das wir in dieser schwierigen Frage wahrscheinlich überhaupt bekommen können:

Im ersten Sinn ist unser Stein der Sauerteig aller anderen Steine und verleiht ihnen seine eigene Natur – ein kleines Stück Hefe säuert einen ganzen Klumpen. Wie Sauerteig, obwohl von derselben Art wie gewöhnlicher Teig, ihn nicht aufgehen lassen kann, bevor, weil er einfacher Teig ist, er nicht eine neue Eigenschaft gewinnt, die er vorher nicht besessen hat, so kann auch unser Stein Metalle nicht verändern, bevor er nicht sich selbst verändert und sich eine bestimmte Qualität hinzugefügt hat, welche er zuvor nicht besaß. Er kann nicht verwandeln oder färben, wenn er nicht zunächst selber verwandelt und gefärbt ist. Gewöhnliche Hefe erhält ihre Gärkraft mittels der digestiven Qualität sanfter und verborgener Hitze; und so verdankt auch unser Stein seine Fähigkeit zu fermentieren, zu konvertieren und umzugestalten einer gewissen digestiven Hitze, welche seine potentiellen und latenten Eigenschaften zum Ausbruch bringt, wenn man weiß, daß ohne Hitze weder Digestion noch Aktivität möglich ist.

Multiplikation nannte man jenen Vorgang, durch den die Kraft des Steins so sehr vermehrt wurde, daß er das Hundert- und Tausendfache seines eigenen Gewichts an unedlem Metall transmutieren konnte, ohne jemals in seiner Kraft nachzulassen. Von daher ist auch das alchemistische Symbol des Pelikans für den Stein zu verstehen. Jahrhundertelang glaubten die Menschen nämlich, Pelikane fütterten ihre Jungen mit ihrem eigenen Blut – mit ihrer eigenen »Kraft«, »aus sich selbst« also –, denn wenn die Pelikane das Futter aus ihren Futtersäcken hochwürgen, sieht es so aus, als würden sie sich die eigene Brust aufpicken. So war der

Pelikan ein ideales Symbol für den Stein, der ebenfalls seine »Brut« aus seiner eigenen Substanz nährt. (Der Pelikan galt übrigens auch als ein Symbol für Christus.)

In der Projektion, dem letzten Arbeitsstadium, wurde der Stein pulverisiert, in ein Stück Papier oder ein wenig Wachs gewickelt und auf die zu transmutierende Substanz geworfen. Johann Baptist van Helmont (1579–1644), ein fähiger Chemiker, der nicht leicht zu täuschen gewesen sein dürfte, hat über seine eigenen Erfahrungen mit der Projektion des Steins folgendes berichtet:

Ich kann nicht anders als daran glauben, daß es den Stein, der Gold und Silber macht, gibt... Denn ich habe ihn wahrlich verschiedene Male gesehen und ihn mit meinen eigenen Händen angefaßt... Farblich glich er dem Safranpulver, jedoch war er schwer und leuchtete wie pulverisiertes Glas. Einmal gab man mir den vierten Teil eines Kornes. Ein Korn nenne ich den sechshundertsten Teil einer Unze. Dieses Viertel eines Kornes projizierte ich deshalb, in Papier eingewickelt, auf acht Unzen Quecksilber, welche in einem Tiegel erhitzt worden waren, und sofort kam das gesamte Quecksilber nicht ohne einen gewissen Lärm zum Stehen, und, nachdem es geronnen war, fügte es sich zu einem gelben Klumpen. Beim Ausgießen fanden wir 8 Unzen und ein bißchen weniger als 11 Körner reinen Goldes. Folglich hatte ein Korn jenes Pulvers 19 186 Teile Quecksilber, sich selbst gleich, in reinstes Gold verwandelt.

Verwundert es da, daß die Leute, die Helmont bei der Projektion zuschauten, von »Erregung und Bewunderung« erfüllt waren, wie er sagt? Helmonts jüngster Sohn, der kurz nach einer dieser außergewöhnlichen Sitzungen geboren worden sein muß, wurde von seinen begeisterten Eltern denn auch (Franciscus) Mercurius genannt. Ein ungewöhnlicher Name, der dezidiert alchemistische Assoziationen hervorruft und an den wesentlichen, geheimnisvollsten Bestandteil des Steins der Weisen erinnert.

Einen noch außergewöhnlicheren Bericht über Projektion gibt der holländische Arzt Jan Fridericus Helvetius in seinem Traktat *Vitulus aureus oder guldenes Kalb*. Anfangs war Helvetius skeptisch, aber die erstaunlichen Ereignisse, die im Winter des Jahres 1666 in seinem Haus stattfanden, überzeugten ihn davon, daß Transmutation möglich sei. Helvetius Schilderung ist so detailliert und klingt derart überzeugend, daß sie als einer der wichtigsten alchemistischen Texte gilt.

Es fing damit an, daß am 27. Dezember 1666 plötzlich ein Fremder vor Helvetius Tür stand. Helvetius beschreibt den Mann als einfach gekleidet und mittelgroß. Sein Gesicht war lang und hager und von Pockennarben bedeckt – in den Tagen vor Pasteur nichts Ungewöhnliches. Er hatte keinen Bart und trug sein tiefschwarzes Haar glatt, nicht gelockt, wie es in jener Zeit modern war. Helvetius schätzte ihn auf etwa dreiundvierzig Jahre. Der Fremde entschuldigte sich für sein Eindringen, aber er habe Helvetius Schriften gelesen und sei besonders interessiert an seiner Kritik von Sir Kenelm Digbys Bericht über ein »sympathetisches Pulver«, das Wunden aus der Entfernung heilen könne. Denn auch er verstehe es, viele erstaunlich wirksame »medizinische Arkana« aus Metallen zu gewinnen. Während sie sich noch über dies und andere Themen der Heilkunst unterhielten, fragte der Fremde Helvetius plötzlich, ob er den Stein der Weisen erkennen würde, wenn er ihn sähe. Als Helvetius das verneinte, zog der Fremde ein Elfenbeinkästchen aus den Falten seines Umhangs, öffnete es und zeigte Helvetius drei kleine Steinbrocken, jeder so groß wie eine Walnuß, durchsichtig und leicht schwefelfarben. Diese Steine seien zwanzig Tonnen Gold wert, sagte er. Verständlicherweise erstaunt, betastete Helvetius die Steine etwa zwanzig Minuten lang »gierig« und gab sie nur sehr widerwillig zurück. Als er um ein winziges Stück davon bat, erwiderte der Mann, es wäre nicht »rechtens«, wenn er ihm auch nur das kleinste Stück des Schatzes überlassen würde, selbst wenn Helvetius ihm dafür genügend Golddukaten gäbe, um den ganzen Raum, in dem sie standen, damit zu füllen. Als er merkte, daß die Fenster auf die Straße hinausgingen, fragte der Fremde Helvetius, ob es nicht einen verschwiegeneren Ort gäbe, wo sie ihre Diskussion fortsetzen könnten. In der Hoffnung, daß der Mann beabsichtigte, ihm ein Stück des Steins zu geben, führte Helvetius ihn in den rückwärtigen Salon, wo der Fremde seinen Umhang abwarf, sein Wams öffnete und Helvetius fünf Goldmedaillons zeigte, die an grünen Seidenbändern um seinen Hals hingen. Er erklärte, die Medaillons seien aus transmutiertem Gold, und forderte Helvetius auf, ihre Qualität mit derjenigen von irgendwelchem Gold zu vergleichen, das er gerade im Hause habe. Helvetius mußte zugeben, daß das transmutierte Gold von wesentlich höherer Qualität war, und bat den Fremden, ihm eine Demonstration der Transmutation zu geben. Der Mann lehnte ab, versprach jedoch, in drei Wochen wiederzukommen, um bei der Gelegenheit Helvetius die Projektion zu zeigen.

Seinem gegebenen Wort treu, kehrte der Fremde drei Wochen später zurück, verschob jedoch die Projektion wiederum und versprach, am nächsten Morgen um 9 Uhr zu kommen und das Experiment durchzuführen. In der Zwischenzeit bot er dem guten Doktor »aus philosophischem Mitleid«, wie Helvetius meint, ein winziges Stück von einem der Wundersteine an – »ein Krümchen, so groß wie ein Raps- oder Rübensame«. Als er Helvetius Enttäuschung über das kleine Stück spürte, nahm der Fremde es wieder an sich, teilte es mit dem Fingernagel in zwei Teile, warf eines davon ins Feuer, wickelte den Rest in blaues Papier und sagte, während er es Helvetius zurückgab: »Es ist immer noch genug für Euch.« Gedemütigt nahm Helvetius es dankbar an. Dann ging der Fremde, versprach jedoch, am nächsten Morgen wieder da zu sein.

Am nächsten Morgen um 9 Uhr war von dem Mann nichts zu sehen, aber um halb 10 ließ er ausrichten, er sei aufgehalten worden und werde um 3 Uhr nachmittags kommen. Helvetius wartete, aber der Fremde erschien nicht:

Spät abends kam meine Frau (die selbst eine äußerst eifrige Studentin und Forscherin war in der Kunst, über welche jener verdienstvolle Mann gesprochen hatte) zu mir und bat und bedrängte mich, jenes winzige Stück seines Überflusses auszuprobieren ..., und sie sagte: »Wenn das nicht geschieht, werde ich die ganze Nacht weder Ruhe noch Schlaf finden.« Aber ich wünschte, sie würde sich bis zum Morgen gedulden..., und sagte: »Vielleicht wird er wiederkommen, um uns die richtige Anwendung zu zeigen.« In der Zwischenzeit (sie war so ernst) befahl ich, ein Feuer zu machen, (und dachte: »ach«), jetzt ist dieser Mann (obwohl ein so großartiger Gesprächspartner) der Falschheit überführt... Meine Frau wickelte besagtes Stückchen in Wachs, und ich schnitt eine halbe Unze oder sechs Dram echten Bleis und legte es in einem Tiegel in das Feuer; als es geschmolzen war, gab meine Frau besagte Medizin in Form einer kleinen Pille oder eines Knopfes dazu, welche augenblicklich in ihrer vollkommenen Wirkung ein solches Zischen und Brodeln auslöste, daß innerhalb von einer Viertelstunde die ganze Bleimasse in bestes und feinstes Gold verwandelt war, was uns derart verwunderte, als seien die Planeten vom Himmel gefallen. Und tatsächlich (hätte ich in Ovids Zeit gelebt), es hätte keine seltsamere Metamorphose geben können, als diese durch Alchemie ausgelöste. Ja, selbst wenn ich mich der Augen des Argus erfreut und noch hundert mehr gehabt hätte, so hätte ich dennoch nicht ausreichend auf dieses bewundernswerte und wundersame Werk der Natur starren können; denn dieses geschmolzene Blei zeigte uns (nach der Projektion) auf dem Feuer die seltsamsten und schönsten Farben, welche man sich vorstellen kann. Ja, und die grünste Farbe, welche, sobald ich es in einen Barren goß, die lebendig frische Farbe von Blut annahm; und als es abgekühlt war, leuchtete es wie das reinste und feinste durchscheinende Gold. Natürlich war ich und waren die andern um mich herum außerordentlich erschrocken und rannten mit diesem Gold gewordenen (noch heißen) Blei zum Goldschmied, welcher sich über die Feinheit wunderte und nach einer kurzen Berührungsprobe es als das exzellenteste Gold der Welt einschätzte und überaus bereitwillig fünfzig Florens für jede Unze bot. Am nächsten Tag lief in Den Haag und Umgebung ein Gerücht um, so daß viele illustre Personen und Studenten mir um dessentwillen Besuch abstatteten. Unter ihnen war der Obermünzprüfer dieser holländischen Provinz, Herr Porelius, der gemeinsam mit anderen mich inständig bat, etwas von dem Gold seinen verschiedenen Urteilsinstanzen zu überlassen, was ich auch tat, aber eher, um meine eigene Neugierde zu befriedigen. Daraufhin gingen wir zu Herrn Brectel, einem Silberschmied, welcher es *per quartam* prüfte, das heißt, er mischte drei oder vier Teile Silber mit besagtem Gold und walzte es aus, feilte oder körnte es und setzte dem Ganzen eine ausreichende Menge *aqua fortis* (Nitratsäure) zu, welche augenblicklich das Silber auflöste, das besagte Gold jedoch zu Boden sinken ließ, welches, als wir es heraussiebten und das mit Wasser versüßte Goldpulver in einen Klumpen zusammenschmolzen, sich als exzellentes Gold erwies. Und während wir einen Verlust fürchteten, zeigte sich, daß jedes Dram des besagten ersten Goldes sogar noch wertvoller geworden war und ein Skrupel des besagten Silbers in Gold verwandelt hatte, und zwar aufgrund seines großartigen, überreich fließenden Elixiers.

Da wir nun jedoch Zweifel hegten, ob das Silber in ausreichendem Maße von besagtem Gold geschieden sei, mischten wir es umgehend mit sieben Teilen Antimon, welches wir schmolzen und in einen Konus gossen und wovon wir in einem Versuch den Regulus [gediegenes Metall] abließen, wobei wir acht Körner unseres Goldes vermißten; aber nachdem wir den Rest des Antimons oder die überflüssige Scoria entfernt hatten, fanden wir neun Goldkörner mehr anstelle der fehlenden acht; aber dieses Gold war ein wenig blaß und silberähnlich, gewann jedoch kurz darauf seine volle Farbe zurück. So daß wir in der besten Prüfung, nämlich der Feuerprobe, nichts von

dem Gold verloren, sondern, wie schon gesagt, sogar dazuge-
wannen. Die nämliche Probe wiederholte ich dreimal und kam
immer zu demselben Ergebnis, und das verbleibende Silber
aus dem *aqua fortis* war das geschmeidigste Silber, das man
sich denken kann. So daß insgesamt besagte Medizin (oder das
Elixier) sechs Dram und zwei Skrupel Blei und Silber in das
reinste Gold verwandelt hatte.

Seht, ich habe nun die ganze Geschichte erzählt ... und ich
habe das Gold; doch wo der Weise ... ist, weiß ich nicht. Aber
wo immer er sein mag, der Allmächtige Gott (Beschützer aller
Kreaturen) halte schützend seine Flügel über ihn und gewähre
ihm in seinem himmlischen Königreich nach Ablauf seiner
vollen Lebensspanne die ewige Glückseligkeit als Beistand
und Trost der Christenheit und der ganzen Welt, Amen.

Von da an glaubte Helvetius, unedles Metall könne in Gold
transmutiert werden. Er hatte es selbst getan, und obwohl es ihm
nie wieder gelang, genügte ihm dies eine Mal als Beweis.

Im Laufe ihrer Gespräche hatte der Fremde Helvetius auch
erzählt, der Stein der Weisen könne innerhalb von vier Tagen
gemacht werden. Nicht alle Alchemisten glaubten, wie bereits
erwähnt, die Arbeit könne so schnell durchgeführt werden. Einige assoziierten den Vorgang mit der Schöpfung und behaupteten,
er beanspruche sieben Tage. Andere sagten, er dauere neun Monate – in Analogie zur Entwicklung eines Embryos, wurde doch
der Stein oft auch das »Königskind« oder »Sohn« genannt. Eine
andere Analogie orientierte sich am Zyklus der Feldbebauung.
Die Produktion des Steins wurde mit dem Säen, der Pflege, der
Ernte und dem Mahlen von Weizen gleichgesetzt.

Andere Angaben über die für die Produktion des Steins benötigte Zeit lauteten 40 Tage, 80 Tage, 40 Wochen (wieder analog zu
einer Schwangerschaft), 3, 7 oder 12 Jahre. Im entgegengesetzten
Extremfall wurde sie als das Werk eines einzigen Tages bezeichnet. Im allgemeinen muß man jedoch feststellen, daß Geduld eine
alchemistische Tugend *sine qua non* war:

Ich habe nicht Gedanken genug,
Um ausreichend zu verachten der Eile Selbstbetrug.
Viel Leute sind bedrückt,
Weil in Hast rein gar nichts glückt,
Suchen immer schnell das Ende,
Dabei fallen sie dem Teufel in die Hände:
Keine Eile in der Gegenwart,
Gelingen nur mit Geduld sich paart. (Thomas Norton)

Wie jeder andere Wissenschaftszweig bis ins 17. Jahrhundert hinein war auch die Alchemie zutiefst von der Astrologie beeinflußt. Die für die Produktion des Steins günstigste Zeit hing in hohem Maße von den Bewegungen des Himmels ab. Für die Alchemisten war es grundlegend, ihre komplexen Operationen im Laboratorium mit den Veränderungen am Himmel und mit den Jahreszeiten in Einklang zu bringen. Norton mahnt:

Wer versucht die Generation [Erzeugung],
Achte auf die Konstellation.

Pernety identifizierte, wie wir gesehen haben, jeden alchemistischen Prozeß mit einem Zeichen des Tierkreises und riet jedem, der ernsthaft die Labor-Kunst betreiben wollte, sorgfältig Astrologie zu studieren. Nach seiner Ansicht -- die der allgemeinen Auffassung unter Alchemisten entsprach – sollte die Arbeit am Stein zugleich mit dem Eintritt der Sonne in den Widder beginnen und enden, wenn sie im Zeichen der Fische stand. »Die Richterin Astrologie«, schrieb Elias Ashmole, der Herausgeber des großen Sammelwerks alchemistischer Abhandlungen *Theatrum Chemicum Britannicum,* »ist der Schlüssel zur Natürlichen Magie und die Tür, hinter der der Gesegnete Stein verborgen liegt.«
Die enge Verbindung zwischen Astrologie und Alchemie veranlaßte John Dee, den berühmten Mathematiker, Astronomen und Geographen am Hofe Elisabeths I., die Alchemie als *astro-*

Astrologische Schemata aus Thomas Nortons *Ordinall of Alkimy*. Sie
zeigen die günstigsten Sternenkonstellationen für »Trennung«,
»Rektifikation«, »Konjunktion« und »Projektion« (*Theatrum Chemicum
Britannicum*, 1652).

nomia inferior zu bezeichnen. Die alchemistischen Zeichen für die Metalle waren identisch mit den Zeichen der Planeten, denen sie nach Meinung der Zeit entsprachen:

Blei	♄	Saturn
Eisen	♂	Mars
Kupfer	♀	Venus
Quecksilber	☿	Merkur
Zinn	♃	Jupiter
Silber	☽	Mond
Gold	☉	Sonne

Es scheint eine grundlegende Überzeugung gewesen zu sein, daß die Metalle, während sie in alchemistischen Öfen erhitzt, gekocht und gebacken wurden, auf die Bewegungen ihrer Namensvettern oben am Himmel reagierten.

Metalle waren nicht die einzigen Substanzen, die planetarische Einflüsse absorbierten. Wertvolle Steine, Mineralien, Pflanzen, Tiere, menschliche Temperamente, sogar Körperteile hatten nach damaliger Überzeugung alle ganz bestimmte Affinitäten zu einem Planeten oder Zeichen des Tierkreises. Das war der Gedankengang, der der sogenannten »Signaturenlehre« zugrunde lag, derzufolge die Himmelskörper ihren Eindruck oder ihre »Signatur« allen irdischen Dingen aufprägten. Die Alchemisten glaubten beispielsweise, die Pflanze Mondraute sei voller Mondqualität, weil ihre Blätter sichelförmig waren.

In einem alchemistischen Laboratorium wurde aber nicht nur gearbeitet, sondern auch gespielt. In dem außergewöhnlich ordentlichen, lichtdurchfluteten und geräumigen Laboratorium, das der deutsche Arzt und Alchemist Heinrich Khunrath in seinem erstmals 1608 erschienenen Werk *Amphitheatrum Sapientiae Aeternae* zeigt, liegen eine Violine und eine Laute auf dem in der Mitte stehenden Tisch, daneben ein Notenheft. Es sieht so aus, als hätten einige Alchemisten entweder selbst musiziert oder andere zu diesem Zweck engagiert, während sie am Stein der

Heinrich Khunraths (1560–1605) Laboratorium (*Amphitheatrum Sapientiae Aeternae*, 1608).

Weisen arbeiteten. Michael Majer, der Leibarzt des wahnsinnigen Kaisers Rudolf II., der die Passion seines Herrn für Alchemie teilte, schrieb eine Reihe von alchemistischen Fugen als Pendants zu den alchemistischen Emblemen in seinem Werk *Atalanta Fugiens*. Was diese Fugen, musikalisch nicht weiter aufregend, im einzelnen alchemistisch bewirken sollten, ist nicht ganz klar. Vielleicht folgten Khunrath und Majer einem Ratschlag, den Thomas Norton Alchemisten erteilte, und zwar, »die Elemente musikalisch zu verbinden«, weil von Nortons Standpunkt aus das Verhältnis zwischen Noten »stark den Proportionen in der Alchemie ähnelt«.

Ashmole behauptet sogar, Majer habe eine Englandreise vor allem zur Erweiterung seiner Englischkenntnisse unternommen, um dann in der Lage zu sein, Nortons berühmtes *Ordinall* zu lesen und zu übersetzen.

Pythagoras hatte als erster die Verbindung zwischen Zahl, Proportion und musikalischen Harmonien aufgezeigt, und zwar mit Hilfe seiner Entdeckung, daß die Intervalle auf einer Tonlei-

Alchemie und Geometrie: »Ziehe einen Kreis um einen Mann und eine Frau, daherum ein Quadrat, um das wiederum ein Dreieck. Dann ziehe um alles einen Kreis, und du wirst den Stein der Weisen haben«
(*Atalanta Fugiens,* 1617).

ter sich exakt in Zahlenverhältnissen ausdrücken lassen. Davon ausgehend folgerte Pythagoras, daß die ganze Welt, einschließlich der menschlichen Seele, gemäß Zahl und Proportion geschaffen und folglich für Musik empfänglich sei. Es bedurfte seitens der Alchemisten keiner großen Phantasieanstrengung, um diese Idee auf die eigene Arbeit zu übertragen und zu hoffen, daß geeignete Begleitmusik dem Erfolg im Laboratorium durchaus dienlich sein könne, gemäß dem alchemistischen Glauben, daß die musikalischen Harmonien der harmonischen Zusammensetzung der Bestandteile des Steins der Weisen entsprechen. Eine Vorstellung, die auch anderen Kulturkreisen vertraut zu sein scheint. Schreibt doch der guineische Autor Camara Laye in seiner Autobiographie, daß sein Vater bei der Metallbearbeitung von einem Sänger musikalisch begleitet wurde.

Die Bedeutung von Zahl und Proportion in der Alchemie illustriert eines von Majers Emblemen, das das Wesen der Kunst in geometrischen Figuren darstellt. Ein pelzbekleideter Alchemist mißt ein riesiges Diagramm von Makrokosmos und Mikrokosmos mit einem Zirkel aus. Der innere Kreis des Diagramms steht für das Hermetische Gefäß, das Kosmische Ei, in dem der Stein hergestellt wird. Innerhalb dieses Kreises befinden sich die beiden nackten Figuren von Sol und Luna, den männlichen und weiblichen Elternteilen des Steins. Das den inneren Kreis umschließende Quadrat symbolisiert die vier Elemente; das Dreieck, welches das Quadrat umschließt, repräsentiert die drei Prinzipien; der große, das Ganze in sich beschließende Kreis steht für den Kosmos oder Makrokosmos. Verschiedene geometrische Figuren sind auf ein Blatt Papier gezeichnet, das in der linken unteren Ecke der Abbildung liegt. Die für Alchemisten wichtigste davon besteht aus zwei sich überschneidenden Dreiecken. Diese Figur – auch als Davidsstern oder Hexagramm bekannt – hieß »Salomos Siegel«. Es war laut hermetisch-magischer Spekulation zusammengesetzt aus den Symbolen der vier Elemente und bezeichnete den universalen Stoff, aus dem der Stein bestand.

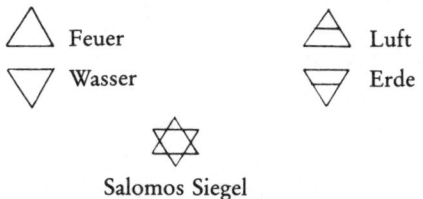

Feuer Luft

Wasser Erde

Salomos Siegel

Obwohl der Alchemist schon mit seinem Feuer, seinen Gefäßen, chemischen Verbindungen, Manuskripten und Musikinstrumenten beschäftigt war, mußte er sich auch noch Gedanken über die Organisation und Führung seines Laboratoriums machen. Das war kein leichtes Geschäft, weil die Arbeit Aufmerksamkeit rund um die Uhr erforderte und damit eine Art von Schichtdienst notwendig machte. Thomas Norton rät Alchemisten, vier bis acht Laboratoriumsgehilfen für den ständigen Unterhalt des Feuers zu engagieren. Diese Assistenten oder »Minister«, wie er sie nennt, müßten intelligent, fleißig, verschwiegen, sauber, gehorsam und keusch sein. Norton rät seinen Zunftgenossen nachdrücklich, die Geschlechter getrennt zu beschäftigen, damit keine »unzüchtigen Reden« die heilige und mühsame Arbeit stören mögen:

Es ist kein Helfer wert seinen Preis,
Besitzt er nicht Nüchternheit, Weisheit und Fleiß,
Treu, aufmerksam und ängstlich soll er sein,
Im Umgang mit den Dingen vorsichtig und an den Händen
    rein,
Nicht ungehorsam, doch bescheiden.
Solche Gehilfen mögen euer Werk begleiten
Und keine Schande euch bereiten;
Doch glaubt nicht, daß zwei oder drei
Von solchen Helfern genügend sei;
Ist groß euer Laboratorium
So mögen acht die Arbeit tun;
Fällt aber nur recht wenig an,

Genügen dafür auch schon vier Mann;
Ist die eine Hälfte bei der Arbeit,
So hat die andre für Kirch' und Schlaf Zeit.
Erfolg in dieser *Kunst* nur jenem lacht,
Der sich bemüht bei Tag und Nacht,
Von Vesper bis zum Nachtgesang,
Und Pausen nur am Sonntag macht.
Und bei der Arbeit müssen sie vermeiden
Jedwede Zote, sonst werden sie erleiden,
Daß ihnen solches Unglück widerfährt,
Daß ihre Arbeit gänzlich ohne Wert;
Deshalb sollt' man die Arbeit nur Männern anvertraun
Oder – um Schlimmes zu verhüten – nur den Fraun;
Auch wenn sie sind dein Bruder, deine Schwester und dein
        Kind,
Paß auf, daß in der Arbeit sie getrennet sind.

Genaue Kenntnis der Naturphilosophie, technische Geschicklichkeit und Organisationstalent mußte ein fähiger Alchemist also besitzen. Aber das waren nur die unbedingt notwendigen
Voraussetzungen; um dann auch wirklich Erfolg zu haben, gehörte noch eine gehörige Portion Glück dazu.

Ein chinesischer Alchemist, Su Tzu-yü, sollte dies auf höchst
schmerzliche Art und Weise erfahren. Der Verfasser der »Phar-
mazeutischen Naturgeschichte des Ofens und des Herdes« beschrieb seinen kurzen Flirt mit »der Kunst«:

Su Tzu-yü hatte einmal die Absicht, Alchemie zu betreiben.
Er richtete einen für die Außenwelt verschlossenen Raum ein
und stellte einen Ofen darin auf. Als er gerade dabei war, den
Ofen zum ersten Mal anzuzünden, sah er, wie eine große
Katze sich dem Ofen näherte und an ihn pißte; dann ver-
schwand das Tier. Tzu-yü gab auf. Er sagte: »Die Kunst der
Eingeweihten ist vom Himmel als Wohltat für die Armen ge-
meint. Diese Kunst sollte nur an die richtigen Personen wei-

tergegeben werden, aber ich gehöre nicht dazu.« Danach sprach er nie mehr über die Kunst.*

Die Geschichte von Ch'eng Weis Frau macht die unüberbrückbare Kluft zwischen den vom Schicksal ausgezeichneten Alchemisten und dem Rest der Menschheit deutlich. Es war das unglückliche Schicksal dieser Dame, eine Auserwählte zu sein, während ihr Mann nicht eingeweiht war, und dafür mußte sie teuer zahlen. Ko Hung erzählt ihre traurige Geschichte:

Es war einmal ein Herr vom Han-Kaiserhof... namens Ch'eng Wei, der eine Vorliebe für die Kunst des Gelben und des Weißen [Gold- und Silbermachen] hatte. Seine Frau stammte aus einer Handwerkerfamilie, die auch Geschicklichkeit in den magischen Künsten besaß. Ch'eng mußte oft an kaiserlichen Umzügen teilnehmen, besaß jedoch nicht die dem Anlaß angemessenen Kleider; als sie seinen Kummer sah, sagte seine Frau:»Ich werde um zwei Bahnen Seide bitten«, woraufhin die Seide plötzlich vor ihnen lag. Ch'eng Wei versuchte, Gold zu machen, wobei er sich an die im Chen-chung-hungpao-Buch gegebenen Anweisungen hielt, aber ohne Erfolg. Eines Tages kam seine Frau zu ihm, gerade als er mit dem Blasebalg die Glut der Holzkohle anfachte, um die Hitze unter dem Gefäß mit Quecksilber zu erhöhen. Sie sagte:»Laß mich dir zeigen, was ich kann«, und dann nahm sie eine kleine Menge irgendeiner Substanz aus ihrem Beutel und warf diese in das Gefäß, und sie sahen, daß sich der gesamte Inhalt in Silber verwandelt hatte.
Ch'eng Wei war erstaunt und fragte:»Wie ist es möglich, daß du dieses Tao besitzt und mir nie etwas davon gesagt hast?« Sie antwortete:»Man kann es nicht gewinnen, es sei denn, man hat das richtige Schicksal.« Aber er bedrängte sie Tag und Nacht wegen des Geheimnisses. Er verkaufte Land und Häu-

* Zit. n. J. Needham, *Science and Civilization in China*.

ser, um sie mit der besten Nahrung und Kleidung auszustatten – umsonst. Dann heckte er mit einem Freund den Plan aus, sie zu überfallen und zu verprügeln, aber sie erfuhr davon und betonte erneut, das Wissen dürfe nur der richtigen Person mitgeteilt werden. Wenn sie eine solche treffen sollte, und sei es auch nur zufällig auf der Straße, dann würde sie ihr das Geheimnis offenbaren, aber nie werde sie vor jemandem, dessen Worte und geheime Gedanken nicht übereinstimmten, die Kunst verraten, selbst wenn man sie in Stücke risse. Ch'eng Wei setzte sie trotzdem weiter unter Druck, bis sie schließlich wahnsinnig wurde, nackt ins Freie rannte, sich mit Schmutz beschmierte und starb.

Die Alchemie war gewiß kein Zeitvertreib für jedermann. Allein über das notwendige finanzielle Startkapital verfügten nur wenige, eine gute Ausbildung und ausreichend Muße für die oft langwierigen Experimente sollte ein Adept aber ebenfalls mitbringen, denn er mußte oft jahrelang arbeiten, bevor auf einen Gewinn auch nur zu hoffen war:

> In seinem Herzen soll er ruhig bleiben,
> Wenn die Notwendigkeiten seiner *Kunst* die Kosten in die
>   Höhe treiben;
> Und hat er sich gesetzt dies Ziel, dann braucht er Geld,
> Und zwar sehr viel. *(Theatrum Chemicum Britannicum)*

Bis ins 17. Jahrhundert hinein waren fast alle in Mitteleuropa erscheinenden alchemistischen Bücher auf latein geschrieben, man mußte also zumindest diese Sprache beherrschen, um die einschlägige »Fachliteratur« lesen zu können. »Denn wahrlich, wer kein großer Gelehrter ist«, warnt Norton, »ist recht ungeeignet, sich auf diese Arbeit einzulassen.« Selbst wer Latein konnte und sich ein mehr oder weniger großes philosophisches Wissen angeeignet hatte, wird es nicht leicht gefunden haben, alchemistische Abhandlungen zu verstehen. Alchemisten waren

Meister der Metapher. Niemals sagten sie etwas einfach, wenn es
auch kompliziert ging. Sie kleideten ihre Belehrungen mit Vorliebe in Allegorien, ihre Erkenntnisse in Rätsel und zogen es vor,
eine Sache mit jedem anderen als dem gewöhnlichen Namen zu
benennen. Auch oder gerade Thomas Norton wußte, daß es
mehr als sprachliches Können erforderte, einen alchemistischen
Text zu begreifen:

Sie ist eine profunde Philosophie,
Die hohe Wissenschaft der heil'gen Alchemie.

Das Rätsel als Fachsprache

Gepriesen sei die noble Kompanie
Der wahren Studenten der heil'gen Alchemie,
Die nur demjen'gen Klarheit verspricht,
Der über sie in möglichst dunklen Worten spricht.

(Theatrum Chemicum Britannicum)

Alchemisten verhüllten ihr Wissen gern in »wolkigen Wendungen«, wie Thomas Norton es ausdrückte, und kleideten ihre Erkenntnisse in Paradoxa, Rätsel, Allegorien und geheimnisvolle Metaphern. »Wenn man sagt, der Stein sei Wasser, so spricht man die Wahrheit; wenn man sagt, er sei kein Wasser, so ist auch das nicht falsch.« Der Stein wird beschrieben als verdorben, aber schön, wertlos, aber kostbar, selten, aber überall zu finden. Michael Sendivogius fordert seine Leser denn auch auf: »Laßt euch nicht verwirren durch die offensichtlichen Widersprüche, womit ... ich gezwungen war, mein wirkliches Anliegen ein wenig zu verhüllen. Man findet keine Rose ohne Dornen.«

Als Rechtfertigung und Präzedenzfall zugleich für ihre »dunkle« Sprache beriefen sich die Alchemisten auf die Bibel. Heißt es doch im Lukas-Evangelium: »Euch ist's gegeben, zu wissen das Geheimnis des Reiches Gottes; den andern aber in Gleichnissen, daß sie es nicht sehen, ob sie es schon sehen, und nicht verstehen, ob sie es schon hören« (8, 10).

In einem Atemzug erklären die Alchemisten, sie würden für alle verständlich sprechen, um sich im nächsten gleich wieder über diese Aussage lustig zu machen. Ko Hung behauptet, seine

Abhandlung »bestehe nur aus klar verständlicher Rede«, gesteht jedoch – sehr viel zutreffender – an anderer Stelle:

»In vorliegendem Buch rede ich in allgemeinen Begriffen über die Prinzipien, die das Leben in seiner ganzen Fülle regieren, aber der wirklich wunderbare Teil davon kann nicht auf das Schreiben reduziert werden. Man könnte sagen, daß mein Bericht roh und umrißhaft ist, daß ich vielleicht nur eine Ecke des Themas offenbare, in der Hoffnung, daß jene, die wirklich betroffen sind, diese Ecke erforschen mögen und von sich aus den größeren Teil schlußfolgern. Da für mich keinerlei Notwendigkeit besteht, auf alle Einzelheiten einzugehen und dunkle Winkel für Ignoranten auszuleuchten, habe ich nur die Anfangselemente diskutiert.«

Cleopatra eröffnet ihren alchemistischen Diskurs mit dem kühnen Widerspruch: »Nun werde ich euch klar sagen, wo die Elemente und Pflanzen vorkommen, und ich werde beginnen, indem ich in Rätseln spreche.«*

Alchemistische Rätsel sind oft so formuliert wie jenes berühmte, das die Sphinx dem Ödipus stellte: »Aber unser Stein, wie er von den Alten auf mich gekommen ist, leitet sich von zwei Dingen her und einem Ding, worin ein drittes Ding enthalten ist.« Basilius Valentinus fährt allerdings hilfreicherweise (und einigermaßen ungewöhnlich für einen Alchemisten) mit einer Erklärung dieses geheimnisvollen Satzes fort:

»Dies ist die reinste Wahrheit und eine überaus aufrichtige Rede. Denn Mann und Frau galten seit alters her als ein Körper, nicht aufgrund äußerer oder sichtbarer Anhaltspunkte, sondern wegen der Glut der gegenseitigen Liebe, welche sie natürlicherweise in eins zusammenzieht; und wie männlicher und weiblicher Same gemeinsam für das Prinzip der Fortpflanzung stehen, so kann auch der Keim der Materie selber, woraus unser Stein gemacht ist, gezeigt und zur Entfaltung gebracht werden.«

* Zit. n. C. A. Browne, »Rhetorical and Religious Aspects of Greek Alchemy«.

Petrus Bonus hält die Kunst des alchemistischen Rätsels für »edel, kurz und leicht«, und gibt auch gleich eine Kostprobe davon:

»Sie verlangt etwas, das jedermann kennt. Es ist in vielen Dingen enthalten, dennoch ist es selbst ein Ding. Man findet es überall, dennoch ist es überaus wertvoll. Man muß es im Feuer fixieren und bezähmen; man muß es steigen- und wieder fallenlassen. Hat die Konjunktion stattgefunden, so wird es unmittelbar anschließend fixiert. Dann gewährt es den Armen Reichtum und den Ermatteten Ruhe. Die Operation ist gelungen, wenn es zunächst trocken und dann flüssig wird, und was Rebis [das Zweifache] ist, findet sich im praktischen Teil dieser Arbeit.«

Für den findigen Leser alchemistischer Texte können die diesem augenscheinlichen Unsinn zugrunde liegenden Ideen mit ein wenig Hilfestellung ans Licht befördert werden. Der erste Satz kann als Standardfloskel alchemistischer Rhetorik beiseite gelassen werden. Das von Petrus Bonus erwähnte »eine Ding« ist philosophisches Quecksilber, in dem der Stein embryonal enthalten ist. Dieses Quecksilber muß im Feuer fixiert werden. Mit anderen Worten: Es muß mit einem Körper vereinigt werden, damit es nicht länger schlüpfrig ist und verschwinden kann. Einmal fixiert, gewinnt Quecksilber die Qualitäten des Steins der Weisen und mag dazu dienen, den Armen zu helfen. Schließlich besteht der Stein aus einer Vereinigung von Gegensätzen in völliger Harmonie, von feucht und trocken, männlich und weiblich, Körper und Seele. Das ist der Grund, weshalb man ihn *Rebis* oder Hermaphrodit nennt. Er ist ganz und vollständig in sich selbst.

Chinesische Alchemisten standen ihren europäischen Kollegen in Sachen Kryptogramm übrigens in nichts nach. Als der Sung-Schriftsteller Hsü Yen-chou in sein Buch über Dichtung eine alchemistische Ode mit aufnahm, fügte er die Warnung hinzu: »Ich selbst bedaure, daß ich diese Worte nicht verstehen kann, so zeichne ich sie hier nur auf«:

Es gibt ein Ding, das ein anderes Ding enthält,
Es kann vermehrt, es kann verlängert werden,
Es muß gepflückt werden, ehe es von Seidenwürmern
　　zernagt wird,
Und benutzt, nachdem es vom Feuer verwandelt ist.
Dann ergießt sich der Vollender von oben herab,
Chua-fu, der Leere, kann seine Fülle empfangen.
Das Ch'i reagiert auf das Licht des Morgens,
Der Prozeß harmoniert mit der Abendwasseruhr.
Weiße Blumen häufen sich, überlassen den Schnee der
　　Schande,
Gelbe Flocken verfestigen sich und übertreffen an
　　Schönheit das Gold.
Der zyklische Vorgang geht immer weiter.
Nun entweichen geschwind Dämpfe und Gase,
Nun ereignet sich ein drastisches Schrumpfen hin zur
　　Verfestigung.
Was ist es, das erscheint, Gold oder Jade?
Es bringt Langlebigkeit, ewig wie die Himmel.
All dies darf niemals schriftlich festgehalten werden,
Nur mündliche Belehrung kann es vermitteln.

Wir sind in der glücklichen Lage, mit Hilfe von Professor Joseph
Needham die hinter den dunklen Wendungen verborgen liegenden chemikalischen Bedeutungen weitgehend aufdecken zu können. Die beiden ersten Zeilen beziehen sich wahrscheinlich auf
die Gewinnung chemischer Substanzen aus Mineralien und auf
die Verlängerung des Lebens. Die dritte Zeile könnte eine kryptische Anspielung auf das genau rechtzeitige Erfassen der Grundsubstanz des Elixiers sein. Die vierte Zeile gilt der umformenden
Kraft des Feuers; die fünfte dem Kaiser Ch'eng T'ang, der mit
seinem Minister I-yin eine Art von Heiratszeremonie inszeniert,
die einen mit Wasser vollzogenen Reinigungsritus einschließt, im
Gedicht ein Symbol für die herabfließenden Ströme der Rück-
fluß-Kondensation. Chua-fu, »der Prahler«, war eine mythische

Figur mit einem großen Bauch; er wollte die Sonne essen und konnte seinen Durst mit dem Wasser aller Flüsse der Welt nicht stillen. Needham vermutet, daß dieses Bild eine Anspielung auf die runde Form des alchemistischen Gefäßes oder Tiegels ist. Die Zeilen sieben und acht beziehen sich auf das Heizen des Herds bei Tag und bei Nacht, die Zeilen neun und zehn auf die während der chemischen Reaktion entstehenden Farben, und Zeile elf beschreibt den bei Destillation und Sublimation auftretenden zyklischen Prozeß. Die Ode endet mit der glücklichen Herstellung des Elixiers und der konventionellen Bitte um Verschwiegenheit.

Nicht zufrieden mit Allegorien, Rätseln, Paradoxa und geheimnisvollen Wendungen, erfanden die Alchemisten noch andere Möglichkeiten, ihre ohnehin schon kryptische Botschaft noch weiter zu verschleiern. Ein Beispiel stammt von Zosimos. Seine »Krebsformel« war so gut getarnt, daß bis heute nur die Bedeutung einiger weniger Symbole annähernd erraten werden kann.

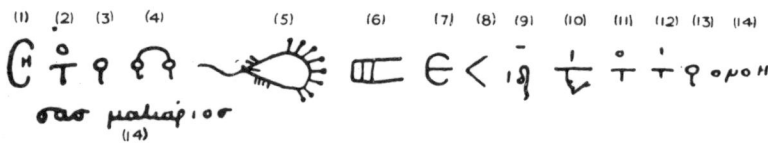

Die »Krebsformel« des Zosimos (4. Jh. n. Chr.).

Das erste Symbol bedeutet »Achtung! Botschaft beginnt!« Das zweite ist eine Verkürzung von το παν, »Das All«, und steht in diesem Fall offensichtlich für eine Legierung von Blei, Kupfer und Zink. Das dritte Zeichen symbolisiert eine Kupferverbindung. Das vierte wiederholt zweimal das Zeichen für Kupfer und verknüpft beide Zeichen mit dem Symbol für Blei. Der Krebs symbolisiert die Fixierung und den Prozeß des Weißwerdens. Das achte Symbol steht für δραγμαι eine Gewichtseinheit, während das neunte 14 bedeutet. Wahrscheinlich gehören beide zusammen und bezeichnen 14 δραγμαι irgendeiner Grundsubstanz. Das zehnte Symbol bezieht sich wiederum auf eine Kupferverbindung, ebenso wie das elfte und das zwölfte. Das letzte Zeichen soll angeblich »gesegnet, wer Verstehen gewinnt« bedeuten.*

Oft haben Symbolismus und Zahlenspielerei aber auch nichts mit »Geheimnisschutz« zu tun, sondern dienen lediglich willkürlicher Geheimnistuerei. In seinem alchemistischen Nachschlagewerk beschreibt Pernety einige dieser Techniken als »cryptography«. Er gibt Beispiele von Alchemisten, die Wörtern und Satzteilen, die sie unverständlich machen möchten, bedeutungslose Buchstaben hinzufügen.

Beliebt war auch die Verwendung von Abkürzungen, Akrosticha und Anagrammen, etwa *xelis* für *silex* (Feuerstein) oder *xidar* für *radix* (Wurzel). Ko Hung gibt einige faszinierende Beispiele für die Neigung der Alchemisten, verwirrende Kodewörter zu benutzen:

Die in den Rezepten aufgeführten Medizinen und Zutaten tragen manchmal dieselben Namen wie Dinge des alltäglichen Lebens, aber in Wirklichkeit ist etwas ganz anderes gemeint. So steht beispielsweise Junge-Frau-am-Fluß-entlang für Quecksilber und Gipfel-männlichen-Glanzes sowie Yus-übriggelassenes-Korn für braunen Hämatit. Doch wenn die Nichteingeweihten hören, daß das Rezept Drachengalle (Enzian), Hundeblut (?), Rattenschwanz (Salbei) oder Ochsenknie (Majoran) vorschreibt, erklären sie übereinstimmend, daß es sich hierbei um Tiere aus Fleisch und Blut handele. Wenn sie lesen, daß die zu verwendenden Sachen Zerbrochene Tasse (Himbeere), Bedecktes Becken (Himbeere), Schmelztiegel (?), Große Lanze (Wolfsmilch) und Himmelshund (Ginseng) sind, bezeichnen sie sie als Eisen- oder Töpferwaren. Wenn etwas dasteht über Botschafter des Barbarenkönigs (Anemone), Neue-Frau-die-sich-an-Schwiegermutter-lehnt (?), Wilder-

---

* Zit. n. M. P. E. Berthelot, *Introduction à l'Étude de la Chimie des Anciens et au Moyen Âge.*

Mann (Anemone), glauben sie, das seien Personen. Wenn uns schon gewöhnliche Pflanzen derart verwirren, wie können wir erwarten, geheime und tiefgründige Rezepte zu verstehen?

Die Umschreibungen, die europäische Alchemisten für Magnesium benutzten, offenbaren die gleiche Gabe für exotische Synonyme: »weißender Schnee«, »die bräutliche Prozession«, »der fleckenlose Chiton«, »die geistgeschaffene Schönheit der holden Form«, »die geronnene Milch der Erfüllung«, »der Mondschaum der unteren See«, »das, was (das) All(e) in den Schlaf wiegt«.

Was – außer dem schieren Vergnügen an der Mystifikation – veranlaßte die Alchemisten dazu, in solchen Rätseln zu schreiben? Ihre bewußte Verdunkelung war zum Teil eine Antwort auf die Verfolgungen durch die Kirche, die der alchemistischen Symbolik mißtrauisch gegenüberstand, sowie eine Reaktion auf die Restriktionen von seiten des Staates. So verbot zum Beispiel das chinesische kaiserliche Edikt von 144 v. Chr., obwohl nicht ausdrücklich gegen die Alchemisten gerichtet, die Fälschung von Münzen und zielte damit vermutlich auch auf die Produkte erfolgloser Transmutationen ab. Im Jahre 296 n. Chr. versuchte Kaiser Diokletian, sein Reich ein für alle Male von einer Kunst zu befreien, die er für gesellschaftlich gefährlich hielt: Er befahl, alle Bücher über die Goldfabrikation zu verbrennen. Aber die Alchemie blühte auch weiterhin. Es gab Zeiten in Europa, da war so viel gefälschtes Gold in Umlauf, daß das Währungssystem verschiedener Länder ins Schleudern geriet.

Dennoch nahm der Staat keineswegs eine eindeutige Haltung gegenüber der Alchemie ein. Die Aussicht auf Reichtum war für Könige genauso verlockend wie für Geistliche und gemeine Bürger. Heinrich VI. beispielsweise erließ ein Ausnahmegesetz, das es bestimmten seiner Untertanen gestattete, Alchemie zu betreiben, obwohl der Erlaß seines Großvaters gegen die »Schwarze Kunst« immer noch in Kraft war. Er hoffte, diese Alchemisten würden vielleicht ein »Kräftigungsmittel« sowohl für seine kränkelnden Untertanen als auch für seine chronisch leere Staatskasse finden. Der Erlaß gegen die Alchemie wurde im Jahre 1689 offiziell vom Parlament aufgehoben – glaubten die Würdenträger doch immer noch, man könne per Transmutation eine wohltätige Wirkung auf die Staatsfinanzen ausüben.

Ihre Geheimnisse hinter einem kryptischen Kode zu verbergen, erschien für Alchemisten stets angeraten, egal, ob sie gerade in Gunst standen oder nicht. Denn immer wieder gab es Hab- und Wißbegierige, die mit allen Mitteln versuchten, einem Eingeweihten das in seinem Besitz vermutete Geheimnis der Transmutation zu entreißen. Irenäus Philalethes zeichnet ein grimmiges Bild dieses erbarmungswürdigen Alchemistenloses:

Auf allen Seiten von grausamer Habgier und dem neugierigen Mißtrauen der Menge umgeben, sind wir verdammt wie Kain, heimatlos und ohne Freunde die Erde zu durchwandern. Nicht für uns sind die ruhigen Freuden häuslichen Glücks; nicht für uns das köstliche Vertrauen der Freundschaft. Männer, welche begierig auf unser goldenes Geheimnis lauern, verfolgen uns von Ort zu Ort, und die Angst verschließt unsere Lippen, wenn Liebe uns in Versuchung bringt, uns gegenüber einem Bruder frei zu offenbaren. So sehen wir uns immer wieder genötigt, in den verzweifelten Ausruf Kains einzustimmen: »Wer immer mich antrifft, wird mich erschlagen.« Doch wir sind nicht die Mörder unserer Brüder; wir sind nur bestrebt, unseren Mitmenschen Gutes zu tun. Aber selbst unsere Freundlichkeit und unser tätiges Mitgefühl werden nur mit tiefster Undankbarkeit belohnt – Undankbarkeit, die zum Himmel um Rache schreit. Es war erst vor kurzem, daß ich, nachdem ich die pestgeschlagenen Schlupfwinkel einer gewissen Stadt besucht und mit Hilfe meiner wundertätigen Medizin die Kranken wieder vollkommen gesund gemacht hatte, mich von einem schreienden Mob eingekeilt fand, der verlangte, ich solle mein Elixier der Weisen herausgeben; und nur indem ich meine Kleider und meinen Namen änderte, meinen Bart abrasierte und eine Perücke aufsetzte, gelang es mir, mein

Leben zu retten und aus der Gewalt dieser bösen Menschen zu entfliehen. Und selbst wenn unser Leben nicht bedroht ist, so ist es dennoch unerfreulich, wenn wir uns, wo immer wir gehen, im Brennpunkt der menschlichen Habsucht wiederfinden. Ich weiß von verschiedenen Personen, die man erwürgt in ihren Betten fand, nur weil man den Verdacht hegte, sie seien im Besitz dieses Geheimnisses, obwohl sie in Wirklichkeit nicht mehr darüber wußten als ihre Mörder; einigen verzweifelten Rohlingen genügte es schon, daß die bloße Andeutung des leisesten Verdachtes gegen ihre Opfer vorgebracht worden war. *(Musaeum Hermeticum)*

Einer der bizarrsten Fälle von Gefangennahme und Einkerkerung eines Alchemisten betraf Johann Friedrich Böttger, einen jungen Apothekergehilfen aus Berlin. Von seinem vielbeschäftigten Meister eines Tages – man schrieb das Jahr 1701 – zur Behandlung eines kranken Adepten ausgesandt, stellte Böttger fest, daß es sich bei dem Mann um Lascaris Archimandrita, jenen legendären Alchemisten handelte, von dem man wußte, daß er im Besitz des Steins der Weisen war, den er mit einer für Alchemisten unerhörten Freigebigkeit auch anderen gab. Er stellte sich als Archimandrake eines Konvents auf der Insel Mytilene vor und behauptete, er sei nach Westen gereist, um Almosen für den Freiheitskampf christlicher Gefangener im Osten zu erbitten (ein immerhin ungewöhnliches Unternehmen für jemanden, der den Stein besaß).

Mit Hilfe von Böttgers Arznei besserte sich Lascaris' Gesundheitszustand rasch. Aus Dankbarkeit schenkte er dem jungen Apotheker eine großzügig bemessene Menge seines Transmutations-Pulvers, jedoch unter der Bedingung, daß Böttger die Quelle des Geschenks niemals preisgeben und es nicht benutzen werde, bevor sein Wohltäter Berlin verlassen habe, was jener umgehend tat.

Die erstaunlichen Transmutationen, die Böttger mit Hilfe des Pulvers vollbrachte, machten ihn mit einem Schlag reich und angesehen, um so mehr, als er durchblicken ließ, er sei im Besitz der geheimen Kunst, das Pulver selbst herzustellen. Berichte über seine Fähigkeiten kamen bald dem preußischen König Friedrich Wilhelm I. zu Ohren, der ihn sofort an den Hof bestellen ließ. Da er das Schlimmste befürchtete, floh Böttger zu seinem Onkel nach Wittenberg, wo er alsbald Gegenstand eines Streits zwischen Friedrich Wilhelm und August, dem Kurfürsten von Sachsen, wurde, der, was nicht überrascht, ein lebhaftes Interesse an dem in sein Territorium Zugewanderten bekundete. Der König verlangte, daß Böttger als preußischer Bürger sofort an Preußen ausgeliefert werde. Der Kurfürst erwiderte, Böttger befinde sich auf sächsischem Boden, und auf sächsischem Boden werde er auch bleiben – Punktum. Böttger wurde von seinem neuen Souverän wärmstens willkommen geheißen, da August hoffte, in ihm eine von der Vorsehung gesandte Lösung für seine kostspielige Leidenschaft, chinesisches Porzellan zu sammeln, vor sich zu haben. Nach einer eindrucksvollen Transmutations-Demonstration belohnte der Kurfürst seinen neuen Untertan mit dem Titel eines Barons.

Böttger richtete sich in Dresden luxuriös ein und lebte in Saus und Braus, bis der letzte Krümel seines Pulvers verbraucht – und er selbst tief verschuldet war. Seine Diener (und Gläubiger) verbreiteten das Gerücht, er beabsichtige zu fliehen, und der Kurfürst ließ, aus Angst vor dem Verlust seines wertvollen Fangs, Böttgers Haus von Wachen umstellen und hielt den verschwenderischen Adepten faktisch unter Hausarrest.

So lebte und arbeitete Böttger mehrere Jahre, und obwohl der Kurfürst alle notwendigen Apparate für die Produktion des Steins zur Verfügung stellte, kam bei den Experimenten nichts heraus. Aber immerhin war Böttger gelernter Apotheker, und im Zuge seiner immer verzweifelteren Laborversuche wurde aus ihm ein erstklassiger Chemiker. Schließlich entdeckte er eine Methode für die Herstellung von Porzellan, und glücklicherweise fügte es sich, daß diese Erfindung für den Kurfürsten genauso wertvoll war wie der Stein der Weisen. Böttger genoß wieder die kurfürstliche Gunst und ein extravagantes Leben, das ihn allerdings schon mit 37 Jahren – 1719 – ins Grab brachte. Der Kurfürst besaß da bereits eine unbezahlbare Porzellansammlung aus eigener Produktion.

Neben den wirklichen Gefahren von Einkerkerung und/oder Exkommunizierung gab es noch andere Gründe für die Dunkelheit alchemistischer Schriften: Im Laufe der Jahrhunderte veränderte sich ganz einfach die Bedeutung alchemistischer Termini. »Kohl« hieß beispielsweise ursprünglich »schwarzes Sulfid des Antimons« und wurde in der Antike als Kosmetik benutzt. Später bezeichnete es ein nicht näher definiertes Pulver eines Sublimats. Dann gebrauchte man das Wort zur Bezeichnung jeglicher flüchtigen Substanz oder jeglichen Destillats, und schließlich wurde – »Alkohol« daraus. Diese Bedeutungsverschiebungen passierten so oft, daß es auch für die Alchemisten selbst schwierig war, die genaue Bedeutung so manchen Begriffs zu bestimmen.

Die Interpretationsschwierigkeiten wurden noch verstärkt durch die Tatsache, daß alchemistische Texte viele Übersetzungen durchliefen. Griechische Texte wurden oft ins Syrische oder Hebräische übersetzt, dann ins Arabische, danach manchmal ins Kastilische, ins Lateinische und schließlich in die jeweilige Landessprache.

Der berühmte und weit verbreitete Dialog *Turba Philosophorum* liefert eines der besten Beispiele für die durch aufeinanderfolgende Übersetzungen verursachte Konfusion. Wenigstens ein Teil des Werkes war ursprünglich auf griechisch geschrieben oder griechischen Quellen entnommen; dann wurde es ins Arabische übertragen und schließlich ins Lateinische. Julius Ruska leistete ein elegantes Stück Detektivarbeit, indem er aufzeigte, daß viele der eigenartigen Wörter im lateinischen Text nur verständlich sind, wenn man sie zuerst ins Arabische zurücktranskribiert und dann ein griechisches Äquivalent dafür findet. Zum Beispiel entsprach das bedeutungslose lateinische Wort »ethel« oder »ethelia« dem arabischen »atal«, »atali«, was auf das Grie-

82

chische zurückging und Quecksilberrauch bezeichnete. »Corsufle« war ursprünglich das griechische αιδαλη und bedeutet Goldlötmetall oder Malachit. »Cambar« wurde zum arabischen »qunbar« und schließlich dem griechischen χινναβαρ oder Zinnober. Das lateinische »iksir«, »icsir«, »iesir« oder »yesir« war das arabische »al-iksir« bzw. das griechische ξηριον und bedeutete Transmutations-Pulver. Martin Plessner trieb Ruskas Arbeit mit einem weiteren brillanten Rekonstruktionsversuch noch weiter voran. Mit Hilfe derselben Technik war er in der Lage, die neun Philosophen zu identifizieren. Zum Beispiel hatte der Name, der auf Latein Ixmidrus geschrieben wurde, ursprünglich auf griechisch Anaximander gelautet; Pandulfus war Empedokles und Eximenus Xenophanes.

In einigen Fällen hatten Übertragungs- oder Abschreibfehler auch verheerende Folgen. So übersetzte der byzantinische Grieche Nikolaus Myrepsos bei der Zusammenstellung einer Sammlung verschiedener Arzneien, wobei er arabische Quellen benutzte, das arabische »darsini« (Cinnamonum, Zimtlorbeer) fälschlicherweise mit »Arsen«. Der daraufhin entstandene Glaube, große Dosen Arsen besäßen wohltuende medizinische Wirkung, hielt sich, sehr zum Schaden der Alchemisten und ihrer Patienten, bis ins 17. Jahrhundert hinein!

Und dann gab es natürlich noch, wie in jedem Metier, jene schwarzen Schafe, die sich der Dunkelheit der alchemistischen Terminologie bewußt bedienten, um die Leichtgläubigen mit ihrer angeblichen Gelehrsamkeit zu übertölpeln. Denn ein Teil der Anziehungskraft der »Schwarzen Kunst« bestand zweifellos in ihrer geheimnisvollen Sprache, die so viel mehr andeutete, als sie tatsächlich aussagte.

Verfolgung, Unwissenheit und Betrug waren also die drei offensichtlichen Gründe für die Dunkelheit der alchemistischen Texte, aber sie entsprachen damit letztlich auch dem Wesen der Alchemie selbst. Anders als die modernen Chemiker mit ihrer eher pragmatischen Einstellung gegenüber ihrer Arbeit behandelten die Alchemisten Metalle mit Ehrfurcht und betrachteten sie als heilige, lebendige Wesen mit Körper, Seele und Leidenschaften. Sie traten in eine geradezu persönliche Beziehung zu dem Stoff, den sie bearbeiteten, und zwangen ihn in eine neue Form mit Hilfe von Gebeten, Riten und Ritualen. Viel mehr als eine intakte Laboratoriumsausrüstung war vonnöten, um den Erfolg ihrer Bemühungen zu gewährleisten. Wenn ein Experiment danebenging, schrieben die Schwarzkünstler das widerspenstigen Kräften in der Materie selbst zu, einem zürnenden Himmel oder eigenem charakterlichen Ungenügen. Ko Hung zeichnet ein eindringliches Bild der Mächte des Bösen, immer auf der Lauer und bereit, unachtsamen Alchemisten zu schaden.

»Wenn sie [die Adepten] nicht die Methode beherrschen, in Berge einzudringen, dann werden Berggottheiten ihnen Schaden zufügen, zerstörerische Geister werden sie auf die Probe stellen, wilde Tiere werden sie verwunden, Gifte aus Tümpeln sie angreifen, Schlangen sie beißen, oder sie selbst werden viele Todessituationen der verschiedensten Arten heraufbeschwören.«

Alchemisten mußten bei der Wahl ihres Umgangs sehr vorsichtig sein – die Anwesenheit eines »falschen« Menschen in ihrer Umgebung würde sich sofort verhängnisvoll auf ihre Arbeit auswirken:

»Wenn der Alchemist es versäumen würde, sich an einem verborgenen Ort abzusondern, und es dummen, uneingeweihten Leuten gestattete, an seinem Arbeitsplatz vorüberzugehen, ihn zu hören und zu sehen, dann würden die Götter den Alchemisten umgehend dafür tadeln, daß er darin gefehlt habe, den Geboten der Klassiker zu folgen, und bösen Menschen eine Gelegenheit gegeben habe, die Arbeit zu schmähen. Die Götter würden ihm ihre Hilfe entziehen, üble Einflüsse Zugang gewinnen und der Prozeß fehlschlagen.« (Ko Hung)

Die Übermittlung alchemistischen Wissens von einem Meister an seinen Schüler erforderte mehr als eine praktische Unterweisung, sie umfaßte die Erziehung des ganzen Menschen – körperlich, seelisch und geistig. Wenn Alchemisten arbeiteten, beteten sie im wahrsten Sinne des Wortes darum, es möge ihnen auch diesmal gelingen, wovon sie aus der Vergangenheit wußten, daß sie es vollbringen konnten. Ihre ständige Unsicherheit – und ihre vielen Fehlschläge – drängten sie auf die obskuren Wege der Magie, so daß sich ein Geist freier, ungebundener Forschung unmöglich entwickeln konnte.

Etwas Geheimnisvolles war und ist in manchen Regionen der Erde noch heute ein Bestandteil der Metallurgie. Als Walter Cline zu Beginn der dreißiger Jahre seine Studien über Bergbau und Metallurgie in Afrika anstellte, fand er heraus, daß die Männer nur zögernd das Erz, von dem ihr Lebensunterhalt abhing, aus der Erde holten. Bevor sie an die Arbeit gingen, versammelte der Häuptling des Dorfes die Minenarbeiter um sich, und zusammen mit dem Schamanen sprachen sie Gebete zu den Ahnen-Kupfer-Geistern. Diese Gebete sollten die Götter besänftigen und es den Menschen gestatten, das Erz auszugraben, ohne bestraft zu werden. Die Arbeiter bauten das Metall in aller Heimlichkeit ab, ängstlich besorgt, nicht dabei erwischt zu werden, wie sie dem Schutz der Erde eine lebendige, fühlende Sache »vor ihrer Zeit« entrissen. Ein ähnliches Gefühl der Gefährdung bestimmte die Haltung von Schmieden, während sie geschmolzenes Metall in eine Form brachten, und Alchemisten, wenn sie an der Herstellung des philosophischen Steins arbeiteten.

Cline sammelte viele Beispiele ritueller Praktiken, die die Afrikaner in Verbindung mit Bergbau und Metallurgie ausübten. Ein erheblicher Teil davon betraf sexuelle Tabus oder Gebote. Bergbau und Schmiedekunst galten als sexuelle Aktivitäten, wobei die embryonalen Erze, dem Schoß der Erde entnommen, im Schmelzofen verheiratet wurden, aber eben nicht auf natürliche Weise, sondern als Resultat des gewaltsamen Eingreifens des Menschen. Die Menschen zahlten den Preis für ihre Einmischung in der Währung der Angst; sie versuchten, ihrer Unwissenheit und Furcht etwas entgegenzusetzen, indem sie geheimnisvolle Rituale ersannen, um die Mächte der Erde sanft zu stimmen. Eine Passage aus Camara Layes Autobiographie *Einer aus Kurussa* vermittelt ein lebendiges Bild der sakralen und sexuellen

Aspekte der Metallbearbeitung. Laye beschreibt darin, wie er als kleiner Junge in einem Dorf in Guinea seinen Vater beim Goldschmelzen beobachtete:

Von allen Arbeiten, die mein Vater in seiner Werkstatt ausführte, fesselte mich keine so sehr wie die Goldschmiedekunst. Es gab auch nichst Vornehmeres und nichts, was mehr Geschick erfordert hätte, und es wollte mir wie ein Fest erscheinen, wenn eine solche Arbeit in Auftrag gegeben wurde. Ja, es war ein richtiges Fest, welches die Eintönigkeit des Alltags unterbrach ...

Auf einen Wink meines Vaters setzten die Lehrlinge die zwei aus Schafleder verfertigten Blasbälge in Betrieb, die sich zu ebener Erde beiderseits der Esse befanden und mit dieser durch irdene Windkanäle verbunden waren. Die Lehrlinge saßen die ganze Zeit über mit gekreuzten Beinen vor den Blasebälgen, oder zumindest der jüngere von ihnen. Dem älteren nämlich war es zuweilen gestattet, an der Arbeit der Gesellen teilzunehmen, während der jüngere – damals war es Sidafa – nur zu blasen und zu beobachten hatte, bis auch er eines Tages zu weniger anfängerhaften Arbeiten zugelassen würde. Augenblicklich aber drückten beide abwechselnd mit aller Kraft die Schaukelbretter nieder, und in der Esse züngelte die Flamme empor, wurde zu einem lebenden Wesen, zu einem unruhigen und unerbittlichen Geist.

Nun ergriff mein Vater mit seiner langen Zange den Napf und setzte ihn aufs Feuer.

Gleichsam mit einem Schlag hörte da jegliche Arbeit in der Werkstatt auf. Solange nämlich das Gold schmilzt und wieder erkaltet, darf man weder Kupfer noch Aluminium in der Nähe bearbeiten, da sonst zu befürchten wäre, daß irgendein Teilchen dieser unedlen Metalle ins Gefäß fallen könnte. Einzig Stahl hätte noch verarbeitet werden können, aber die Gesellen, die gerade Stahl zu schmieden hatten, beeilten sich entweder, fertig zu werden, oder sie ließen einfach ihre Arbeit liegen, um sich den um die Esse versammelten Lehrlingen anzuschließen. Es drängten sich ihrer denn auch immer so viele um meinen Vater, daß ich, der ich viel kleiner war als sie, aufstehen und näherkommen mußte, wollte ich nicht den weiteren Verlauf der Unternehmung verpassen.

Es kam vor, daß sich mein Vater in seiner Bewegungsfreiheit behindert fühlte und die Lehrlinge zurückscheuchte. Er brauchte dazu nur eine einfache Handbewegung. Nie sprach er ein Wort in solchen Augenblicken, und auch sonst sagte keiner ein Wort. Niemand durfte sprechen, und selbst der Zauberer erhob seine Stimme nicht mehr. Die Stille wurde einzig durch das Keuchen der Blasbälge und durch das leise Zischen des Goldes durchbrochen. Wenn aber mein Vater keine Worte laut werden ließ, so weiß ich doch wohl, daß er sie in seinem Innern dachte. Ich las es von seinen Lippen, die sich bewegten, während er sich über das Gefäß beugte. Er vermengte Gold und Kohle mit einem Holzstab, der indessen alsbald aufflammte und andauernd ersetzt werden mußte.

Was waren das wohl für Worte, die mein Vater lautlos formte? Ich weiß es nicht – ich weiß es wenigstens nicht genau. Nie wurde mir etwas darüber anvertraut. Aber was konnten diese Worte anderes sein als Beschwörungen? Rief er nicht die Geister des Feuers und des Goldes an, die Geister des Feuers und des Windes – des Windes, der durch die Mündungen der Blasbälge fuhr, des Feuers, das aus dem Wind geboren wurde, oder des Goldes, das sich mit dem Feuer vereinigte? Beschwor er nicht ihre Hilfe und ihre Freundschaft und ihre innige Vereinigung? Ja, gewiß rief er diese Geister an, die zu den ursprünglichsten gehören und die für den Schmelzprozeß gleichermaßen unentbehrlich waren.

Was sich da vor meinen Augen abspielte, war nur scheinbar ein gewöhnliches Schmelzen von Gold. Freilich war es Goldschmelzen – sicher war es das –, aber es war zugleich noch etwas anderes: eine Zauberhandlung, deren Gelingen die Geister gewähren oder versagen konnten; deshalb auch herrschte rings um meinen Vater eine völlige Stille und eine angstvolle Erwartung. Und dieser Stille und dieser Erwartung wegen begriff ich, wenn ich auch nur ein Kind war, daß die Goldschmiedekunst von keiner anderen Arbeit übertroffen wird. Ich erwartete ein Fest, ich war gekommen, um einem Fest beizuwohnen, und so war es auch, nur daß dieses Fest noch weitere Kreise zog. Ich verstand nicht all diese Ausweitungen, und bestimmt war ich noch zu jung, um sie ganz zu begreifen. Indessen erahnte ich wohl ihren Sinn, wenn ich der Aufmerksamkeit, mit welcher alle die fortschreitende Verschmelzung im Gefäß beobachteten, einen frommen Ursprung zuschrieb. Wenn dann endlich das Gold zusammenfloß, hätte ich am liebsten laut aufgeschrien, und vielleicht hätten wir alle geschrien, wenn uns nicht ein strenges Gebot jeden Laut untersagt hätte. Ich zitterte, und sicherlich zitterten wir alle, wenn wir sahen, wie mein Vater den noch schweren Teig umrührte, wo sich die letzten Reste der Holzkohle verzehrten. Der zweite Schmelzprozeß folgte nun rasch. Das Gold war jetzt flüssig wie Wasser. Die Geister hatten der Handlung in gnädiger Stimmung beigewohnt.

»Bringt den Tiegel her!« sagte mein Vater und hob damit das Schweigegebot auf, welches uns bis dahin gebunden hatte. Der Ziegelstein, den nun ein Lehrling neben die Feuerstelle legte, war ausgehöhlt und reichlich mit Karitébutter eingefettet. Mein Vater nahm den Napf vom Feuer, neigte ihn sacht, und ich sah, wie das Gold in den Tiegel rann, sah es fließen wie flüssiges Feuer. Es war zwar nur ein ganz dünner Feuerfaden, aber so voller Leben und so gleißend! Während sich das Gold in den Tiegel ergoß, brutzelte das Fett, flammte auf und verwandelte sich in einen schweren Rauch, der einem die Kehle zuschnürte und in den Augen brannte und der uns alle gleichermaßen tränend und hustend zurückließ.

Ich habe mir auch schon überlegt, daß mein Vater den ganzen Schmelzvorgang ebensogut dem einen oder anderen unter seinen Gesellen hätte anvertrauen können. Es fehlte ihnen nicht an Erfahrung, denn wohl hundertmal schon hatten sie den Vorbereitungen beigewohnt, und sie hätten bestimmt die Schmelzarbeit zu einem guten Ende geführt. Aber ich sagte es schon: Mein Vater pflegte die Lippen zu bewegen! Diese Worte, die wir nicht hörten, geheime Worte, Zauberformeln, die er an Wesen richtete, welche wir weder sehen noch hören sollten oder konnten, sie waren die Hauptsache! Die Anrufung der Geister des Feuers, des Windes, des Goldes und die Beschwörung der bösen Dämonen, das war eine Wissenschaft, die allein mein Vater beherrschte, und so mußte er denn alles allein vollbringen.

Wenn sich nun das Gold im Tiegel abgekühlt hatte, begann mein Vater, es zu hämmern und zu ziehen. Das war der Augenblick, da seine eigentliche Goldschmiedearbeit einsetzte, und ich hatte entdeckt, daß er es nie unterließ, verstohlen die kleine, zusammengerollte Schlange unter seinem Schaffell zu streicheln, ehe er sein Werk in Angriff nahm. Ohne Zweifel war das seine Art, Kraft zu schöpfen für das, was noch zu tun blieb und den schwierigsten Teil ausmachte.

Aber war es nicht erstaunlich, ja, war es nicht ein Wunder zu nennen, daß bei solchen Gelegenheiten die kleine Schlange stets unter dem Schaffell zusammengerollt lag? Sie war keineswegs immer anwesend, sie besuchte meinen Vater nicht täglich, aber sie war jedesmal da, wenn es Gold zu bearbeiten gab. Mich erstaunte ihre Anwesenheit nicht . . ., es verstand sich ja von selbst, daß sie dabeisein mußte: Barg ihr doch die Zukunft kein Geheimnis! Teilte sie wohl ihr Wissen meinem Vater mit? Für mich war daran nicht zu zweifeln. Verkündete sie ihm nicht alles? . . .

Der Handwerker, welcher Gold zu verarbeiten hat, muß sich zuvor reinigen. Er muß sich infolgedessen vollständig waschen und hat sich wohlverstanden während der ganzen Dauer seiner Arbeit des Umgangs mit dem anderen Geschlecht zu enthalten. Da mein Vater die religiösen Bräuche streng beachtete, mußte er sich unvermeidlich dieser Vorschrift unterziehen.

Nun habe ich aber nie bemerkt, daß er sich in seine Hütte zurückgezogen hätte; ich sah ihn sein Werk ohne sichtbare Vorbereitung beginnen. Es lag demnach klar vor Augen, daß mein Vater durch seinen schwarzen Schutzgeist im Traum von der Aufgabe benachrichtigt worden war, die ihn im Lauf des Tages erwartete, und daß er sich deshalb schon beim Aufstehen darauf vorbereitet hatte. So betrat er denn die Werkstatt bereits in reinem Zustand, und sein Körper war außerdem gesalbt mit den Zaubermitteln, welche die zahlreichen Gri-gri-Töpfe bargen. Übrigens glaube ich, daß mein Vater seine Werkstatt nie anders als in einem Zustand ritueller Reinheit betrat. Nicht, daß ich meinen Vater besser schildern möchte, als er ist. Sicher ist er ein Mensch wie alle andern und hat gewiß auch seine menschlichen Schwächen, aber ich habe ihn in der Einhaltung der religiösen Vorschriften stets unbeugsam gefunden.

Die mit der Metallarbeit und der Umwandlung von Substanzen im Feuer assoziierten Geheimnisse reichen weit über das Gebiet – und die Zeit – der Alchemie hinaus in die Welt vorgeschichtlicher Mythen. Die Einstellung des Menschen zum Feuer und zur Schmiedekunst ist von jeher ambivalent gewesen. Einerseits wurde Feuer mit dem Göttlichen und Übernatürlichen assoziiert; nur Götter, Schamanen, Yogis, Magier oder Medizinmänner – mit anderen Worten: die von göttlicher Seite Berufenen – besitzen die Gabe, über glühende Kohlen zu gehen, Feuer gefahrlos zu berühren oder zu schlucken und in ihren Körpern eine solche Hitze zu erzeugen, daß sie wunderbarerweise selbst schneidende Kälte ertragen können. Feuer enthält eine übernatürliche Kraft; mit seiner Hilfe können die Menschen Dinge tun, zu denen selbst die Natur nicht fähig ist, und natürliche Vorgänge in phänomenaler Weise beschleunigen. Thomas Norton ordnete auch den Alchemisten in diese Kategorie der gottgleichen Männer ein, indem er ihn als *magister magnus in igne,* als »großen Meister des Feuers«, bezeichnete.

In einigen europäischen Volksmärchen sind Christus oder der heilige Petrus solche Meister des Feuers. Im Grimmschen Märchen vom alten Mann, der wieder jung wurde, machen zum Beispiel Jesus und der heilige Petrus in einer Schmiede Rast. Ein armer, alter und kranker Bettler bittet um ein Almosen und fragt Jesus, ob er ihm nicht helfen könne, damit er selbst sein Brot verdienen kann. Jesus bittet den Schmied, ihm die Schmiede kurz zu überlassen. Er legt den alten Mann auf den Amboß inmitten eines so heißen Feuers, daß es wie ein »Rosenbusch« glüht, formt ihn neu und wirft ihn in das Kühlbecken. Heraus springt ein flinker, gesunder, gradgliedriger Zwanzigjähriger. Der Schmied probiert später – mit deren Einverständnis – dieselbe Technik an seiner alten, halbblinden Schwiegermutter aus, und sie verbrennt zu einem Aschenhäufchen. Diesmal kehren übrigens – wie es sonst der Fall ist – weder Christus noch der heilige Petrus zurück, um die Situation zu retten.

Der Teufel war nicht weniger ein »Meister des Feuers« als Christus, aber nichts Schönes und Gutes entsprang den schwefligen Dämpfen, die sein kochendes, sengendes Reich erfüllten. Feuer erschafft und zerstört, reinigt und straft zugleich. Sein Nutzen hängt von seinem Benutzer ab. Vielleicht ist das auch der Grund dafür, warum die Menschen Schmieden gegenüber – himmlischen wie irdischen – stets ein etwas unbehagliches Gefühl hatten. Wer konnte schließlich im voraus sagen, wie die Meister mit der Macht des Feuers umgehen würden? Selbst die Götter waren wachsam gegenüber den Schmieden und den Feuer-Gewaltigen in ihren eigenen Reihen, denn sie wußten, wie gerissen, ja, falsch diese sein konnten. Loki, der Feuergott des germanischen Pantheons, wandte sich in der Schlacht, die ihre letzte sein sollte, gegen seine Mit-Götter. Im von Schönheiten nur so wimmelnden Olymp war Hephaistos der Häßliche, Mißgebildete par excellence. Und es war bezeichnenderweise ein Schmied, der Mohammed an seine Feinde verriet – und alle Schmiede erbten, laut Koran, seinen Fluch.

Die Alchemisten waren Erben jener instinktiven Ängste vor

dem Feuer, das so verblüffende Veränderungen der Materie bewirken konnte. Zosimos zum Beispiel glaubte fest an den dämonischen Ursprung der von ihm geübten Kunst: Eine Dämonenspezies entbrannte in Liebe zu den irdischen Frauen und kam herab, um sie die Geheimnisse der Natur zu lehren. Zur Strafe für ihren Verrat wurden sie aus dem Himmel vertrieben und für immer ins irdische Exil verbannt. Aus ihrer Vereinigung mit Sterblichen entstand die Gattung der Riesen, und diese lehrten als erste die Kunst der Alchemie.*

Mit den Priestern und Philosophen teilten die Alchemisten das Mißtrauen gegenüber der Sprache. Worte wurzeln in der Dingwelt und sind meist ungeeignet, Metaphysisches auszudrücken. Religiöse Wahrheiten lassen sich nur schwer, wenn überhaupt, auf der Ebene von Sprache und Logik adäquat formulieren. Diese Haltung gegenüber der Sprache steckt auch hinter der – gewollten – Absurdität zen-buddhistischer Fragen wie: »Besitzt dieser Hund Buddha-Natur?« Worauf die korrekte Antwort lautet: »Weder ja noch nein.« Da Gott oder das Absolute alle natürlichen Begriffe und Dinge übersteigt, ist er das »Eine in Allem« und das »Alles in Einem«, unbeschreibbar, aber unaufhörlich beschrieben.

Die Vorliebe religiöser Schriftsteller für das Paradoxon wirft also auch Licht auf die Rätselsucht der Alchemisten. Elias Ashmole, der Herausgeber des *Theatrum Chemicum Britannicum*, fühlte sich von der spirituellen und philosophischen Botschaft der Alchemie zutiefst berührt: »Denn sie [die wahren Alchemisten] hatten eine höhere Arbeit im Auge, da sie die Weisheit mehr liebten als weltlichen Reichtum: Und gewiß wird jener, für den der Lauf der Natur ein offenes Buch ist, nicht so sehr darüber jubeln, daß er Gold und Silber machen oder sich die Teufel unterwerfen kann, als darüber, daß er die Himmel offen sieht, den Auf- und Abstieg der Engel Gottes und den eigenen Namen, wie er schön im Buch des Lebens geschrieben steht.«

---

* Zit. n. J. van Lennep, *L'Art et L'Alchimie*.

Ashmole interessierte sich nicht für chemische Reaktionen, Formeln, Symbole oder Elixiere um ihrer selbst willen. Für ihn waren die Rätsel, die Geheimnisse, die Paradoxien und Unauflösbarkeiten Schlüssel zu einem Haus mit vielen Wohnungen; sie öffneten die Tore auf dem Weg zur geistigen Erlösung, nach der ihn so sehnsüchtig verlangte.

Das Lebenselixier

»Die Erde ist ein großes Destilliergefäß«, schrieb Michael Sendivogius, »von der Hand des allwissenden Schöpfers nach seinem Modell gebildet, nach welchem alle Weisen ihre kleinen Destilliergefäße konstruiert haben.« Gott war der Meisteralchemist, der die Welt erschaffen hatte, indem er die Elemente des Chaos trennte, destillierte und gerinnen ließ. Mehr als ein Alchemist nahm die fromme christliche Praxis der *Imitatio Dei* wörtlich und wiederholte den erhabenen göttlichen Schöpfungsakt in der Abgeschiedenheit seines eigenen Laboratoriums:

DIE SCHÖPFUNG
Nimb gemein Regen-Wasser eine gute Menge, zum wenigsten zehen Stübchen, verwahre es wohl verschlossen in Gläsern zum wenigsten zehen Tage, so wird es Sticken und faeces am Boden setzen. Das klare gieße ab, und thue es in ein höltzern Gefäß, das rund gemacht wie ein Ball, schneide es in der mitten ab und fülle das Gefäß einen dritten Theil desselben voll, und setze es an die Sonne umb Mittag an einen geheimen oder abgesonderten Ort.
Wann das geschehen, so nimb einen Tropffen von dem gesegneten rohten Wein, und laß ihn unten in das Wasser fallen, so wirstu alsofort einen Nebel und dicke Finsterniß oben auf dem Wasser sehen, wie solches in der ersten Schöpffung auch gewesen. Alsdann thue zwey Tropffen hinein, so wirstu sehen das Licht auß der Finsterniß herfür kommen, hierauf thue

94

nach und nach alle halbe viertel Stunde denn 3. dann den 4. dann den 5. dann den 6. Tropffen, und dann nicht mehr, so wirstu für deinen Augen oben auf dem Wasser sehen, nach und nach ein Ding nach dem andern, wie Gott alle Dinge in den 6 Tagen erschaffen, und wie solches zugegangen, und solche Geheimnuß, die nicht auszusprechen sind, auch ich nicht Macht habe zu offenbaren. Falle auf deine Knie, ehe du diese Operation vornimbst. Laß deine Augen darvon urtheilen; denn also ist die Welt erschaffen. Lasset alles also stehen, so wird es in einer halben Stunde, nachdem es angefangen verschwinden.

Bey diesem werdet ihr klärlich sehen die Geheimnuß Gottes, die euch jetzo als einem Kind verborgen sind. Ihr werdet verstehen, was Moses von der Schöpffung geschrieben hat; Ihr werdet sehen was Adam und Eva für einen Leib vor und nach dem Fall gehabt haben, was die Schlange gewesen, was der Baum, und was vor Früchte sie gegessen: wu und was das Paradies ist, und in welchen Leibern die Gerechten werden auferstehen, und nicht in diesem, den wir von Adam empfangen haben, sondern den wir durch den Heiligen Geist erlanget, nemblich einen solchen, als unser Heyland vom Himmel gebracht hat.*

Mit seinem Stein und den Elixieren glaubte der Alchemist die gottgleiche Macht zu besitzen, Zeit und Schöpfung zu kontrollieren. Er trieb den Traum, der den Menschen von seinen animalischen Vorfahren unterscheidet, auf die Spitze, und glaubte, er könne die Natur mit seinen eigenen zwei Händen umformen und vollenden – eine mühselige, gefährliche Aufgabe, die, wenn überhaupt, nur wenigen Auserwählten gelingen konnte. Wie Ko Hung vor sechzehnhundert Jahren schrieb: »Die Menge derjenigen, die den Weg beschreiten wollen ..., ist so zahlreich wie die Haare eines Büffels, während die Erfolgreichen so rar sind wie

---

* Zit. n. C. G. Jung, *Psychologie und Alchemie*.

das Horn eines Einhorns.« Der in der westlichen Welt verbreitete Glaube an den Fortschritt ist nur die säkularisierte Form dieses mächtigen alchemistischen Traums; aber uns fehlt das ehrfürchtige Gefühl des Alchemisten für die Natur. Wo die Alchemisten wünschten, die Zeit zu meistern, sind wir ihre Sklaven geworden.

Die Alchemie war von Anfang an eng mit Philosophie und Religion verbunden. Petrus Bonus gehörte zu jenen vielen Alchemisten, die diese geistige Natur ihrer Kunst betonten. Sie sei, sagte er, von Gott geoffenbart worden, nicht um materieller Vorteile, sondern um des seelischen Wohlbefindens des Menschen willen: »Für die Initiierten ist es ganz klar, daß Moses, Daniel, Salomo, ein Großteil der Propheten und der Evangelist Johannes das Wissen um diese Kunst besessen haben, da es ihnen von Gott selbst mitgeteilt worden ist. Diese heiligen Männer fühlten sich nicht wegen des Erwerbs von Gold und Silber zu der Kunst hingezogen, sondern wegen ihrer Schönheit und der Einsichten in die Dinge der geistigen Welt, die sie vermittelt.«

Aber nicht alle Schwarzkünstler gingen den Weg der Erkenntnis. Viele von ihnen waren in erster Linie an praktischen Entdeckungen interessiert, was zu verbesserten Techniken in Bergbau, Metallurgie, Töpferei und anderen Handwerken und Manufakturbereichen führte. Es waren die Entdeckungen dieser Männer, die die Grundlage der modernen Chemie bilden sollten. Trotzdem traten im Laufe der Zeit in der Alchemie die geistigen Probleme mehr und mehr in den Vordergrund, während man die experimentelle Seite der Kunst am liebsten den (Kunst-)Handwerkern überließ. In der Renaissance drohte der Zusammenhang zwischen Basis und Überbau, zwischen Experiment und Philosophie, der für die mittelalterliche Alchemie noch bestimmend war, verlorenzugehen. Die mittelalterlichen Alchemisten stellten die Theorien, die sie griechischen, ägyptischen und arabischen Quellen entnahmen, in der Sprache des zu jener Zeit vorherrschenden scholastischen Rationalismus dar, ohne sie mit überflüssigen mystischen Schnörkeln zu versehen. Man bevorzugte einen geradezu wissenschaftlich zu nennenden, systematischen Stil und beschrieb chemische Reaktionen auf eine in sich stimmige, präzise Art und Weise. Bis zum 16. Jahrhundert jedoch war dieser pragmatische Ansatz aus der Mode gekommen. In vielen Fällen hatte die Alchemie das Laboratorium völlig verlassen und in Mönchszellen oder den Studierstuben der Philosophen Wohnung genommen. Das Gold der Alchemisten war kein »gewöhnliches Gold« mehr, sondern das Gold der Erkenntnis. Nur durch ihre Bildersprache und ihre Symbole hielten diese Alchemisten noch Kontakt mit Feuer und Schmelzofen.

Jakob Böhme (1575−1624) ist das wohl bekannteste Beispiel eines Mystikers, der alchemistische Termini zu ausschließlich geistigen Zwecken verwendete. Sein englischer Schüler William Law beschrieb die Verwirrung, die das bei den Lesern auslöste: »Als er erstmals auf englisch erschien, wurden viele Angehörige dieser Nation, und zwar Leute höchster Intelligenz und größter Fähigkeiten, seine Leser; doch diese, anstatt sich auf sein *einziges* Bestreben einzulassen, und zwar anstelle eines irdischen ein himmlisches Leben zu führen, wurden Chemiker und stellten Öfen auf, um Metall zu veredeln auf der Suche nach dem Stein der Weisen. Und von allen Menschen in der Welt hat keiner so tief und mit solcher Wahrhaftigkeit die ungeheure Eitelkeit einer solchen Arbeit bloßgelegt und die gänzliche Unmöglichkeit eines Erfolgs auf diesem Gebiet mittels des Gebrauchs von Schmelztiegel und Feuer.«

Ihren Höhepunkt erlebte die spirituelle Alchemie im 16. und 17. Jahrhundert – gleichzeitig mit den revolutionären Bewegungen in Kirche und Gesellschaft. Sie befriedigte die religiösen Bedürfnisse eines in einem Meer von rivalisierenden Ideologien versinkenden Zeitalters. Paracelsus artikulierte die religiöse Desillusionierung der Zeit, als er Luther und den Papst mit zwei Huren verglich, die über Keuschheit diskutieren. Die Alchemie lieferte einen idealen Rahmen für die zum Teil höchst exzentrischen Erlösungsvorstellungen jener Menschen, die sich ihrer geistigen Führung beraubt sahen.

Auch die chinesische Alchemie wandte sich im Laufe ihrer Entwicklung immer mehr von ihren praktischen Grundlagen ab. Bis zum 13. Jahrhundert hatte sie sich fast gänzlich in eine Meditationstechnik verwandelt; ein alchemistischer Prozeß vollzog sich, wenn überhaupt, im Körper des Adepten selbst, nicht im Laboratorium. »Im allgemeinen«, schrieb damals der chinesische Alchemist Ch'u Yung, »sind jene, die an der gelben und weißen Kunst [Gold- und Silbermachen] interessiert sind, nicht wirkliche Kenner von Verfeinerung und Distinktion. Wie können sie sich als gelehrige Schüler des Tao ausgeben?« Ch'u Yung tut diese Alchemisten als »rußige Empiriker« ab und als »Ofenheizer«.* Der Engländer Robert Fludd traf die gleiche abschätzige Unterscheidung, als er schrieb: »Die Praxis vulgärer Chemiker ist nichts als ein Schatten und rätselhaftes Abbild wahrer Alchemie.« Das soll nicht heißen, daß Fludd nicht auch an die physische Transmutation geglaubt hätte. Doch für ihn gehörten praktische und spirituelle Alchemie in der gleichen Weise zusammen wie die Göttlichkeit und Menschlichkeit Jesu Christi.

Im Osten wie im Westen unterstrichen die Alchemisten die moralischen Anforderungen ihrer Kunst. Der Verfasser der *Aurora Consurgens* betonte, ein Alchemist müsse gesund, demütig, heilig, keusch, tugendhaft, treu, hoffnungsvoll, wohltätig, gut, geduldig, maßvoll, verständnisvoll und gehorsam sein. Geber widmete ein Kapitel seiner *Summa Perfectionis* den »Hindernissen seitens der Seele des Künstlers«. Petrus Bonus riet seinen Lesern, ihr Herz und ihren Geist zu prüfen, bevor sie versuchten, der hermetischen Bruderschaft beizutreten; ohne die entsprechende moralische Qualifikation seien sie zum Mißerfolg verdammt. »Wenn du etwas wert bist, wenn du Energie und geistiges Durchhaltevermögen besitzt, wenn du bereit bist, bei Tag und bei Nacht fleißig zu studieren, wenn du dich selbst der Führung Gottes anvertraust, wirst du das ersehnte Wissen in Gott zur rechten Zeit finden.« Nur solche Männer wie die eben

---

* Zit. n. J. Needham, *Science and Civilization in China.*

beschriebenen können vielleicht die »Auserwählten Söhne der Kunst« werden, um Elias Ashmoles Ausdruck aus den Prolegomena zum *Theatrum Chemicum Britannicum* zu zitieren. Die Vorstellung alchemistischer Auserwähltheit verschmolz dabei oft mit der Idee göttlicher Auserwählung. »Von Gott kommt es« – das alchemistische Wissen nämlich, meinte der kalvinistische Alchemist William Blomfild, »und Gott macht manche Auserwählte empfänglich dafür, anderen verweigert er es.« *(Theatrum Chemicum Britannicum)*

Wie die Religion, so war auch die Alchemie auf Offenbarung angewiesen. Konnte ein Adept keinen göttlich inspirierten Lehrer finden, um von diesem auf den richtigen Weg gebracht zu werden, dann waren alle seine Bemühungen umsonst. »Wenn du nach dem bedeutungsvollen göttlichen Prozeß suchst«, sagte Ko Hung, »bevor du einen wahren Lehrer gefunden hast, wird dir kein Erfolg beschieden sein.« Ko Hungs eigene alchemistische Initiation fand vor einem Altar statt, wo er einen Eid sprach und ihn mit seinem eigenen Blut besiegelte. Auch Thomas Norton betont die grundlegende Bedeutung des Lehrers in der Alchemie:

Niemand erlernet diese Wissenschaft,
Wenn Gott ihm nicht 'nen guten Lehrer hat verschafft.

Norton beschreibt die Freude, mit der er jenen Brief von seinem Meister in Empfang genommen habe, worin dieser ihn des Unterrichts für würdig befand. Norton sattelte sofort sein Pferd und überwand die etwa hundert Meilen, die ihn vom Haus seines Meisters trennten, so schnell er konnte. Dann blieb er vierzig Tage lang dort, um die Kunst zu erlernen. Er muß ziemlich langsam gelernt haben, wenn es stimmt, was Petrus Bonus behauptet: »Von einem, der weiß, kann die ganze Meisterschaft unserer Kunst in einer einzigen Stunde erlernt werden – was in keiner anderen Wissenschaft der Fall ist.« (Seltsamerweise gesteht Petrus Bonus, nachdem er diese kühne Feststellung getroffen hat, ein, daß er selbst niemals Erfolg gehabt habe.)

Elias Ashmole hat einen Bericht über seine eigene Aufnahme in den Kreis der Alchemisten durch den Adepten William Backhouse hinterlassen. In seinem Tagebucheintrag vom 3. April 1651 schreibt er, daß Backhouse ihn aufgefordert habe, sein »Sohn« zu werden und ihn in Zukunft mit »Vater« anzusprechen. Zwei Jahre später, am 13. April 1653, ließ Backhouse, in der falschen Annahme, auf dem Sterbebett zu liegen, Ashmole zu sich kommen, um ihm die letzten Geheimnisse der Kunst zu offenbaren, die er seinem Sohn »in Silben stammelnd als Vermächtnis hinterließ«.

Doch es gab nicht nur diese ehrfurchtheischende Seite der Alchemie. Ein amüsantes und lehrreiches Szenario über alchemistischen Betrug entfaltet sich zum Beispiel in der Geschichte, die Feng Meng-lung im 17. Jahrhundert schrieb:

Ein wohlhabender junger Gelehrter namens Phan, der in die Alchemie vernarrt ist, trifft einen Freund, der ihm verspricht, ihn in das Geheimnis der Transmutation einzuweihen. Der Freund, Le, kommt mit seiner schönen Frau in Phans Haus und inspiziert erst einmal Phans Laboratorium. Dann warnt er in ahnungsvoller Voraussicht, daß nichts die alchemistische Arbeit beflecken dürfe: »Wisse, daß die Existenz irgendeiner materiellen oder moralischen Unreinheit in der Atmosphäre des Laboratoriums für die Transmutation des Metalls fatale Folgen haben kann.«
Le beginnt schließlich zu arbeiten, nachdem er das geforderte Gold und Silber als Rohmaterial – »denn sie gebären und nähren das angestrebte Produkt« – in ausreichender Menge von Phan erhalten hat. Nach zwanzig Tagen ununterbrochener Arbeit, als sie dem Erfolg schon ganz nahe sind, erhält Le die Nachricht, seine Mutter sei ernstlich erkrankt und er müsse umgehend nach Hause kommen. Höchst unwillig erklärt er sich bereit, seine Frau zurückzulassen, damit sie Phan Anweisungen für die wenigen noch verbleibenden Arbeitsgänge geben kann. Das Unvermeidliche nimmt nun seinen Lauf. Phan

ist natürlich bis über beide Ohren verliebt in die schöne Frau des Freundes. Als sie zum ersten Mal allein im Laboratorium sind, kann er nicht anders, als sich zu erklären: »Ich bin treu und ich bin zärtlich«, sagt Phan, vor Erregung zitternd, »und ich liebe dich von ganzem Herzen. Laß mich dir mein Leben und Sein zu Füßen legen.« Und von seiner Leidenschaft völlig überwältigt, vergißt er alle Regeln der Schicklichkeit und umschlingt die Taille der errötenden Dame. Mit einem Schrei der Entrüstung macht sie sich von ihm frei. »Sind Sie wahnsinnig geworden?« meint sie. »Wissen Sie nicht, daß die geringste Befleckung der magischen Atmosphäre des Laboratoriums verheerende Folgen für den Erfolg des Experiments hat?«

»Was kümmert mich das Experiment?« erwidert Phan. »Sie sind es, die ich –« In diesem Augenblick eilt höchst unpassenderweise »Herbstwolke« (eine der Dienerinnen der Frau) ins Zimmer, um mitzuteilen, daß der Alchemist plötzlich zurückgekehrt sei. Die Ankündigung ist kaum ausgesprochen, als der Unwillkommene auch schon eintritt. Nachdem er Phan und seine Frau herzlich begrüßt hat, wendet er sich fröhlich dem Schmelzofen zu und sagt: »Nun wollen wir mal sehen, wie die Ingredienzien sich entwickeln. O je – was ist passiert?« ruft er mit einem Ausdruck bleichen Schreckens im Gesicht aus, als er den Inhalt des Tiegels in Augenschein nimmt. »Die Metalle sind geronnen. Irgend etwas Böses ist geschehen. Ein schlechter Einfluß hat Einlaß ins Laboratorium gefunden.« Mit einem prüfenden Blick sieht der Alchemist erst Phan, dann seine Frau an. Zunächst versucht Phan, dem Blick des anderen standzuhalten, aber sein schlechtes Gewissen macht ihm doch zu schaffen, und er zittert von Kopf bis Fuß. Die Dame bricht daraufhin in Tränen aus und trippelt, so schnell ihre kleinen Füße sie tragen, aus dem Laboratorium. Voller Wut packt Le den treulosen Freund an der Kehle . . .*

* Zit. n. R. K. Douglas, »Love and Alchemy«, in: *Chinese Stories.*

Phan verlor nicht nur alles Gold und Silber, das er in die Experimente gesteckt hatte, sondern mußte dem aufgebrachten Alchemisten auch noch zehntausend Tael Silber zahlen, um wenigstens mit dem nackten Leben davonzukommen.

Westliche Alchemisten zogen ständig Parallelen zwischen ihrer Arbeit und der Religion. Nicolas Flamel zum Beispiel gibt stets eine doppelte Interpretation seiner hieroglyphischen Figuren; eine, »welche lehret einen jeglichen, so wenig Verstandes er auch in der Wissenschaft des Steines haben mag, den schnurgeraden Weg des Wercks«, die andere, »um Belehrung über die heiligen Geheimnisse unserer Seligkeit zu erteilen«. Ein anonymer Alchemist des 17. Jahrhunderts sah die Alchemie in jener Position, die die Philosophie während des ganzen Mittelalters eingenommen hatte – als Magd der Theologie: »Theologie ohne Alchemie ist wie ein schöner Körper ohne seine rechte Hand.« *(Musaeum Hermeticum)* Philosophie im Sinne von Naturphilosophie hatte schon immer als ein Weg zu Gott gegolten; denn beim Lesen im »Buch der Natur« kam man ständig mit Seinem Handwerk in Berührung. Und die Alchemisten verstanden ihre Arbeit als eine besonders intensive »Lektüre« in diesem Buch und waren davon überzeugt, daß die Mysterien des christlichen Glaubens in den verschiedenen Stadien ihrer Experimente deutlichen Ausdruck fänden. Petrus Bonus war dessen so sicher, daß er glaubte, alle Alchemisten, selbst heidnische aus vorchristlicher Zeit, seien im Grunde genommen Christen gewesen:

»Wegen der Einsicht, welche ihre Kunst ihnen vermittelte, wußten die Weisen damals schon alles über die Auferstehung des Körpers und die Erlösungsarbeit Jesu Christi, ebenfalls über die Einheit der Dreifaltigkeit und all die andern Wahrheiten unseres Glaubens. Ich bin fest davon überzeugt, daß jeglicher Gläubige, der Wissen über diese Kunst besitzt, unmittelbar die Wahrheit unserer gesegneten Religion bezeugen und an die Dreifaltigkeit und unsern Herrn Jesus Christus glauben wird. Das war die Erfahrung von Hermes, Platon und allen anderen Weisen.«

Christliche Alchemisten identifizierten ihre drei Prinzipien der Materie mit der Dreifaltigkeit. »O Einheit im Wesen der dreifaltigen Gottheit«, schrieb Ripley im Vorwort zu seinem bekannten Werk *The Compound of Alchemy*. »Wie du alle Dinge aus einem Chaos gemacht hast, so verleihe mir die Geschicklichkeit, unseren Mikrokosmos aus der einen Substanz in ihren drei Aspekten – Magnesium, Schwefel und Quecksilber – zu entwikkeln.« Lambspring stellt den Stein in all seinen trinitarischen Aspekten dar: als das Salz, den Schwefel und das Quecksilber der Chemiker, den Körper, die Seele und den Geist der Philosophie und als Vater, Sohn und Heiligen Geist.

Eine weitere Gleichsetzung von christlichem und alchemistischem Symbolismus erscheint in dem *Livre de la Très Sainte Trinité*, dessen Entstehung in die erste Hälfte des 18. Jahrhunderts fällt. Darin wird die Transmutation der Metalle als ihre Erlösung von der Sünde mittels des Feuers betrachtet. Die Annahme, daß Feuer die Materie reinigt und umwandelt, ist seit frühesten Zeiten Bestandteil religiöser und mythischer Vorstellungswelt. So wäre es Demeter beinahe gelungen, Triptolemos durch eine besondere Feuerbehandlung unsterblich zu machen, aber seine hysterische und verständnislose Mutter störte die Göttin, bevor sie ihre Arbeit vollenden konnte. Und im Alten Testament wird Gottes Zorn als »das Feuer eines Schmelzofens« beschrieben und vom Menschen gesagt, er werde »erprobt wie Gold im Schmelzofen«. In ihrer Autobiographie *Vida* benutzte die heilige Theresia von Avila das folgende, zu ihrer Zeit schon sehr gebräuchliche Bild, um ihre eigenen religiösen Erfahrungen zu beschreiben: »Meine Seele schien aus dem Tiegel aufzutauchen wie Gold, in neuer Reinheit und neuem Glanz, welche mich instand setzten, den Herrn darin zu erkennen.« Das schwarze Stadium der Alchemie wurde mit »der dunklen Nacht der Seele« verglichen, der Heimsuchung durch das Feuer, wobei die Seele von ihren Sünden gereinigt und neu geboren wurde.

Die Alchemisten zogen oft Parallelen zwischen dem Stein und dem Sohn Gottes, nannten ihn das »irdische Gegenstück zu

Christus und der Stein der Weisen (*Rosarium Philosophorum*, 1550).

Christus« oder »das wahre Abbild des wirklichen geistigen und himmlischen Steins, Jesus Christus«. Unter den Hieroglyphen in Flamels Werk gibt es die Darstellung einer Schlange – Symbol für das Niedrig-Stoffliche –, die wie Christus ans Kreuz genagelt ist, wohl in Erinnerung an den Satz aus dem Vierten Evangelium: »Und Moses hob auf die Schlange in der Wildnis, gleichermaßen wird der Menschensohn erhoben werden.« Aber die Andeutung, daß sowohl die Schlange als auch Christus mit dem Stein identisch seien, entsprach kaum der orthodoxen Lehre. Sogar noch im 19. Jahrhundert war der Alchemie-Historiker Hermann Kopp empört über die im *Wasserstein der Weysen* auf über fünfzig Seiten dargelegte Parallele zwischen Christus und dem Stein.

Eine der kühnsten Anwendungen christlichen Symbolismus wagte Melchior Cibinensis oder Nikolaus Melchior von Hermannstadt, der den alchemistischen Prozeß als eine andere Form der Messe verstand *(Theatrum Chemicum)*. Zu einem gewissen Grad hatte Thomas Norton, der seine Abhandlung ja das *Ordinall of Alkimy* nannte, Melchiors Idee allerdings schon vorweggenommen:

> So wie das Ordinarium den Priestern sagt,
> Was sie zu tun an jedem Tag,

Eine alchemistische Messe *(Symbolae Aureae Mensae*, 1617).

So ist der Alchemie Problem – die Ordnung –
Hier gebracht in ein System.

Michael Majer behauptet, Melchior habe sowohl die Messe als
auch die Herstellung des Steins als Prototyp des großen Dramas
der menschlichen Erlösung betrachtet. Für ihn hatte die Alchemie endgültig das Laboratorium verlassen und war eine spirituelle Kunst im wahrsten Sinn des Wortes geworden.

Heinrich Khunrath ist ein anderes Beispiel eines spirituell-
alchemistischen Extremisten. Khunrath war ein christlicher Kab-
balist des 16. Jahrhunderts, der die Transmutation als einen mystischen Vorgang in der Seele des Adepten interpretierte.

In seinem Buch *Amphitheatrum Sapientiae Aeternae* findet
sich die Illustration eines Alchemisten bei der Arbeit in seinem
Laboratorium. Doch Khunraths Laboratorium unterscheidet
sich schon sehr von den dunklen, unaufgeräumten Arbeitsstätten
der Praktiker. Anstatt über seinen Herd gebeugt zu sein, kniet
sein Alchemist vor einem Altar, über dem geschrieben steht: *Hoc
hoc agentibus nobis aderit ipse Deus* (»Wenn wir uns gewissen-
haft an die Arbeit machen, wird Gott selbst uns helfen«). In
einem Wortspiel nennt Khunrath sein Laboratorium »Lab Ora-
torium«, wobei die Betonung selbstverständlich auf »Orato-
rium« liegt. Von der Decke herab hängt eine Lampe in Form
eines siebenzackigen Sterns – eine Anspielung auf die sieben Metalle, die sieben Sphären, die sieben Schöpfungstage und die sieben gnostischen Schritte auf dem Weg zu Gott. Auf verschiedenen architektonischen Details und auf alchemistischen Ge-
brauchsgegenständen sind mystische Inschriften zu erkennen.
Im Vordergrund auf dem Athanor oder Herd zum Beispiel steht
das Motto: *Festina lente* (»Eile mit Weile«). Denselben Gedanken drückt die Inschrift *Nec temere, nec timide* (»Weder hastig,
noch ängstlich«) aus. Hast ist, wie uns auch Norton in seinem
Ordinall mitteilt, ein wesentliches Hindernis bei der alchemistischen Arbeit. Auf der rechten Seite des Bildes stehen auf einem
Sims mehrere Flaschen mit so aufschlußreichen Etiketten wie

Hyle (»Stoff«), *Ros coeli* (»Himmelstau«), *O potab* (»trinkbares Gold«), *Azoth* (»sophisches Quecksilber«) und *Sang* mit einem Schlangensymbol. Dieser letzte Name stand für Drachenblut, eine der exotischeren Substanzen aus der alchemistischen »Küche«, die man nur dem Körper eines Drachen entnehmen konnte, der von einem ohnmächtig werdenden Elefanten zu Tode gedrückt worden war. Auf den beiden Sockeln der vorderen Säulen, die den Sims tragen, stehen *Ratio* und *Experimentia* (»Verstand« und »Versuch«), zwei Begriffe, die zum festen Bestand des alchemistischen Wortschatzes gehörten, selbst dann, wenn sie so wenig Gültigkeit hatten wie in Khunraths Fall, der nicht nur zwischen Praxis und Theorie schwankte, sondern eindeutig letzterer den Vorzug gab.

Drachenblut – Bestandteil der alchemistischen Mixturen. Das Blut mußte von einem Drachen stammen, der von einem ohnmächtig werdenden Elefanten zu Tode gedrückt worden war (*Viatorium, hoc est de Montibus Planetarum septem seu Metallorum*, 1618).

Eine andere Illustration in Khunraths Buch zeigt die Alchemistische Zitadelle. Es gibt nur einen richtigen Weg zum Zentrum der Festung, wo der philosophische Stein, von einem Drachen bewacht, liegt. Die anderen Pfade enden in Sackgassen. Auf ihnen versuchen die falschen Alchemisten, die »rußigen Empiriker«, die aus Verblendung die materielle Transmutation anstreben, zum Ziel zu kommen. Um ins Zentrum zu gelangen, genügt es aber nicht, alle Arbeitsvorgänge und die entsprechenden Materialien zu kennen, man muß vor allem auch reinen Herzens sein, gläubig, schweigsam und fromm. Daß die Alchemisten immer häufiger gerade diese Qualitäten betonen, zeigt, wie beherrschend der spirituelle Aspekt der Arbeit geworden war.

Alchemisten wie Khunrath benutzten häufig das Bild der Zitadelle, der Festung oder des von einer Mauer umgebenen Gartens zur Darstellung der geistigen Barrieren, die der Alchemist zu überwinden hat, um das Ziel seiner Kunst zu erreichen. Nur dem »Berufenen«, dem für die alchemistische Bruderschaft »Auserwählten« gelingt es – und auch ihm oft erst nach Bestehen mehrerer Prüfungen.

So sahen es vor allem auch die Rosenkreuzer, deren Traktate und Manifeste seit dem frühen 17. Jahrhundert in Europa in Umlauf waren. Es ist bis heute nicht geklärt, ob tatsächlich eine Rosenkreuzer-Gesellschaft existiert hat, aber seit 1614 wurde eine Vielzahl von Schriften von Leuten veröffentlicht, die sich selbst Rosenkreuzer nannten. Die Manifeste beschreiben eine Bruderschaft, deren erklärtes Ziel die geistige Erneuerung der Gesellschaft ist. Die Vorstellungswelt der spirituellen Alchemisten kam ihrer eigenen in hohem Maß entgegen und wurde denn auch dementsprechend assimiliert. Ein gutes Beispiel für den rosenkreuzerischen Gebrauch des alchemistischen Symbolismus ist das aus dem Jahr 1616 stammende Werk *Die chymische Hochzeit Christiani Rosenkreutz* von Johann Valentin Andreae, der wohl auch Autor vieler anderer Rosenkreuzer-Literatur gewesen ist. Es handelt sich dabei um ein Buch, das im Grunde eine alchemistische Phantasie ist: Die Idee der Verschmelzung (oder Vermäh-

Der Geheime Garten der Alchemie: »Wer den Garten der Weisen zu
betreten versucht, ohne einen Schlüssel zu besitzen, ist wie ein Mann, der
versucht, ohne Füße zu gehen« (*Atalanta Fugiens*, 1617).

lung) von Tod und Auferstehung wird benutzt, um die geistige
Wiedergeburt des Helden zu beschreiben.

Eines der in der *Chymischen Hochzeit* erscheinenden Symbole
ist die *Monas Hieroglyphica* von John Dee. Dees *Monas* (»das
Eine«) – aus typischen astrologischen und alchemistischen Symbolen
zusammengesetzt – beschwört schon vom Namen her die
grundlegende alchemistische Lehre von dem »Einen in Allem«
und dem »Alles im Einen«. Alle Zeichen der Planeten und der
Metalle waren in der *Monas* verborgen. Im Falle der Sonne oder
des Goldes (☉), des Mondes oder Silbers (☾), des Quecksilbers (☿)
und des Kupfers oder der Venus (♀) ist das leicht zu erkennen.

Außerdem benutzte Dee andere als die üblichen Zeichen für Blei, Eisen und Zinn, so daß auch diese in seine Hieroglyphe hineinpaßten. Dee betrachtete seine *Monas* als einen Talisman, der alle Kräfte des Universums verkörpere, und zwar die der Elemente, des Himmels und des Überhimmels. Er glaubte, die Menschen würden mittels Kontemplation dieses Symbols diese Kräfte irgendwie absorbieren und eine geistige Wandlung erleben. Er preist Gott, da er es dem Menschen gestattet habe, mit Hilfe der *Monas* »solch große Weisheit, Macht über andere Geschöpfe und über ein großes Reich« zu erlangen. Dee behauptete, seine *Monas* werde auf die eine oder andere Weise die Arbeit der Sprachforscher fördern, die Mathematiker neue Zahlenbegriffe lehren, an die Stelle von musikalischen, astronomischen und optischen Instrumenten treten und den Kabbalisten zeigen, daß ihre Kunst universell und nicht auf das Hebräische beschränkt ist.

Dees Einschätzung seiner *Monas* mag übertrieben erscheinen, aber sie ist charakteristisch für das symbolische Denken in der Alchemie. Man glaubte, ein Symbol »sei« wirklich, was es repräsentiere. Im Akt der geistigen Durchdringung des Symbols bekam man das Ding selbst in den Griff und erlangte Macht darüber – im Fall von Dees *Monas* also über die ganze Welt. Ausführlich legt Dee dar, inwiefern die *Monas* ein Symbol der Welt im kleinen ist. Er akzeptierte den pythagoreischen Standpunkt, die Welt sei auf Zahl, Proportion und Geometrie gegründet. Alles ist abhängig vom Kreis und von der Linie, die wiederum ihren Ursprung im Punkt haben. Folglich ist der Punkt das Zentrum aller Dinge – also auch von Dees *Monas*. Der Punkt steht außerdem für die Erde, während der Kreis die Umlaufbahn der sie umkreisenden Sonne beschreibt – Dee war kein Kopernikaner, wie man daraus leicht erkennen kann. Die mit der Umlaufbahn der Sonne sich schneidende Sichel symbolisiert den Mond. Der Schnittpunkt von Sonne und Mond bestimmt ihre Konjunktion und ihre generativen Fähigkeiten. Die Sonne und der Mond ruhen auf einem Kreuz, das die Zahlen 3, 4, 7 und 8 repräsentiert. 3 oder das Ternär war aus den beiden geraden Linien und dem

John Dees *Monas Hieroglyphica* (1564).

Mittelpunkt zusammengesetzt; 4 oder das Quaternär bestand aus den vier sich schneidenden Linien; 7 oder das Septernär setzte sich zusammen aus der Summe von Ternär und Quaternär; und die 8 oder das Oktonär war auf eine »höchst geheimnisvolle Weise« verborgen, wahrscheinlich in den acht Kanten der sich schneidenden und das Kreuz bildenden Linien. 3 und 4 waren natürlich symbolträchtige alchemistische Zahlen und standen für die drei Prinzipien und die vier Elemente. Indem er das Kreuz nahm und es in mehrere Teile zerlegte, erhielt Dee die römischen Zahlzeichen für V, X und L. Durch ihre Addierung in verschiedenen Kombinationen erhielt er Zahlen, die er wiederum kabbalistisch interpretierte. »O mein Gott, wie groß sind diese Geheimnisse«, rief Dee angesichts der ihn offensichtlich aufs Höchste beeindruckenden Ergebnisse seiner Spielereien aus.

Dee erwartete anscheinend große Dinge von seiner *Monas* – aber was? Laut C. H. Josten, der die *Monas* entsprechend den Begriffen der spirituellen Alchemie interpretiert hat, ist für Dee das Quecksilber des Weisen der Mensch selber, und die alchemistische Arbeit findet im Geist und in der Seele statt: »Sie [die Arbeit] muß auf zweifache Weise [den Leser] in sich hineinführen, nämlich [indem sie ihn lehrt] die wertvolle Arbeit sich selbst [dem Leser] anzugleichen und das, was an ihr wertvoll ist, nachzuahmen.« Durch Kontemplation seiner *Monas* glaubte Dee, würden er und andere Menschen die Transmutation und Erneuerung ihrer Seele, mit einem Wort »Gnosis« erfahren.

Auch Robert Fludd, ebenfalls Mitglied der englischen Schule der spirituellen Alchemie, unterstützte die Rosenkreuzer-Bewegung. In seinen umfangreichen, schwer zu lesenden Werken, einer Kombination aus Medizin, Astrologie, Alchemie, Geomantie, Mystik, Hermetik, Mechanik, Pneumatik, Optik, Musik, Neuplatonismus und der Kabbala stellte er, wie so viele seiner Gesinnungsgenossen, die Alchemie als die Kunst der geistigen Erneuerung dar. Er verachtete jene, die die Transmutation nur in ihrem physischen Sinn akzeptierten, und tat ihre Arbeit als *chymia vulgaris* ab:

Es ist klarer als das Licht, daß dieser Stein jenes geistige Ding ist, worauf sich nicht nur die Brüder vom Rosenkreuz beziehen, sondern all jene von Gott auserwählten Männer, zum Beispiel die Patriarchen, Propheten, Apostel und jene, die [ihnen] folgen in der spirituellen Alchemie. Für diese ist die Praxis primitiver Chemiker nichts als ein Schatten und rätselhaftes Abbild wahrer Chemie. Denn sie haben kein vulgäres Gold in ihrer Kunst, noch Silber, gewöhnliches Feuer, künstliche Herde, noch all jene Dinge, die entweder tot oder zumindest nichts sind außer oberflächliches Zeug im Hinblick auf die wahren Materialien.*

---

* Zit. n. C. H. Josten »*Truth's Golden Harrow:* An Unpublished Alchemical Treatise of Robert Fludd in the Bodleian Library«. Der vollständige Titel von Robert Fludds Abhandlung zeigt seine spiritualistische Orientierung ganz deutlich: »Die goldene Egge der Wahrheit, in Form gebracht von einem loyalen und gläubigen Diener der Jungfrau Alchemie, um die groben Schollen des Irrtums zu brechen und vorzubereiten und um jene unvollkommenen Furchen zu korrigieren, welche die stumpfe Pflugschar derjenigen, die fälschlich an das materielle Elixier glauben, auf dem Feld des Lichts hinterlassen hat.«

Auch Fludd zog eine Parallele zwischen dem Stein und Christus; er glaubte, beide seien im Menschen: »Christus, jener edelste Eckstein, ist in uns.« Bei Andreae offenbart der Meister seinem fähigen und eifrigen Schüler dieses Geheimnis, wenn er ihm rät, selber den Stein zu suchen, »denn dieses Ding holt man aus sich selbst hervor«. Oder an anderer Stelle: »Und wie der Mensch aus den vier Elementen zusammengesetzt ist, so gilt das für den Stein ebenfalls, und so wird er aus dem Menschen hervorgeholt, und ihr seid sein Erz, nämlich mittels der Arbeit; und aus euch wird er extrahiert, nämlich durch Teilung – und in euch verbleibt er unteilbar, nämlich durch die Wissenschaft.« Für diese Alchemisten war die Transmutation ein Vorgang, der das Individuum aus einem gewöhnlichen, der physischen Welt verhafteten Sterblichen in ein höheres, sich des Geheimnisses von Leben und Tod voll bewußtes Wesen verwandelte.

Die spirituellen Alchemisten gingen denselben dornigen Pfad, der jedes Individuum erwartet, das sich auf den Weg der Selbsterfahrung, den Weg nach innen begibt. Mit großen Hoffnungen brachen sie auf, trafen unterwegs auf Hindernisse und Gefahren, aber wenn sie genug Mut und Kraft besaßen, fanden sie am Ende des sprichwörtlichen Regenbogens den goldenen Topf:

»In unserer Chemie gibt es eine gewisse edle Substanz; zu Beginn ist sie mit Essig versetzte Erbärmlichkeit, aber am Ende ist sie von Frohsinn durchdrungene Freude. Deshalb habe ich angenommen, daß mir Gleiches wiederfahren werde; anfangs Schwierigkeiten, Sorgen, Mattigkeit, am Ende jedoch ein Blick auf angenehmere und leichtere Dinge.« (Michael Majer)

Der goldene Topf der spirituellen Alchemisten sah natürlich ganz anders aus als jener, den die »rußigen Empiriker« suchten; er war ein Symbol für die unantastbaren geistigen Reichtümer, die sie Frieden mit sich und der Welt finden ließen. »Ich stellte fest, daß ich es ganz richtig verstand«, schrieb Zosimos nach einer seiner ziemlich erschreckenden Visionen:

Und ich sagte, es sei schön zu sprechen und schön zu lauschen, und schön zu geben und schön zu empfangen, und schön arm zu sein und schön reich zu sein. Denn wie lernt die Natur zu geben und zu empfangen? Der Kupfermann gibt und der wäßrige Stein empfängt; das Metall gibt und die Pflanze empfängt; die Sterne geben und die Blumen empfangen; der Himmel gibt und die Erde empfängt; die Donnerschläge geben das Feuer, das aus ihnen hervorschießt. Denn alle Dinge hängen zusammen und trennen sich wieder, und alle Dinge mischen sich und gehen Verbindungen ein, und alle Dinge durchdringen einander und tun es auch nicht; und alle Dinge sind feucht und alle Dinge sind trocken, und die Dinge gedeihen und blühen in dem Altar, der die Form eines Kruges hat. Für jedes gilt nach der Methode, dem Maß und Gewicht der vier Elemente, daß die Verbindung und Auflösung von allem vollendet wird. Kein Band kann geschmiedet werden ohne Methode. Sie ist eine natürliche Methode, Einatmen und Ausatmen, die Ordnung der Methode einzuhalten, sie zu stärken, sie zu schwächen. Wenn alle Dinge, mit einem Wort, durch Teilung und Vereinigung ihre Harmonie finden, ohne irgendeine Vernachlässigung der Methoden, dann wird die Natur umgestaltet. Denn die sich selbst zugewandte Natur gestaltet sich um; und sie ist die Natur und das Tugendband der ganzen Welt.*

In diesem wundervollen Augenblick verstand Zosimos die geheimnisvolle Einheit hinter den endlosen Veränderungen, die die eitlen Versuche des Menschen, sich an das zu klammern, was er hat, lächerlich erscheinen lassen. Von seinem Standpunkt aus gibt es kein Gutes und kein Schlechtes, nur die Totalität dessen, was ist, und er ist fähig, genau das mit Freude und tiefer Befriedigung zu akzeptieren. Seine Erfahrung erinnert an die Vision des indischen Mystikers Ramakrischna:

* Zit. n. F. S. Taylor, »The Visions of Zosimos«.

An einem friedlichen Nachmittag sah er eine schöne Frau vom Ganges heraufkommen und sich der Lichtung nähern, wo er saß, um zu meditieren. Sie stand unmittelbar vor der Geburt eines Kindes; von einem Augenblick zum andern gebar sie das Kind und begann, es sanft zu liebkosen. Plötzlich verwandelte sie sich jedoch in einen fürchterlichen Dämon, nahm das Kind zwischen ihre entsetzlichen Zähne, zermalmte und verschlang es. Dann kehrte sie zum Ganges zurück und verschwand.

Die Fähigkeit, alle Erfahrungen, die das Leben mit sich bringt, ohne Ärger, Furcht oder Ablehnung hinzunehmen, ist das Kennzeichen des wahren Mystikers. Diese Haltung ist typischer für das östliche als für das westliche Denken, aber die Alchemie stand ja aufgrund ihrer gnostischen Wurzeln immer mit einem Bein im Osten.

Für Zosimos waren seine Visionen göttliche Offenbarungen, worin er als einer der auserwählten »Wissenden« geistig wiedergeboren wurde. Die Visionen enden mit den Worten eines der göttlichen Boten: »Die sieben unteren Stufen hast du erstiegen ... Die Arbeit ist getan.« Die Zahl Sieben hatte eine besondere Bedeutung für die Gnostiker; nur indem er den Aufstieg durch die sieben feindlichen Sphären der Planeten unternahm, konnte der Mensch der stofflichen Welt entkommen und in den Himmel zurückkehren. Zosimos gelang dieser Versuch, aber nur unter großen Schwierigkeiten – und mit göttlicher Unterstützung.

»Ich konnte meinen Weg nicht finden«, klagt er an einer Stelle, »und fiel in tiefe Mutlosigkeit.« Kurz vor seiner letzten Offenbarung hadert er noch einmal mit seinem Schicksal: »Wieder habe ich meinen Weg verloren, habe den Pfad aus den Augen verloren, und in Verzweiflung wandere ich einher.« Sein innerer Kampf erinnert an jene Perioden der Ungewißheit und des Zweifels, die christliche Mystiker als »die dunkle Nacht der Seele« beschrieben haben.

Die Offenbarung wurde Zosimos in einer Sequenz von Gewaltvisionen zuteil, in denen er sah, wie Menschen geschunden, lebendig gekocht, auseinandergerissen und verbrannt wurden. Einer der Leidenden sagte zu ihm:

»Ich bin Ion, der Priester des Heiligtums, und ich habe unerträgliche Gewalttaten überlebt. Denn einer stürmte am Morgen herein, verstümmelte mich mit einem Schwert und zerriß mich entsprechend der Unerbittlichkeit der Harmonie. Und während er mir mit dem Schwert die Haut vom Kopf fetzte, was er sehr geschwind tat, mischte er meine Knochen mit meinem Fleisch und verbrannte beides im Feuer der Behandlung, bis ich lernte, durch die Verwandlung des Körpers ein Geist zu werden.«

Die Bedeutung dieser grauenhaften Szenen – von denen C. G. Jung in seinen *Studien über alchemistische Vorstellungen* eine tiefenpsychologische Interpretation gibt – dämmerte Zosimos in Etappen; der Mensch muß für das Fleisch sterben, um im Geist wiedergeboren zu werden, oder in alchemistischen Begriffen ausgedrückt: Das Blei muß vertrieben werden, um dem Gold Platz zu machen. In einer kryptischen Passage faßt Zosimos die Weisheit zusammen, die er aus seinen Visionen gewonnen hat:

Und damit ich dir nicht zu viele Dinge schreibe, mein Freund: Baue einen Tempel aus einem Stein, äußerlich wie Bleiweiß anzusehen, wie Alabaster, wie der Marmor des Proconesus, dessen Errichtung weder Anfang noch Ende hat. Darinnen soll es eine Quelle reinen Wassers geben, das glitzert wie die Sonne. Achte darauf, wo sich der Eingang zum Tempel befindet, und nimm dein Schwert in die Hand und suche derart nach dem Eingang. Denn schmal ist die Stelle, an welcher der Tempel sich öffnet. Eine Schlange liegt vor dem Tempel und bewacht den Eingang; fange und opfere sie. Häute sie, nimm ihr Fleisch und ihre Knochen und zerlege sie; vereinige dann am Tempeleingang die Glieder und die Knochen, mache daraus einen Sockel, um darauf zu stehen, besteige diesen Sockel und tritt ein. Dort wirst du finden, was du suchst. Denn den Priester, den Kupfermann, den du in der Quelle sitzen und seine Farbe sammeln siehst, betrachte ihn nicht als einen Kupfermann; denn er hat die Farbe seines Wesens geändert und ist ein Silbermann geworden. Wenn du es wünschst, wirst du ihn nach einer kleinen Weile als Mann aus Gold vor dir haben.

Hier beschreibt Zosimos den geistigen Wandel des nach Erkenntnis Strebenden. Der Eingang zum Tempel ist »schmal«, weil nur einige wenige Auserwählte für die »Gnosis« bereit sind. Der Tempel symbolisiert sowohl das hermetische Gefäß als auch den Alchemisten selbst; denn so wie der Stein im Gefäß entsteht, indem niedere Materie mit »reinem Wasser« gewaschen und geweißt wird, so bildet sich der Stein im Menschen, nachdem dieser in das Wasser des Lebens eingetaucht ist und ein neues geistiges Bewußtsein erlangt hat. Auch die Schlange steht für den Alchemisten, der Opferpriester und Opfer zugleich ist, denn er muß die Arbeit der Transmutation in und für sich vollbringen durch die Zerstörung all dessen, was niedrig ist, damit der Stein in Erscheinung treten kann.

Zosimos gelangt zu dieser Einsicht in die Einheit der Schöpfung nicht, ohne einen Preis zu zahlen. In seinen Visionen folgte er dem Weg, den alle Helden, göttliche wie irdische, einschlagen, wenn sie sich von einer Bewußtseinsebene auf eine höhere erheben wollen. Diese Verwandlungen folgen alle demselben Muster: Der einzelne muß die Bequemlichkeit und Sicherheit seines normalen Lebens aufgeben und sich einer Prüfung oder einer Art Initiation unterziehen, um schließlich als ein ganz anderer in die Alltagswelt zurückzukehren. Der Buddha verließ seinen fürstlichen Palast und saß tagelang unter dem Bodhi-Baum, belagert von den Mächten des Bösen, bis er schließlich den Zustand der Erleuchtung erreichte, der ihn unverwundbar machte. Moses wurde versucht, geprüft und schließlich von Gott auf dem Berge Sinai erleuchtet. Jesus hielt vierzig Tage und Nächte lang ohne Nahrung und Wasser allein in der Wüste aus und widerstand den Versuchungen des Teufels. In allen Mythen und Religionen wird der Übergang eines Menschen von einer Stufe des Lebens auf die nächste oder von einem Bewußtseinszustand in den nächsten

assoziiert mit schmerzlichen Prüfungen, Fasten, Selbstverstüm-
melung und dergleichen mehr.

In den meisten Gesellschaften gilt die Fähigkeit, Schmerz zu
ertragen, als ein Zeichen innerer Stärke und moralischen Muts.
Dabei spielt es keine Rolle, ob dieser Schmerz ein körperlicher
oder ein seelischer ist; die Fähigkeit eines Individuums, ihn zu
ertragen und aus ihm zu lernen, unterscheidet es von den anderen Menschen. Wie T. S. Eliots »verwundeter Arzt«, kann der
einzelne das aus seinem eigenen Leiden gewonnene Wissen einsetzen, um die Wunden anderer zu heilen. Nicht nur »primitive«
Kulturen praktizieren grausame Initiationsriten. Christliche,
moslemische, indische und chinesische Asketen haben mit oft
abstoßender Hingabe das widerspenstige Fleisch gequält, das
zwischen ihnen und ihren Göttern stand. Geißelung, Fasten, härene Gewänder und Nagelbetten sind nur ein paar der Strafen,
die christliche Heilige ihren ohnehin schon schmerzenden Gliedern immer wieder zumuteten. Der deutsche Mystiker Heinrich
Seuse (oder Suso) kann gewiß auch als pathologischer Fall gesehen werden, nichtsdestoweniger aber sind seine Leiden exempla-
risch für viele Menschen vergleichbarer Geisteshaltung. In seiner
Autobiographie beschreibt er die sechzehn Jahre physischer Tor-
tur, die er im Namen Gottes auf sich nahm:

Der Diener [Suso] besaß in seiner Jugend ein lebhaftes Temperament. Diese Natur begann sich immer wieder in ihm bemerkbar zu machen, und er spürte nun, wie dieses ihn über die
Maßen belastete, wie er »mit sich selbst überladen war«. Das
gab ihm ein Gefühl der Bitterkeit und lastete schwer auf ihm.
So suchte er durch mancherlei List, seine Natur zu überwinden, und nahm schwere Bußübungen auf sich.
Er trug ein härenes Hemd und eine eiserne Kette ziemlich
lange, bis Blut zu fließen begann. Dann mußte er das Hemd
ablegen. – Darauf ließ er sich heimlich ein härenes Unterkleid
machen und in dieses Riemen einsetzen. Darin waren 150 spitze, scharfgefeilte Messingnägel befestigt, deren Spitzen gegen

seinen Körper sich richteten. Das Unterkleid, das sehr eng und vorne zusammengefaltet war, damit es sich um so enger an den Leib schmiege und die spitzen Nägel in seinen Körper eindrängen, reichte ihm bis in die Höhe des Nabels. In diesem Kleid schlief er nachts.

Im Sommer, wenn es heiß war und er vom Gehen sehr müde und schwach geworden war, oder wenn man ihn zur Ader gelassen hatte, lag er in seiner Mühsal wie ein Gefangener da. Ungeziefer peinigte ihn dann so, daß er zuweilen weinte. Er war sich selbst gram und wälzte sich in seinen Nöten um und um, wie es ein Wurm tut, den man mit spitzen Nadeln sticht. – Aus Angst vor den Stechfliegen war es ihm zuweilen, als läge er in einem Ameisenhaufen. Wenn er gerne geschlafen hätte, oder wenn er eingeschlafen war, sogen und bissen die Mücken und Schnaken ihn um die Wette.

Der Diener sprach zuweilen zu Gott aus vollem Herzen: »O weh, barmherziger Gott, was für ein Sterben ist das! Wen die Mörder oder starken Tiere töten, der stirbt rasch. Ich aber liege hier unter diesem scheußlichen Geschmeiß und sterbe und kann doch nicht sterben!« – Dennoch wurden auch die Nächte im Winter niemals so lang noch der Sommer so heiß, daß er von seinen Bußübungen abließ. Damit er in diesen Martern noch weniger Ruhe fände, dachte er sich folgendes aus: Er band einen Teil seines Gürtels um seine Kehle und befestigte daran geschickt zwei Ringe aus Leder. Da hinein steckte er seine Hände und seine Arme, deren Zurückziehen er durch zwei Vorhängeschlösser verhinderte. Die Schlüssel dazu legte er auf ein Brett vor seinem Lager und öffnete die Schlösser erst, wenn er zur Mette aufstand. Bis dahin waren also seine Arme in diesen Fesseln zu beiden Seiten der Kehle aufwärts gestreckt. Die Fesselung aber hatte er durch die Schlösser so fest gemacht, daß er, falls die Zelle über ihm in Brand geraten wäre, sich nicht hätte befreien können. Diese Bußübung nahm er auf sich, bis ihm Hände und Arme stark zu zittern begannen wegen der Anspannung der Glieder.

Danach kam er noch auf folgende Kasteiung: Er ließ sich zwei lederne Handschuhe machen, wie sie Arbeiter zu tragen pflegen, wenn sie Dornen ausrupfen. Ein Klempner befestigte daran nach seinem Geheiß ringsum spitze Messingstifte. Diese Handschuhe zog der Diener nachts an. So erreichte er, daß ihn diese Stifte stachen, wenn er etwa im Schlaf das härene Unterkleid abwerfen oder sich irgendwie gegen die Stiche der Mükken schützen wollte. – Wenn er sich nun selber bei seinen Qualen helfen wollte, so stieß er im Schlaf sich die scharfen Metallspitzen in die Brust und zerkratzte sich dadurch. So schreckliche Kratzwunden brachte er sich bei, als hätte ihn ein Bär in seinen Klauen gehabt. Das Fleisch an den Armen oder an der Brust entzündete sich und eiterte. Wenn er dann nach vielen Wochen wieder gesund geworden war, nahm er diese Übungen in noch schärferer Form wieder auf und bekam neue Verletzungen. Solche Buße betrieb er durch 16 Jahre. Nach diesen furchtbaren Jahren fand Suso den Frieden, den er so ersehnt hatte. Er beschreibt die Erfahrung, die ihn aus einem in sich zerrissenen, sich schneidend der eigenen Sünde bewußten Menschen in ein vertrauensvolles, gläubiges, zufriedenes Gotteskind verwandelte. Er verzichtete endgültig auf seine härenen Hemden, seine Nagelbetten und seine Geißeln: »Später, als sein Blut in den Adern kälter geworden und sein Temperament zurückgegangen war, erschien ihm an einem Pfingsttag in einer Vision eine himmlische Schar. Sie verkündete ihm, Gott wünsche diese Bußübungen nicht länger. – Da hörte der Diener auf und warf die Werkzeuge, die er benutzt hatte, in ein Wasser, das rasch abfloß.«

Die plötzliche Veränderung, die Seuse erfuhr, wurde von anderen als ein Gefühl der »Neugeburt« bezeichnet. So schilderte auch Luther jenen Augenblick der Erleuchtung, da er sich von der unerträglichen Last, zu wissen, er sei auf ewig verdammt, befreit fühlte und statt dessen erkannte, daß er einer von Gottes Erwählten war.

In allen Teilen der Welt wurde und wird die Erfahrung des Übergangs von einem sozialen oder geistigen Zustand in einen anderen gewöhnlich mit den Begriffen »Sterben und Wiedergeburt« umschrieben. Wenn ein Bantu-Junge in Ostafrika in eine Geheimgesellschaft eingeführt wird, wickelt man ihn in Haut und Eingeweide eines Widders, und während er sich daraus befreit, wird er symbolisch wiedergeboren. Unter den christlichen Fundamentalisten gibt es heutzutage Tausende, die sich selbst als »wiedergeborene Christen« bezeichnen. Zosimos und die spirituellen Alchemisten in seiner Nachfolge bedienten sich der gleichen figurativen Sprache von Tod und Wiedergeburt, um ihre für sie umwälzenden mystischen Erfahrungen in Worte zu fassen. »Wer immer von Gott in die alchemistischen Geheimnisse eingeweiht wird«, schrieb Michael Majer, »streift alle kleinlichen Sorgen um Nahrung und Kleidung ab und fühlt sich wie neugeboren.«

In Gesellschaften, wo Nacktheit die Regel ist, wird meist eine physische Veränderung vorgenommen, um die Veränderung des Status des Betreffenden anzuzeigen. In anderen Kulturen reicht meist ein Wechsel der Kleidung aus, um den Rollenwechsel kenntlich zu machen – der Priester legt ein sakrales Gewand an, die Witwe nimmt den Trauerflor –, aber selbst in diesen Gesellschaften greifen die Menschen oft auf Bilder physischer Pein und Verstümmelung zurück, um ihr Gefühl, unwiderruflich verwandelt zu sein, zum Ausdruck zu bringen. So sind denn auch Bilder der Zerstückelung, des Kochens und Verbrennens der Körper fester Bestandteil alchemistischer Schriften. Die gleichen Bilder der Gewalt charakterisieren die Initiationsträume der Schamanen. Mircea Eliade berichtet in seinem Buch *Schamanismus und archaische Ekstasetechnik* über den Traum eines Schamanen, der gegen Ende des letzten Jahrhunderts lebte. Dieser Mann beschreibt, wie er zerstückelt, in einen Kessel geworfen, gekocht, wieder herausgefischt wurde und auf dem Schmiedeamboß seine neue Identität als Schamane erhalten habe. Die Elemente seines Traums, geboren in der arktischen Weite Sibiriens, spiegeln die

Visionen des Zosimos, die diesen 2200 Jahre früher im kosmopolitischen Alexandria heimsuchten:

Nun kommt der Kandidat in eine Wüste und sieht in weiter Ferne ein Gebirge. Nach dreitägigem Marsch ist er dort angelangt, dringt durch eine Öffnung ein und begegnet einem nackten Mann, der mit einem Blasebalg arbeitet. Über dem Feuer befindet sich ein Kessel »so groß wie die halbe Erde«. Der Nackte erblickt den Novizen und ergreift ihn mit einer riesigen Zange; der kann gerade noch denken: »Ich bin tot!« Der Mann schneidet ihm den Kopf ab, teilt seinen Körper in kleine Stücke, wirft alles in den Kessel und kocht den Körper darin drei Jahre lang. Dort waren auch drei Ambosse, und der Nackte schmiedete seinen Kopf auf dem dritten, auf dem die besten Schamanen geschmiedet wurden. Dann warf er den Kopf in einen von den drei Töpfen, die dort standen, in dem das Wasser am kältesten war ... Der Schmied fischte nun seine Gebeine auf, die in einem Fluß schwammen, setzte sie zusammen und bedeckte sie mit Fleisch. Er zählte sie und teilte ihm mit, er habe drei Stück zuviel, er müsse sich also drei Schamanenkostüme verschaffen. Er schmiedete seinen Kopf und zeigte ihm, wie man die Buchstaben darin lesen kann. Er wechselte ihm die Augen aus, deshalb sieht er, wenn er schamanisiert, nicht mit seinen fleischlichen Augen, sondern mit diesen mystischen. Er durchstach ihm die Ohren und setzte ihn damit in Stand, die Sprache der Pflanzen zu verstehen. Darauf fand sich der Kandidat auf dem Gipfel eines Berges und erwachte endlich in seiner Jurte bei den Seinen. Jetzt kann er singen und schamanisieren ohne Ende, ohne jemals müde zu werden.

Obwohl die meisten Alchemisten zum Klerus gehörten, nahm die Kirche, wie bereits erwähnt, gegenüber der Kunst im allgemeinen eine negative Haltung ein. Luther war einer der wenigen Kirchenmänner von Rang, die ein Loblied auf die Alchemie sangen, auch wegen ihrer Bestätigung christlicher Lehrsätze:

Die rechte Kunst der Alchemie ist wahrhaftig die Philosophia der alten Weisen, die mir sehr wol gefället, nicht alleine um ihres vielen Nutzes willen, den sie mitbringet, die Metalla zu schmelzen, zu scheiden, auszusieden und zuzurichten; item, Kräuter, Wurzel und Anders zu distilliren und zu sublimiren, sondern auch um der Allegorien und heimlichen Deutung willen, die uberaus schön ist, nehmlich die Auferstehung der Todten am jüngsten Tage. Denn gleichwie in einem Brennofen das Feuer aus der Materie zeucht und scheidet, was am Besten ist, ja den Spiritum, Geist, Leben, den Saft und Kraft, führets in die Höhe, daß es das Oberste am Helm einnimmt, dran klebt, und denn herab fleußt; wie man solches siehet, wenn man Kräuterwasser brennet, oder daß man sonst etwas distilliret; da schwimmet das Feiste empor, und das Beste schwebet allezeit oben. Aber die unreine Materien und Hefen läßts im Grunde bleiben, als ein todt Aas und nichtig Ding. Also auch, wenn man gebrannten Wein machet, da wird die ganze Substanz und Wesen durchs Feuer ausgezogen, und kömmt die Kraft in die Höhe; was ubrig ist, bleibt unten im Grunde, und es reucht noch schmecket nicht, sondern es ist ein unförmlich Wasser. Dergleichen wird auch aus der Zimmetrinde und Muscatennuß alle Kraft und Macht ausgezogen und abgesondert, wenn man daraus ein Wasser brennet oder ein Oel zurichten will; da wird das Gute in die Höhe geführt, und was da ubrig bleibet, das ist ohn Geruch und Schmack, gleichwie ein faul Holz. Eben dergleichen wird Gott auch thun durch den jüngsten Tag und letzte Gericht; darmit wird er als durch ein Feuer, abscheiden, absondern und abtheilen die Gerechten von den Gottlosen. Die Christen und Gerechten werden über sich in Himmel fahren, und darinnen ewig leben; aber die Gottlosen und Verdammten werden als die Grundsuppe und Hefen in der Hölle bleiben, und darinnen verdammt seyn, und im Tode ewig bleiben.

Luther war jedoch, wie gesagt, eine Ausnahme unter den Kirchenmännern. Die orthodoxe Lehre konnte der Alchemie nun mal nicht ihren gnostischen, den Menschen vergöttlichenden Aspekt verzeihen. Zumal der Mensch seine göttliche Natur, die er nur vorübergehend vergessen hat, allein durch »Gnosis«, durch Erkenntnis zurückgewinnen kann und der »Mittlerdienste« der Kirche nicht bedarf. Diese gnostische Erneuerungserfahrung wird in einem der hermetischen Dialoge beschrieben. Der »Weltgeist« erklärt darin Hermes Trismegistos die Kraft des Menschen, Gott zu werden:

Siehe, welche Kraft, welche Schnelligkeit du besitzt. Du mußt folgendermaßen von Gott denken: Alles, was ist, enthält er in sich wie Gedanken – die Welt, sich selbst, das All. Deshalb kannst du Gott nur verstehen, wenn du ihm gleich wirst, denn Gleiches ist nur Gleichem erkennbar. Wachse zu einer Größe ohne Maß; befreie dich durch einen Sprung von deinem Körper; erhebe dich über alle Zeit, werde Ewigkeit; dann wirst du Gott verstehen. Glaube, daß nichts dir unmöglich ist, denke, du seist unsterblich und fähig, alles zu verstehen, alle Künste, alle Wissenschaften, das Wesen jeglichen Lebewesens. Steige höher als die höchste Höhe: tauche tiefer als die tiefste Tiefe. Sauge in dich alle Empfindungen von allem, was erschaffen ist, Feuer und Wasser, trocken und feucht, stell dir dabei vor, du seist überall, auf der Erde, im Meer, im Himmel, daß du noch ungeboren bist, im Schoß der Mutter, heranwachsend, alt, tot, jenseits des Todes. Wenn du in deinem Denken alle Dinge zugleich umfaßt, Zeiten, Orte, Substanzen, Qualitäten, Quantitäten, dann verstehst du vielleicht Gott.*

John Dee glaubte, eine ähnliche Erfahrung werde jenen zuteil, die über seiner *Monas* meditierten. Sie würden ebenfalls die Höhen des Universums ersteigen und in seine Tiefen stürzen; sie

---

* Zit. n. A. J. Festugière/A. D. Nock, *Corpus Hermeticum.*

würden eine Art von Gnosis erfahren, die sie zu Söhnen Gottes machen würde, dem Vater gleichgestellt. Dieser Optimismus mußte mit der christlichen Lehre von der Erbsünde kollidieren. Zumal in einigen Spielarten des gnostischen Denkens der Mensch nicht nur die Kraft hat, selbst göttlich zu werden, sondern als Mikrokosmos, der die gesamte Schöpfung enthält, auch die Macht besitzt, das Stoffliche zu erlösen. Es gab eine ganze Reihe von Alchemisten, die sich in dieser Rolle als gnostische Heilande sahen, deren Aufgabe es ist, die niedrige Materie zu befreien. Agrippa von Nettesheim, der bekannte und einflußreiche Renaissance-Magier aus Köln, drückte sich in dieser Hinsicht sehr deutlich aus:

[Sie lehren], daß niemand in jener Kunst Vollkommenheit erreichen kann, der nicht ihre Prinzipien in sich selbst klar erkannt hat; tatsächlich ist die Anziehungskraft eines Menschen um so größer, je tiefer seine Selbsterkenntnis ist, und ebenso wird seine Arbeit um so größer und wundervoller sein, und er erhebt sich zu solcher Vollkommenheit, daß er ein Sohn Gottes und in ein Bild Gottes verwandelt und mit ihm auf eine Weise vereinigt wird, die weder den Engeln noch der Welt noch irgendeinem Geschöpf außer dem Menschen gegeben ist. Kurz gesagt, er kann ein Sohn Gottes werden und mit Gott vereint. Und darüber hinaus ist, wenn ein Mensch mit Gott vereinigt ist, alles in diesem Menschen mit dem Göttlichen vereint – erstens sein gesamtes inneres Leben, dann sein Geist und seine animalischen und vegetativen Funktionen und die Elemente bis hin zu allem Stofflichen überhaupt; tatsächlich nimmt er auch seinen Körper mit, dessen Gestalt erhalten bleibt, und überläßt ihn einem besseren Geschick und seiner eigentlichen himmlischen Natur, so daß er den Ruhm der Unsterblichkeit empfangen möge; und dieses Geschenk ist – wie schon erwähnt – nur dem Menschen eigentümlich, welchem der Ruhm, Gottes Ebenbild zu sein, wahrhaft zugehört und keinem andern Geschöpf zukommt.

Diese anmaßende Vorstellung von der Rolle des Menschen im Universum erhielt noch Nahrung durch die weiter oben bereits aufgezeigte Parallele zwischen dem philosophischen Stein und Christus. Der Stein war in dem Alchemisten, und deshalb hatte dieser an Christi Göttlichkeit teil.

Die Alchemisten waren sich der Tatsache bewußt, daß Gläubige wie Kirchenmänner die Vermengung christlicher und alchemistischer Ideen als Herausforderung empfinden könnten. Und um sich selbst und ihre Werke vor dem geistlichen Zugriff zu schützen, schrieben sie daher ihre Texte oft Klerikern oder anderen ehrenwerten Leuten zu. Gleich dutzendfach kommen da Adam, Moses, seine Schwester Maria (oder Miriam), Cleopatra, Hermes Trismegistos, Thomas von Aquin, Roger Bacon, Albertus Magnus und sogar Papst Johannes XXII., der 1317 ein Edikt gegen die Ausübung der Alchemie erlassen hatte, zu alchemistischen Schriftstellerehren. Sie gingen sogar noch weiter, um mögliche Kritik abzuwenden, und entschuldigen sich im Vorwort gleich für ihre kühnen Analogien, wie zum Beispiel Flamel: »Aber zuerst bitte ich von der Catholisch Apostolisch- und Römischen Kirchen und allen frommen Seelen umb Urlaub, also durch Gleichnüß zu reden.« Michael Majer versuchte, Nikolaus Melchiors alchemistische Messe zu verteidigen, indem er eine Unterscheidung traf zwischen dem rechten und unrechten Gebrauch christlich-alchemistischer Parallelen. Dennoch fühlten sich viele durch die Schriften der Alchemisten beleidigt. Der Herausgeber der *Artis Auriferae,* einer Sammlung alchemistischer Texte, die erstmals 1550 publiziert wurde, entschloß sich, die *Aurora Consurgens* zwar in die Sammlung aufzunehmen, aber den ersten Teil des Werks wegzulassen, weil er über die ketzerische alchemistische Interpretation des »Lieds der Lieder«, der »Psalmen« und Jesu Fleischwerdung und Tod durch den Verfasser schockiert war:

Verehrter Leser, Sie werden feststellen, daß wir absichtlich das gesamte Gleichnis- und Allegorientraktat am Anfang dieses

Buches ausgelassen haben . . ., mit welchen Allegorien . . . der Verfasser ungefähr die ganze sakrosankte Schrift (besonders Salomo und die von ihm geschriebenen Verse, speziell das Lied der Lieder) auf das Niveau der Alchemie herabgezogen hat . . ., und zwar bis zu dem Punkt, daß alle diese Schriften (wenn wir ihm glauben) zu keinem anderen Zweck verfaßt zu sein schienen als zur Ehre und zum Preis der Alchemie. Mehr noch (eine höchst abscheuliche Sache), er verdrehte das heiligste Mysterium der Fleischwerdung selbst und das Geheimnis von Jesu, unseres Herrn, Tod zugleich mit vielen anderen wichtigen Dogmen unseres Glaubens aufs profanste, damit es sich dem profanen Mysterium des Steines einfüge. Dies hat er nicht (wie ich glaube) in irgendeiner bösen Absicht getan (denn der Verfasser erscheint sonst fromm und gottesfürchtig), sondern weil seine Zeit eine dunkle war, da es Leute gab, die nicht um die wahre Interpretation der Heiligen Schrift wußten und sie zwangsweise ihren lächerlichen Erfindungen dienstbar machten und sogar der Meinung waren, sie hätten ihren Finger auf die Wahrheit gelegt. Deshalb, da ich es als schändliches Verbrechen ansah, die sakrosankte Schrift so unangemessen zwangsweise mit Lügen dieser Art in Verbindung zu bringen, hatte ich den Wunsch, sie in Schutz zu nehmen und nach meinem besten Vermögen ihre Sonderstellung wiederherzustellen, besonders hinsichtlich dieser Angelegenheit; denn der Verfasser ist nicht in der Lage, irgendeinen intelligenten oder nützlichen Beitrag zu leisten, sondern nur fromme und gelehrte Ohren in höchstem Maße zu beleidigen. Jene, die unbedingt mehr wissen wollen, können diese Allegorien entweder für sich abschreiben oder (wenn jemand um jeden Preis Geld ausgeben möchte) von anderen angefertigte Handschriften lesen.

Die Kirche ließ nie Zweifel an ihrer offiziellen Haltung gegenüber der Alchemie aufkommen. Gestützt auf das Edikt von 1317 wurden die Alchemisten des Betrugs bezichtigt, der Übertölpelung unwissender Menschen, und angeklagt, gefälschtes Geld in

Umlauf zu bringen. Von Zeit zu Zeit verboten auch verschiedene Ordenskapitel der Franziskaner und Dominikaner ihren Mitgliedern unter Androhung der Exkommunizierung die Ausübung der Alchemie. Inoffiziell gab es dennoch genügend neugierige, habsüchtige oder mystisch orientierte Kleriker, die dafür sorgten, daß die Kunst wenigstens im kirchlichen Untergrund weiterblühte. Obwohl die Alchemie sich stets scharf an der Grenze zur Häresie bewegte und diese auch immer wieder überschritt, war sie doch in hohem Maße durch ihren dunklen Stil und vor allem ihren schwer zu enträtselnden Symbolismus geschützt, den man im »Ernstfall« immer als harmlose, wenn auch deplazierte allegorische Spielerei hinstellen konnte.

Im Jahre 1742 veröffentlichte ein französischer Alchemist namens Lenglet Dufresnoy die erste Geschichte der Alchemie: *L'Histoire de la Philosophie Hermétique.* »Es ist meine Absicht, in diesem kleinen Werk die Geschichte der größten Dummheit und der größten Weisheit, deren Menschen fähig sind, wiederzugeben«, verspricht er bescheiden im Vorwort zu seiner dreibändigen Studie. Für Dufresnoy lag – wie für alle spirituellen Alchemisten – »die größte Dummheit« in den Köpfen jener fehlgeleiteten Männer, die die Verheißungen der Alchemie wörtlich nahmen und versuchten, ihr Glück zu machen, indem sie unedles Metall in Gold verwandelten. »Die größte Weisheit« dagegen war jenen auserwählten Wenigen vorbehalten, die die mystische Bedeutung hinter dem Laboratoriumsjargon verstanden. Das Feuer und der Herd waren nichts anderes als Symbole für die traumatische Prüfung, die jeder bestehen mußte, der versuchte, das Niedrig-Stoffliche in der eigenen Seele in Gold zu verwandeln. Alle in alchemistischen Rezepten erwähnten Bestandteile – die Metalle, Mineralien, Säuren, Verbindungen und Gemische – seien in Wahrheit eins: der Alchemist selbst. Er war die niedrige Materie, der Schwefel und das Quecksilber, die im Feuer gereinigt werden mußten; und die zu diesem Zweck benötigte Säure entsprang dem eigenen intensiven geistigen Leiden und der Sehnsucht nach Ganzheit und innerem Frieden.

Die geheime Kunst der Stein-Sucher

Im Frühling des Jahres 1681 versuchte Sir Isaac Newton, der große englische Physiker, in seinem Laboratorium ein paar alchemistische Symbole zu dechiffrieren. Nach einer Woche ergebnisloser Arbeit gab er auf. Der Erfolg blieb ihm versagt, weil er auf der falschen Spur war. Was er in den kryptischen Zeichen nämlich zu finden hoffte, waren Anweisungen zur Durchführung chemikalischer Experimente. Manchmal ist es möglich, solche Anleitungen daraus abzuleiten, aber meist ist das nicht der Fall. Obwohl die Alchemie die Laboratoriumschemie mit einschloß, ging ihr eigentliches Anliegen doch weit darüber hinaus. Sie war eine in der Terminologie chemischer Reaktionen dargestellte Lebensphilosophie. Sie basierte auf dem Glauben, daß alles in der Welt lebendig ist und nach Vollkommenheit strebt. Was physisch oder geistig unvollkommen ist, kann mittels einer geheimnisvollen Substanz – dem Lebenselixier oder Stein der Weisen – in einen vollkommenen Zustand versetzt werden.

Die Alchemisten schrieben über die Geheimnisse von Leben und Tod in der Sprache der Chemie und erklärten die chemischen Vorgänge mit Hilfe der Symbole und Allegorien von Leben und Tod. Der »Uroboros«, die Schlange, die sich in ihren eigenen Schwanz beißt, ist von daher gesehen aus gutem Grund *das* alchemistische Symbol schlechthin.

»Die Wahrheit«, heißt es in den Veden, »ist eine, auch wenn die Weisen in verschiedenen Namen über sie sprechen.« Die Namen, deren die Alchemisten sich bedienten, waren zahlreich und fremdartig, aber sie stützten sich dabei auf jene seit archaischen

Zeiten bekannte Symbolwelt, auf ein weit verbreitetes mythisches Vokabular, um ihr Verständnis der lebenspendenden und todbringenden Wahrheit auszudrücken. Symbole sind das A und O in der Alchemie, und die Bilder, die die Alchemisten gebrauchten, sagen oft mehr als Worte. »Für jene, die das Symbol begreifen, ist der Weg leicht«, schrieb Johannes Daniel Mylius in seiner *Philosophia Reformata*, wir aber haben die Fähigkeit verloren, leicht in die Welt jenes symbolischen Denkens einzutreten, die charakteristisch ist für die Alchemie.

In gewisser Hinsicht hat die wissenschaftliche Revolution die Menschen ihrer Umwelt entfremdet. Die Natur wurde zu einem Objekt, einem Objekt, das nach den mechanischen Gesetzen von Gewicht und quantitativen Beziehungen, von Atomen und Molekülen funktioniert. Descartes und die Mehrheit der Wissenschaftler und Philosophen nach ihm rissen einen unüberbrückbaren Abgrund zwischen Geist und Materie auf und verbannten Gefühl, Geschmack, Klang, Farbe, Geruch und all die Empfindungen, die dem Leben Würze verleihen, aus dem wissenschaftlichen Weltbild. Bestenfalls waren sie zweitrangige Qualitäten ohne grundlegende Bedeutung, schlimmstenfalls bloße Einbildungen der menschlichen Phantasie.

Das Weltbild der Alchemisten war Lichtjahre entfernt von diesem mechanistischen Modell, das seit dem 18. Jahrhundert vorherrschend wurde. Ihre Sicht der Dinge hing eng mit der antiken Denkweise zusammen. Für sie war die Natur kein seelenloses Objekt, sondern eine mit Gefühlen und Gedanken ausgestattete Persönlichkeit. Die Welt wurde von Leidenschaften gestaltet, nicht von abstrakten Formeln, die die Bewegung der Materie beschreiben. In einem solchen animistischen Universum liefert die menschliche Natur das Modell, an dem alles andere gemessen wird. Im alten Mesopotamien, in Assyrien, Indien und China waren Metalle und Steine in männliche und weibliche Gruppen eingeteilt – entsprechend ihrer Härte bzw. Weichheit, ihrer lebhaften oder blassen Farbe und ihrer Ähnlichkeit mit männlichen bzw. weiblichen Genitalien.

Vor vierzig Jahren entdeckte Walter Cline, daß afrikanische Metallarbeiter immer noch diese Kriterien anwenden, um zwischen männlichen und weiblichen Steinen zu unterscheiden. Männliche Steine waren hart und schwarz, weibliche weich und rot. Die beiden Geschlechter mußten »gemischt« werden, um eine fruchtbare Verschmelzung zu erzielen. Die Alchemisten benutzten ähnliche Bilder, wenn sie über die Geburt des Steins aus der sexuellen Vereinigung von männlichem Schwefel und weiblichem Quecksilber schrieben. Ein schwaches Echo davon schwingt in der Fachsprache der Juweliere nach, die das »Geschlecht« von Diamanten je nach Glanz unterscheiden.

Der Mythos von Mineralien und Metallen, die in dem Drama von Geburt, Kopulation und Tod mitwirken, geht auf das archaische Bild der Erde als einer großen fruchtbaren Mutter zurück, die ununterbrochen neues Leben aus ihrem unerschöpflichen Schoß hervorbringt. In seiner *Naturgeschichte* berichtet Plinius der Ältere, daß man die Galenitminen in Spanien periodisch ruhen ließ, um der Erde Zeit zu geben, einen neuen Metallvorrat zu erzeugen. Dies mag auch erklären, warum in Transvaal alte Minen gefunden wurden, deren Zugänge blockiert waren.

Die Vorstellung, daß Steine leben und wachsen, liegt den vielen Mythen zugrunde, in denen Steine die Eltern von Menschen sind. Deukalion, der griechische Noah, und seine Frau Pyrrha wurden aufgefordert, »die Knochen ihrer Mutter« über ihre Schultern zu werfen, um die Welt nach der Flut von neuem zu bevölkern. Sie brauchten eine Weile, bis sie verstanden, daß sich dieser geheimnisvolle Befehl auf die Steine der Erde bezog.

Die Alchemisten haben sich die Erde immer als eine fruchtbare Mutter vorgestellt und die Erze im Boden als Embryos im Mutterschoß. »Die Mineralien sind im Schoße der Erde verborgen«, schrieb Basilius Valentinus, »und werden von ihr genährt mittels des Geistes, den sie von oben empfängt.« Der Produktionsprozeß des Steins wurde häufig in den menschlichen Begriffen von Geburt, Heranwachsen, Hochzeit, Kopulation und Tod beschrieben:

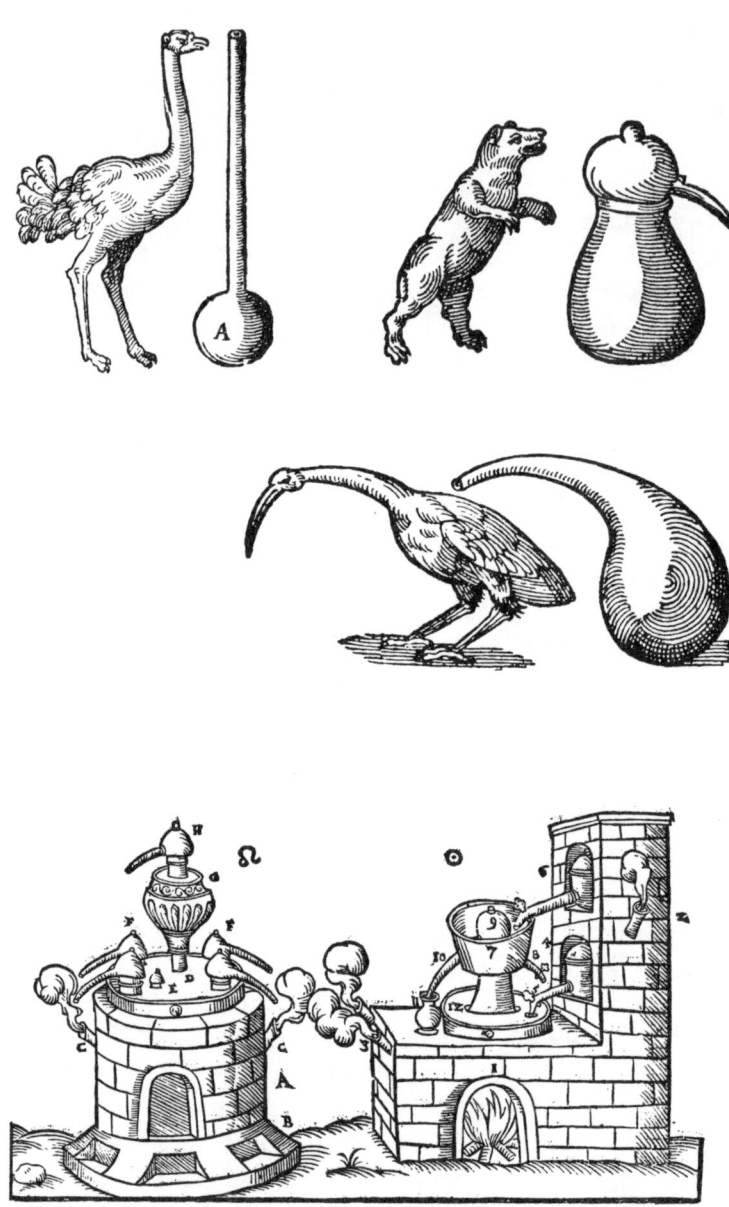

Einige Ausrüstungsgegenstände aus der Alchemistenküche.

»Und daher wird der Stein, genau wie der Mensch, als eine Mischung aus zwei Samen, männlichem und weiblichem, empfangen, wird durch Befruchtung in einen Embryo verwandelt, gelangt durch die Geburt ans Tageslicht, wird mit Milch genährt, wächst heran, erreicht die Reife, lebt in ehelichen Banden, erzeugt mit seiner Frau Kinder, hat ein Kreuz oder eine Flut von Mühsal zu ertragen, stirbt, wird begraben, verbleibt für einige Zeit im Grab, von wo er aufersteht und sich eines neuen, unvergänglichen Lebens erfreut und nicht mehr sterben kann.« (Michael Majer)

Alchemistische Gefäße werden als weiblicher Schoß dargestellt, worin die verschiedenen Stadien der Entwicklung des »Göttlichen Kindes« sich vollziehen. Oder die Gefäße selbst werden als Eier wiedergegeben, ein universales Symbol für Ge-

Das philosophische Ei (*Atalanta Fugiens*, 1617).

burt und Schöpfung. In Michael Majers *Atalanta Fugiens* findet sich eine der eigenartigsten Darstellungen des Destillierapparates als Ei. Ein römischer Soldat, sich auf Zehenspitzen nähernd, greift ein Ei mit seinem gezogenen Schwert an. Das Schwert – ein Phallussymbol – steht für das Feuer. Das Ei ist das hermetische Gefäß, der Schoß, der in Kürze gebären wird.

Ein weiterer uralter Gedanke, den sich die Alchemie auch zu eigen gemacht hat, ist die Vorstellung, Bilder und Symbole *seien* die Dinge, die sie repräsentieren. Die ägyptische Grabkunst ist ein hochentwickeltes Beispiel für diesen Typus von symbolischem Denken. Die Bilder und Skulpturen dienen dazu, das Leben ganz wörtlich zu »repräsentieren« (ver-gegenwärtigen). Eine ägyptische Hieroglyphe für Bildhauer bedeutet »Er-der-am-Leben-erhält«. Die Ägypter konnten sich kein Leben nach dem Tod ohne physischen Körper vorstellen, was erklärt, weshalb sie die Körper mit solchem Aufwand mumifizierten. Für den Fall, daß die Mumie der Zeit trotzdem nicht standhalten sollte, plazierten sie zusätzlich Statuen des Verstorbenen ins Grab. Wenn die Statue durch Inschriften und Zeremonien mit der toten Person identifiziert worden war, wurde sie im wörtlichen Sinne zum Körper des Toten.

Malende und fotografierende Ethnologen stießen bei ihren Feldforschungen bis hinein in unsere Tage immer wieder auf diese Denkweise bei »primitiven« Völkern. Besaß man das Bild eines Menschen, besaß man zugleich Macht über seine Seele – und geschah dem Bild etwas, so war das ein böses Omen für Leib und Leben der dargestellten Person. Auch bestimmte Arten von schwarzer Magie arbeiten bis heute mit dem Abbild des Opfers, sei es in Form einer Puppe oder eines Fotos – manchmal genügt auch ein Gegenstand aus dem Besitz des Betreffenden, um einen wirksamen Fluch über ihn auszusprechen.

Die Alchemisten meinten ebenfalls, Bilder und Symbole seien »real« und verkörperten die elementare Natur der Substanzen. Hermann Boerhaave (1664–1734), ein für seine Zeit sehr fortschrittlicher Chemiker, glaubte, daß die symbolisch für die Metalle stehenden Zeichen diese wirklich bedeuteten. Er fand es angemessen, Gold, das vollkommene Metall, durch einen Kreis darzustellen, weil ein Kreis Vollkommenheit symbolisiere. Silber, nur halb so vollkommen wie Gold, sei durch einen halben Kreis adäquat repräsentiert; und das Zeichen für Kupfer, ein Kreis mit einem Kreis darunter, beschreibe ein teilweise goldenes Metall, welches jedoch einiges an roher, ungeschliffener und zersetzender Materie enthalte. Wie wir gesehen haben, hielt auch John Dee die *Monas*, die zu entwerfen ihn Jahre kostete, für viel mehr als nur ein konventionelles Zeichen.

Ein weiterer gemeinsamer Nenner zwischen mythischem und alchemistischem Denken ist der Glaube, die Welt sei ein Netzwerk miteinander verknüpfter Symbole. Ein Objekt ist niemals nur das Objekt, das man gerade sieht, sondern zugleich ein Zeichen für viele andere Dinge:

Die Taube hat zwei Flügel, genau wie es für den Christen zwei Arten von Leben gibt, das aktive und das kontemplative. Die blauen Federn der Flügel bezeichnen den himmlischen Gedanken. Die fließenden Schattierungen des restlichen Körpers, Farben voller Veränderung wie die aufgepeitschte See, symbolisieren den Ozean menschlicher Leidenschaften, worin die Kirche ihren Kurs steuert. Und warum hat die Taube Augen von so wunderschönem Goldgelb? Weil Gelb, die Farbe reifer Früchte, die Farbe der Erfahrung und Reife ist. Die gelben Augen der Taube symbolisieren den Blick voller Weisheit, mit dem die Kirche in die Zukunft blickt. Schließlich hat die Taube rote Füße; denn die Kirche schreitet durch die Welt, ihre Füße tief in das Blut der Märtyrer getaucht. (Hugh von St. Victor)*

Die Alchemisten hatten vor allem auch Freude am Spiel mit Symbolen – jeder Arbeitsvorgang, jede Farbe, jede Substanz und

---

* Zit. n. E. Mâle, *Religious Art from the Twelfth to the Eighteenth Century.*

jeder Ausrüstungsgegenstand waren zugleich Zeichen für etwas anderes. Für die Alchemisten wie für den gemeinen Mann war die Welt bis tief ins 18. Jahrhundert hinein eine »große Kette des Seins«, in der jedes Glied durch das vorhergehende beeinflußt wurde. Jeder Planet und jedes Tierkreiszeichen war mit einer Reihe von Substanzen verbunden – höheren und niederen, bis hinab zum letzten Kiesel. Neben diesen vertikalen Verbindungen gab es Entsprechungen auf einer horizontalen Ebene. So war es mehr als eine Metapher, den Löwen »den König der Tiere« zu nennen. Im Tierreich nahm der Löwe dieselbe Stellung ein wie der König im menschlichen Staatswesen, der Stein der Weisen in der Welt der Chemie, der Adler unter den Vögeln, der Delphin unter den Fischen und die Sonne unter den Planeten. Der Löwe war ein passendes Symbol für jedes einzelne davon oder für alle.

»Geburt« und »Tod« nehmen einen Spitzenplatz ein im reichhaltigen Reservoir alchemistischer Bildersprache. Das Schmelzen – die sexuelle Vereinigung oder »Vermählung« der Bestandteile im Schmelzofen – führte zur Geburt einer neuen Substanz. Der Schmelzofen war dabei der künstliche Uterus, und zahlreiche Riten und Tabus begleiteten den verwickelten Vorgang der Geburtshelferschaft, der notwendig war, um das Gelingen zu sichern. In deutschsprachigen Ländern wird der Brennofen, in dem Emailleglasur hergestellt wird, noch immer »Mutterschoß« genannt. In Tansania wurde, wie Walter Cline berichtet, die Analogie zwischen Ofen und Uterus noch weiter getrieben: Die Arbeiter machten zwei Löcher in ihre Brennöfen; das größere nannten sie »Nyina« oder Mutter, und aus diesem ließen sie die Schlacke und das Erz herausfließen. Gegenüber diesem Loch war der »Isi« oder Vater, mit dem die Blasebälge verbunden waren. Dazwischen, innerhalb des Ofens, waren die »Aana« oder Kinder. Beim Stamm der Baila in Nordrhodesien überwachte ein »Eisendoktor« den Schmelzprozeß und koordinierte den sexuellen Rhythmus der ganzen Gemeinschaft, damit dieser sich in Übereinstimmung mit der Schmelzaktivität in den Öfen befände. Während die Öfen noch im Bau waren, und zwar wenn die Höhe der Mauern ungefähr ein Fuß betrug, wurden ein Junge und ein Mädchen hineingeführt. Dieses Paar mußte heiraten, genau wie die Erze im Ofen sich vermählen würden. Während der Schmelzperiode übten die Arbeiter strenge Enthaltsamkeit. Um ihnen diese Zeit zu erleichtern, kleideten und verhielten sich die Frauen des Stammes wie Witwen – sie wuschen und parfümierten sich nicht und trugen keinen Schmuck.

Die Alchemisten bedienten sich dieser Bildersprache, wenn sie über die »Vermählung« der Elemente in ihren Gefäßen und die »Geburt« des »Königssohns« sprachen. Sie usurpierten zwischenzeitlich die Rolle von Mutter Erde, um einen Prozeß zu vollenden, der nach ihrer Überzeugung normalerweise Hunderttausende von Jahren dauern würde. »In unserer Kunst«, schrieb Philalethes, »ahmen wir die Methode der Natur nach, in den Eingeweiden der Erde Metalle zu produzieren, abgesehen davon, daß unsere Methode kürzer und subtiler ist.« *(Musaeum Hermeticum)* Und Cleopatra vergleicht den Alchemisten mit einer »liebenden Mutter«:

»Die Philosophen betrachten ihre Arbeit, wie eine liebende Mutter den Säugling betrachtet, den sie getragen hat, und schau, wie sie die Arbeit dann nähren, genau wie die Mutter ihr Kind nährt, wobei sie für diese Kunst natürlich Wasser anstatt Milch verwenden; denn die Kunst ahmt den Säugling nach, und sie wird in der gleichen Weise gebildet, wie das Kind gebildet wird, und wenn sie in allen Dingen zur Vollkommenheit gebracht worden ist, siehe das Geheimnis, welches darin versiegelt ist.«[*]

Petrus Bonus betrachtete alchemistische Gefäße ebenfalls als Mutterschöße: »Gegen Ende unserer Meisterschaft bedarf es spezifischer Schmerzen, weil der Fötus sorglos Tag für Tag und Stunde für Stunde neun Monate lang im Schoß der Mutter heranwächst; aber wenn sein Wachstum vollendet ist, ist er auf eine expulsive Anstrengung des Uterus angewiesen oder er muß ster-

***

[*] Zit. n. C. A. Browne, »Rhetorical and Religious Aspects of Greek Alchemy«.

ben; und etwas Gleichartiges passiert auch hinsichtlich unseres Steins.« Ein starkes Element sympathetischer Magie hatte da offensichtlich Eingang in die alchemistische Denkweise gefunden. Die Adepten glaubten offensichtlich, daß, wenn die Gefäße in ihrer Form weitestgehend dem Uterus ähnelten, die Wahrscheinlichkeit größer sei, daß sie sich auch entsprechend verhalten würden. »Was immer die Kräfte der Elemente und des Himmels in natürlichen Gefäßen schaffen«, schreibt Albertus Magnus, »sie [die Alchemisten] produzieren dasselbe in künstlichen Gefäßen, vorausgesetzt, die künstlichen [Gefäße] sind genau geformt wie die natürlichen.« Die Alchemisten gingen jedoch nicht so weit wie die rhodesischen Metallarbeiter und unterdrückten ihre sexuellen Energien in dem Glauben, sie könnten sie auf die Metalle im Schmelzofen übertragen.

Die chemische Vermählung und sexuelle Vereinigung des männlichen Schwefels und des weiblichen Quecksilbers war für die alchemistische Arbeit ein zentrales Bild, aber diese Vermählung war keine gewöhnliche Angelegenheit. »Und siehe«, ruft ein Adept bei der Beschreibung einer Begegnung aus, die er in seinen traumgleichen Visionen hatte, »da kam das schönste aller Mädchen daher, in Seide und Samt gehüllt, mit dem schönsten der Jünglinge in einem scharlachroten Gewand. Arm in Arm gingen sie zu dem Rosengarten und trugen viele duftende Rosen in den Händen. Ich grüßte sie . . . ›Dies ist mein geliebter Bräutigam‹, sagte sie . . . ›und nun verlassen wir diesen gefälligen Garten und eilen in unsere Kammer, um unsere Liebe zu erfüllen‹.«
(Musaeum Hermeticum)

Die schöne Frau und ihr Bräutigam sind die Eltern des philosophischen Steins, dessen Empfängnis sich bald in der Ekstase ihrer leidenschaftlichen Umarmungen vollziehen wird. Auf vielen alchemistischen Illustrationen folgen wir ihnen in ihr Ehegemach und sehen sie in der Glut der Liebe vereinigt. Später sehen wir das aus dieser Verbindung geborene Kind heranwachsen zu einem jungen Prinzen.

Empfängnis und Geburt verliefen allerdings nicht immer ohne

Die chemische »Vermählung« von männlichem Schwefel und weiblichem Quecksilber (*Viridiarum Chymicum*, 1624).

Komplikationen. Die von den Weisen ersehnte chemische Vermählung erforderte das Opfer, den Tod und die Wiedergeburt des Paares, das ein außergewöhnliches Paar war; denn die beiden waren nicht nur Mann und Frau, sie waren auch Mutter und Sohn, Bruder und Schwester oder Vater und Tochter.

Bis ins 17. Jahrhundert hinein, als ein Mikroskop entwickelt wurde, das stark genug war, das Vorhandensein winziger Eier zu entdecken, glaubten die Menschen, daß Insekten und Tiere »spontan« in toter und verwesender Materie entstünden. Es war ein verbreiteter Glaube, daß Bienen in dem verwesenden Aas eines toten Pferdes erzeugt würden. »Wir behaupten, daß es einige Dinge gibt, die sich durch Fortpflanzung vermehren, wie zum Beispiel Menschen, Vipern, Wale und Palmen; andere Dinge dagegen nur durch Verwesung, wie Läuse, Fliegen, Gras, Erdwürmer und ähnlich unvollkommene Existenzen« (Petrus Bonus). Diese Ansicht entsprach auch der allgemeinen Vorstellung, daß alles Leben aus dem Tod entstehe. »Weder Menschen- noch Tierkörper«, sagt Basilius Valentinus, »können sich ohne Verfall vervielfachen oder fortpflanzen . . ., jegliches Leben verdankt sich dem Niedergang.«

Der Glaube, daß sich Schöpfung nur durch das Opfer vollzieht, ist ein uraltes Thema in Mythologie und Religion. Der babylonische Gott Marduk erschuf das Universum aus den zerstückelten Gliedern des riesigen Seeungeheuers Tiamat. Später brachte er sich selbst als Schlachtopfer dar, um den Menschen zu erschaffen. »Ich werde mein Blut verdicken, ich werde Knochen daraus machen. Ich werde den Menschen aufrecht hinstellen, wahrlich, der Mensch wird sein.« Die aztekische Göttin Tlalteutli wandelte über die Urwasser, als zwei als Seeschlangen verkleidete Götter sie ergriffen und in die Elemente des Universums auseinanderrissen. Der Leichnam des Frostriesen Ymir bildete in der nordischen Mythologie das Rohmaterial der Schöpfung, während Karora, P'anku und Puruscha, die ersten Menschen in der australischen, chinesischen und indischen Mythologie jeweils dieselbe Opferrolle spielten. Die hebräische Version dieses Mythos ist ein wenig dunkel, aber Gott erschuf Adam »männlich und weiblich« zugleich und teilte ihn später in zwei, damit er fruchtbar sein und sich vermehren konnte.

Der tiefere Sinn all dieser Mythen ist, daß das Leben, ob in Form von Blut, Knochen, Schweiß, Tränen oder Sperma, nur in die Dinge hineingelegt werden kann, wenn man es einem anderen Lebendigen wegnimmt. Eine ähnliche Vorstellung liegt jenen Mythen zugrunde, die den Ursprung der Nahrung mittels des Todes eines Gottes, Menschen oder Tieres erklären. So waren die Kulte um Osiris, Dionysos, Attis, Adonis und Persephone alle entsprechend dem jahreszeitlichen Rhythmus strukturiert: Eine den Gott darstellende Person wurde entweder konkret oder sinnbildlich geopfert, zerstückelt und dann auf den Äckern verstreut, um das Wachstum der Feldfrüchte für das nächste Jahr sicherzustellen. In einigen Mythen hatte ein ähnliches Opfer die Erschaffung der Metalle zur Folge. Indra wurde so von Soma betäubt, daß sein Körper »auszufließen« begann, sein Atem entwich durch den Nabel und wurde zu Blei, seine Gestalt floß aus seinem Samen hervor und wurde zu Gold. Auch laut der iranischen Mythologie traten die Metalle aus dem Körper Gayomards, des ersten Menschen, zutage.

Noch in den dreißiger Jahren unseres Jahrhunderts vollzog – laut Walter Cline – ein Mann aus dem Achewa-Stamm im heutigen Sambia ein verwickeltes und grausames Ritual, bevor er einen Schmelzofen errichtete. Zunächst konsultierte er einen der Medizinmänner. Der stopfte verschiedene Ingredienzen in einen Maiskolben und ließ einen kleinen Jungen damit auf eine schwangere Frau werfen, damit sie eine Fehlgeburt erleide. Der Medizinmann holte den so abgetriebenen Fötus vom Abfallhaufen, mischte ihn mit verschiedenen Substanzen und verbrannte ihn an der Stelle, um die herum die Lehmwände des Schmelzofens errichtet werden sollten.

Nach Fertigstellung des Ofens wurden weitere Arzneien zusammen mit einem geopferten Huhn hineingeworfen. Zeigte der Kopf des am Boden liegenden Huhns nach Norden, galt der Ofen als mißglückt und mußte an anderer Stelle neu gebaut werden. Landete das Huhn dagegen in einer günstigen Position, dann wurde es gerupft, geröstet und von denen, die den Ofen errichtet hatten, verzehrt. Während der Schmelzarbeit war strikte sexuelle Enthaltsamkeit Gebot. Nachdem sie beendet war, formten die Männer aus dem frisch geschmolzenen Eisen eine Harke und schenkten sie der Frau, deren Kind man geopfert hatte. Unter keinen Umständen durfte die Frau jedoch den Grund für das Geschenk erfahren.

Die Praxis, einen menschlichen Fötus dem Ofen als Opfer darzubringen, findet ihre Parallele in dem weniger grausamen Brauch der Tonga, ein Stück der Nachgeburt in den Ofen zu werfen, und in anderen Ritualen, die ein Tier- oder Vogelopfer verlangen. Diese Praktiken beruhen im Prinzip auf derselben Vorstellung, die die Alchemisten ständig über Tod, Mortifikation und Verwesung der Bestandteile ihres Steins sprechen ließ: Es gibt kein Leben ohne den Tod; der Tod ist das Leben der Lebenden.

Die Alchemisten verwendeten dieselben Begriffe und dieselben Symbole wie Minenarbeiter, Schmelzer und Schmiede, aber sie gingen nicht so weit, die Reaktionen in ihren alchemistischen Gefäßen auch persönlich auszuagieren. Opfer und Kopulation waren in der Alchemie nur Metaphern, nicht jene konkreten Handlungen, deren Vollzug archaisch denkende Menschen für notwendig erachteten, um die Ordnung des Universums zu erhalten bzw. zu erneuern. Da die Metalle durch Kopulation miteinander verschmolzen, mußten Schmelzer und Schmiede ihre eigenen sexuellen Energien in die metallische Vereinigung mit einbringen. Die Teilnahme der Alchemisten an den Naturvorgängen war weniger direkt, sie beschränkte sich auf die symbolische Darstellung und Erfassung der chemischen Reaktionen.

Die beiden Versionen der chinesischen Legende von Kantsiang und Mo-ye, einem Schmiedeehepaar, veranschaulichen den großen Unterschied zwischen einem buchstäblichen und einem sinnbildlichen Verständnis des Opfers. Kan-tsiang und Mo-ye erhielten den Auftrag, zwei Schwerter anzufertigen. Nach dreimonatigen Bemühungen gelang es ihnen immer noch nicht, die für die Schwerter benötigte Metallegierung herzustellen. Als Mo-ye ihren Gatten nach dem Grund dafür fragte, erwiderte dieser, die Verschmelzung werde ohne ein Menschenopfer nicht zustande kommen. In der einen Version der Geschichte wirft sich Mo-ye daraufhin selbst ins Feuer, und siehe, die Metalle verschmelzen. In der anderen Version genügt das symbolische Opfer abgeschnittener Fingernägel und Haarlocken.

Die Alchemisten illustrierten Tod und Wiedergeburt ihrer chemischen Verbindungen auf verschiedene Weise. Eines der am weitesten verbreiteten Bilder zeigt den Stein als Saatkorn, das der Erde anheim gegeben werden muß. »Seht, meine Brüder«, ruft Cleopatra aus, »das unglaubliche Geheimnis, das gänzlich unbekannt ist! Seht, euch ist die Wahrheit geoffenbart worden. Seht, wie ihr die Erde bewässert und wie ihr eure Saaten nährt, damit

Der achte »Schlüssel« des Basilius Valentinus (*Musaeum Hermeticum*, 1678).

ihr die Frucht dazu bringt, zu ihrer Zeit zu reifen! Höret deshalb und verstelt und versenkt euch tief, in was ich sage.«* Aber bevor die alchemistische Saat aufgehen konnte, mußte sie zugrundegehen. Das war die Botschaft, die die Alchemisten dem Johannes-Evangelium entnahmen. Basilius Valentinus paraphrasiert den betreffenden Vers (12, 24): »Jegliche Saat einer Frucht muß, nachdem sie der Erde übergeben worden ist, verderben, bevor sie wieder sprießen kann.« Er stellt diesen Vorgang in seinem achten »Schlüssel« dar, der einen Bauern zeigt, wie er Korn in ein gepflügtes Feld sät. Der Bauer ist der Alchemist, der das »Chrysosperm« oder die Goldsaat in die vorbereitete Erde oder in die kalzinierte Materie in seinem Destillierapparat aussät. Hinter dem Bauern liegt eine Leiche – die tote und verwesende

* S. 141: Zit. n. C. A. Browne, »Rhetorical and Religious Aspects of Greek Alchemy«.

Materie. Weiter hinten folgt das nächste Stadium dieses alchemistischen Dramas von Tod und Wiedergeburt. Der Leichnam, nun ein verklärter Leib, erhebt sich aus seinem Grab, genau wie das in der Nähe wachsende Getreide aus der Erde sprießt und sich aus dem zerfallenen Körper seiner Saat erhebt. Im Vordergrund sind einige das schwarze Stadium der Verwesung versinnbildlichende Krähen zu sehen, während ein Engel mit einer Trompete die Auferstehung des Niedrig-Stofflichen in der vollkommenen Form des Goldes verkündet. Zwei Armbrustschützen repräsentieren einmal den Adepten oder den wahren Alchemisten, der ins Schwarze trifft, und andererseits den bloßen Praktiker oder falschen Alchemisten, der weit am Ziel vorbeischießt.

Die sieben Metalle werden auf alchemistischen Illustrationen häufig als reife, an den Ästen der Bäume hängende Früchte dargestellt. Auf einem Bild im *Musaeum Hermeticum* wächst jedes Metall an einem eigenen Baum. Das Bild des Baumes war auch idealer Ausdruck für den Stein der Weisen; denn wie ein Baum trug er ständig neue Früchte. »Unser Stein«, schreibt Nicolas Flamel, »[ist] mit einer grünenden oder wachsenden Seelen begabet, welche durch Fleiß und Geschicklichkeit der Kunst in einen wahren und reinen Schößling umb überflüßiglich herfür zu spriessen und nachfolgends unendliche Zweiglein hervorzubringen, verkehret ist.« In Mylius *Philosophia Reformata* wächst ein Baum aus dem Leichnam eines in seinem Sarg liegenden Mannes hervor. Der Sarg symbolisiert das alchemistische Gefäß und der Leichnam die Saat, die sterben muß, bevor sie aufgehen kann. In den Zweigen des blühenden Baums sitzt heiter das »Königskind«: die voll entwickelte Frucht des alchemistischen Opus. In diesem Fall hat der Adept ebenfalls ins Schwarze getroffen, wie die Figur mit Pfeil und Bogen auf der linken Seite signalisiert.

Bäume in alchemistischen Gefäßen wachsen zu sehen, ist nicht so absurd, wie es auf den ersten Blick erscheinen mag. Isaac Newton, ein äußerst genauer alchemistischer Experimentator, machte beinahe dieselbe Erfahrung wie Flamel:

Der philosophische Baum – Idealtypus des Steins der Weisen – und die
sieben Stufen des alchemistischen Werks (*Philosophia Reformata*, 1622).

Ich habe mannigfache Gläser mit Gold und ... Quecksilber im Feuer. Diese Substanzen wachsen in den Gläsern in der Form eines Baumes, und durch fortwährende Zirkulation lösen sich die Bäume wieder auf ... Ich habe ein solches Gefäß mit derartig aufgelöstem Gold im Feuer, wobei das Gold nicht mit Hilfe eines Ätzmittels sich in Atome aufgelöst hat, sondern äußerlich und innerlich in Quecksilber, und in Quecksilber so lebendig und beweglich, wie man es in der Welt nur findet. Denn es läßt das Gold anschwellen, dann geschwollen sein und verwesen, und ebenfalls in täglich ihre Farbe ändernde Keime und Äste ausschlagen, deren Anblick mich täglich begeistert.*

Es war diese Erfahrung, die Newton davon überzeugte, daß es ihm gelungen sei, gewöhnlichem Gold »philosophisches Quecksilber« zu entziehen. Robert Boyle sah ebenfalls »sehr hübsche Vegetationen« in seinem alchemistischen Gefäß sprießen**; ebenso Gerald Dorn: »Genau wie natürliche Bäume zu ihrer Zeit die mannigfaltigsten Blüten hervorbringen, so läßt das Material des Steines die schönsten Farben aufleuchten, wenn es seine Blüten treibt.« *(Theatrum Chemicum)* Niemand weiß genau, was Newton, Boyle und Dorn wirklich sahen, aber B. J. T. Dobbs deutet an, daß baumähnliche Formen durch instabile, intermetallische Verbindungen, die ihre Gestalt je nach Hitze oder Kälte verändert haben mögen, entstanden sein könnten.

Der Baum war ein Lieblingssymbol der Alchemisten, beschwor diese Figur doch so viele Assoziationen herauf, wie man sich nur wünschen konnte. Bäume schienen die Illusion ewigen Lebens zu verkörpern. Im Winter sterben sie, um jedes Jahr im Frühling knospend, blühend und schließlich Früchte tragend wieder ins Leben zurückzukehren. Die Menschen haben ihre eigene Sehnsucht nach Unsterblichkeit in Bildern von Bäumen

* Zit. n. B. J. T. Dobbs, *The Foundations of Newton's Alchemy.*
** A. a. O.

und Pflanzen ausgedrückt, die an ihren Zweigen die Frucht des Lebens tragen und in ihrem Saft das Wasser des Lebens mit sich führen oder in Strömen, die ihren Wurzeln entspringen. Auf einem Wandbild in Theben wird Thutmosis III. von Isis in Form eines Maulbeerfeigenbaums gestillt. Thutmosis war gestattet, von der Unsterblichkeit zu kosten, die Adam und Eva genommen wurde, als Gott sie aus dem Garten Eden vertrieb.

Die Alchemisten hatten in ihrem Stein und in ihren Elixieren ihren eigenen Lebensbaum. In China bewirkte das Elixier das Wachstum von Federn auf der Brust sterblicher Alchemisten und verwandelte diese dadurch in fliegende Unsterbliche. Im Westen heilte es jedes nur denkbare Leiden, einschließlich des letzten – des Todes.

Die Alchemisten fanden eine besonders grausame Form, den Tod und die Wiedergeburt ihrer chemischen Verbindungen zu illustrieren, und zwar Darstellungen von Helden und Kriegern, die die Köpfe und Glieder von Tieren und anderen Menschen abhacken. Diese Illustrationen erinnern oft an die letzte Vision des Zosimos, in der sich ihm zwei Männer nähern. Einer davon trägt ein Schwert. Er zeigt auf seinen Gefährten und befiehlt Zosimos, »seinen Kopf abzuschneiden und sein Fleisch und seine Muskeln Stück für Stück zu opfern, damit er dann seiner Strafe zugeführt werde«.* Zosimos interpretiert das als den Vorgang, in dem unedles Metall durch Tod und Wiedergeburt in Gold verwandelt wird und schläft ruhig weiter.

In Lambsprings Buch alchemistischer Embleme greift ein Krieger einen Drachen mit dem Schwert an. Der Drachen symbolisiert die niedrige Materie. Der Krieger ist der Alchemist, der die Materie zerstückelt und sie in Gestalt des Goldes erneuert. Das Bild wird von den Versen begleitet:

---

* Zit. n. F. S. Taylor, »The Visions of Zosimos«.

Wenn irgend jemand seinen Kopf abschlagen kann,
Wird seine Schwärze sich verflüchtigen,
Und Schneeweiß wird an ihre Stelle treten.

Die Vorstellung, daß ganze Körper aus zerstückelten Teilen wieder zusammengefügt und zum Leben erweckt werden können, ist eines der vielen Motive, die die Alchemisten antiken Traditionen entnahmen und für ihre Bedürfnisse nutzbar machten. So überredete Medea die Töchter des Pelias, ihren Vater zu verjüngen, aber zunächst müßten sie ihn in Stücke schneiden und kochen. Die Mädchen taten, wie ihnen geheißen – doch Medea verschwand, ohne den versprochenen Zauber zu wirken. Tantalus stellte aus dem zerstückelten Körper seines eigenen Sohnes Pelops ein Mahl zusammen und ließ es auf einem Bankett, das er den Göttern ausrichtete, servieren. Glücklicherweise erkannten die Olympier sehr rasch den Hauptbestandteil des Gerichts und brachten Pelops ins Leben zurück, indem sie ihn nochmals kochten. Sie waren jedoch nicht schnell genug, um eine seiner Schultern zu retten, die Demeter unglücklicherweise schon gegessen hatte, deshalb ersetzten sie sie durch Elfenbein. Der nordische Gott Thor belebte die Ziegen, die er und eine Bauernfamilie anläßlich eines Mahles verschlungen hatten, wieder, indem er ihre Knochen in ihre Häute wickelte und mit seinem Hammer segnete. Wie in Pelops' Fall konnte eine der Ziegen nicht ganz wiederhergestellt werden, weil ihr Schenkelknochen von einem der Bauern, der versucht hatte, ans Mark heranzukommen, zerbrochen worden war. Auch eine der Versionen der Geschichte von Christus als Schmied enthält die Idee der Wiedervereinigung getrennter Körperteile. Ein Mann bringt ein Pferd zu Christus zum Beschlagen. Voller Entsetzen sieht er, wie Christus die Hufe abschneidet, sie auf den Amboß legt und sich an die Arbeit macht. Am Ende der Geschichte verläßt das Pferd erstklassig beschlagen und gesund die Werkstatt.

Ein weiteres verbreitetes alchemistisches Bild, um die Verwandlung chemischer Verbindungen zu beschreiben, ist die Wiedergeburt aus dem Wasser. Die Vorstellung, das Wasser sei der Ursprung allen Lebens, ist eines der ältesten Mythologeme. Im alten Ägypten begann die Schöpfung mit dem Erscheinen des urzeitlichen Hügels, der sich zeigte, als das Wasser des Nils zurückging. In der hinduistischen Mythologie erschuf Vischnu die Welt, als er schlafend auf einer riesigen zusammengerollten Schlange lag – ein Symbol für die kosmische Substanz Wasser. Der Gott des Alten Testaments begann den Schöpfungsakt, indem er den Geist »über den Wassern« schweben ließ.

Der Taufritus hatte seine Wurzeln in dem Glauben, daß Wasser die Quelle des Lebens und damit von Wiedergeburt und Unsterblichkeit sei. Gilgamesch pflückte das Kraut der Unsterblichkeit am Meeresgrund, wo es – nach einer Darstellung auf einem assyrischen Rollsiegel von 700 v. Chr. –, von zwei Fisch-Menschen bewacht, wächst. »Wer nicht aus Wasser und Geist geboren ist«, sagt Jesus, »kann nicht in das Reich Gottes eingehen« (Joh. 3, 5). In der Alchemie steht Wasser für flüssige Substanzen der Verwesung und Verwandlung, oftmals eine Säure. »Oh, diese Natur, wie wandelt sie Körper in Geist!« ruft Sokrates in der *Turba Philosophorum* aus. »Sie ist der schärfste Essig, der bewirkt, daß das Gold zu lauterem Geist wird.« Oder wie der Verfasser des *Rosarium Philosophorum* sagt: »Es ist das Wasser, was tötet und belebt.«

Kleine, nackte, urinierende Jungen erscheinen häufig auf alchemistischen Illustrationen, um die Gegenwart des Wassers noch auf eine andere Weise zu symbolisieren. Es war ein alter Glaube, daß der Urin junger Knaben heilende Eigenschaften besitze. Plinius der Ältere empfiehlt ihn zu diesem Zweck in seiner *Naturgeschichte*. Alexander von Tralles, ein byzantinischer Arzt aus der Zeit Justinians, verschrieb ihn gegen Epilepsie und Gicht. Theophilius, ein Benediktinermönch, der um 1100 lebte, glaubte, daß der Urin eines kleinen, rothaarigen Jungen besonders geeignet sei, um Eisen zu löschen.

Ein beliebtes Sujet alchemistischer Ikonographie ist auch, wie der König, der die Materie auf ihrem Weg zum Stein der Weisen

Das Königliche Bad (*Rosarium Philosophorum*, 1550).

symbolisiert, im Bad gereinigt und geläutert wird. Oft erscheint er dabei gemeinsam mit seiner Königin. Manchmal sitzen sie sich ein wenig steif gegenüber; auf anderen Darstellungen sieht man aber auch, wie sie kopulieren und sich im Wasser auflösen. So beobachtet ein Adept einmal starr vor Schreck, wie das königliche Paar, das zu bewachen er beauftragt war, sich körperlich vereint und direkt vor seinen Augen dahinschmilzt:

Sie umschlangen einander derart leidenschaftlich, daß das Herz des Mannes in der äußersten Liebesglut dahinschmolz und er in viele Stücke zerbrochen zu Boden sank. Als sie, die ihn nicht weniger liebte als er sie, das sah, weinte sie um ihn und bedeckte ihn mit überfließenden Tränen, bis er gänzlich überflutet und dem Blick entzogen war. Aber jene Klagen und Tränen hielten nicht lange vor, denn da sie von äußerstem

Kummer erschöpft war, zerstörte sie nach und nach sich selbst. Oh, welche Angst und Qual befielen mich, als ich jene, die direkt meiner Obhut unterstellt waren, geschmolzen und tot vor mir liegen sah. Ich war sicher, man werde mich dafür töten; aber der Spott, das Hohngelächter und die Verachtung, welche mich erwarteten, erschienen mir noch kläglicher als der Tod. *(Musaeum Hermeticum)*

Glücklicherweise verharrte der Alchemist nicht lange in diesem qualvollen Zustand, weil, wie er sagt, »mir der Gedanke kam, daß, wenn Medea einen toten Körper wieder ins Leben zurückgebracht hat, ich vielleicht auch in der Lage sein würde, dasselbe zu tun.« Er tat es denn auch, indem er vorsichtig die Hitze unter dem alchemistischen Gefäß so regulierte, daß die Flüssigkeit zu verdampfen begann und die geschwärzten Leichname des Königs und der Königin sichtbar wurden; dann sank die verdampfte Flüssigkeit zurück auf die beiden Körper und wusch und weißte sie so lange, bis sie für ein neues und besseres Leben wiederhergestellt waren.

Das alchemistische Bad hängt mit dem Mythos des Hermaphroditos zusammen, dem Sohn von Hermes und Aphrodite. Während er in einer Quelle badete, wurde er mit der Nymphe Salmakis vereinigt, und die beiden verschmolzen zu einem Wesen. Diese *coincidentia oppositorum* (»Einheit der Gegensätze«) trifft man in der Alchemie häufig an. Der Hermaphrodit symbolisierte den Stein, das dem Königspaar geborene Kind, welches in sich alle Qualitäten der Eltern vermischt enthält. Deshalb nannte man den Stein auch *Rebis* (»das Zweifache«); er war ganz und vollständig in sich selbst, sowohl männlich als auch weiblich, und deshalb in der Lage, sich aus eigener Kraft fortzupflanzen. Hermaphroditische Figuren kommen in vielen Mythen und Religionen vor und symbolisieren dort wie in der Alchemie das Geheimnis der Schöpfung, und zwar den Augenblick, da aus dem Einen unerklärlicherweise das Viele wird. Zugleich führen sie das Individuum aus der Vielfalt der Alltagswelt heraus zu jenem Ur-

Der Hermaphrodit.

sprungspunkt, wo die Pluralität sich in Gott, in dem Einen, aufhebt.

Die Alchemisten kannten noch eine andere Metapher für Tod und Wiedergeburt, und zwar den Inzest zwischen Mutter und Sohn, Vater und Tochter oder Bruder und Schwester. »Führe einen Bruder und eine Schwester zusammen«, schrieb Michael Majer, »und reiche ihnen den Krug der Liebe, damit sie daraus trinken.« Diese Vorstellung erreichte geradezu sadistische Ausmaße in *Le Triomphe Hermétique,* wo der Adept aufgefordert wird: »Öffne die Brust deiner Mutter mit einer Stahlklinge, wühle in ihren Eingeweiden herum und dringe in ihren Schoß ein; genau dort wirst du unsere makellos reine Materie finden.«*

In der Vision von Arisleus wird dem König, Rex Marinus, befohlen, seinen Sohn Gabricius (Schwefel) und seine Tochter Beya (Quecksilber) zu verheiraten. »Dann verbindest du deinen Sohn Gabricius, dein Lieblingskind, mit seiner Schwester Beya, welche ein strahlendes Mädchen ist, lieblich und reizend.« Gabricius wird von Beyas Umarmung buchstäblich verschlungen und verschwindet in ihrem Schoß: »Denn Beya bestieg Gabricius und umschloß ihn mit ihrem Schoß, so daß von ihm nichts mehr zu sehen war. Mit einer solchen Liebe umschlang sie ihr eigenes Wesen ...« *(Rosarium Philosophorum)*

Die Rückkehr in den Mutterschoß symbolisierte für den Alchemisten vor allem eine Rückkehr zur Mutter Erde, zum Ursprung des Lebens, Ausgangspunkt für eine neue, bessere Geburt. Die Alchemisten drückten diese Idee in der Form inzestuöser Vereinigung aus, um ihre Grundüberzeugung, nämlich daß alles aus einer Urmaterie hervorgeht, zu verdeutlichen; alles hängt mit allem zusammen. Pernety behandelt auch diesen Problemkreis in seinem *Dictionnaire:* »Die Adepten sagen ... daß man in dieser Vereinigung von männlich und weiblich den Inzest zwischen Vater und Tochter, Mutter und Sohn deshalb findet, weil während dieses Vorgangs die Körper zu ihrem Urstoff zu-

* Zit. n. J. van Lennep, *L'Art et L'Alchimie.*

rückkehren, worin die Elemente und Prinzipien der Natur noch ununterschieden bleiben.« Das berühmte Akrostichon des Basilius Valentinus, *VITRIOL*, drückte auf verschlüsselte Weise die Notwendigkeit der Rückkehr in den Mutterschoß, die Lebensquelle, aus, dorthin, wo sich die Wiedergeburt ereignet. In der Interpretation der Alchemisten bedeutet das Akrostichon: *Visita Interiora Terrae, Rectificando, Inveniens Occultum Lapidem* (»Suche das tiefe Innere der Erde auf, durch Reinigung wirst du den verborgenen Stein finden«). Das »tiefe Innere der Erde« ist der dunkle Mutterschoß, der zugleich ein Grab ist, aus dem der Stein geboren wird. Das Licht kommt aus der Dunkelheit.

Die Alchemisten stellten weder als erste noch als letzte die Schöpfung symbolisch in Form inzestuöser Vereinigung dar. Die Alten hatten das schon Jahrtausende früher getan, wenn sie alljährlich im Frühling die heilige Vermählung der Erdmutter mit ihrem Liebhaber und Sohn, dem Vegetationsgott, feierten. In jedem Frühjahr wurde der Gatte der Göttin als ihr Sohn neu geboren, und in jedem Herbst starb er und kehrte in den Schoß der Mutter zurück, um sie für einen neuen Lebenskreislauf zu befruchten.

Die Rückkehr in den Mutterschoß steht auch in engem Zusammenhang mit den vielen Mythen um den Abstieg eines Gottes, einer Göttin oder eines Helden in die Unterwelt. Die mesopotamische Göttin Inanna war die erste uns bekannte Gottheit, die diesen gefährlichen Weg antrat. Ihr folgten Orpheus, Persephone, Odysseus, Christus und viele, viele andere. In der gnostischen Mythologie steigen Erlöser vom Himmel herab und helfen, die gefallene Materie wiederaufzurichten und zu befreien. Die Alchemisten sahen sich in dieser Heilandrolle, indem sie die niedrigen chemischen Verbindungen durch Destillation und Sublimation »erlösten«.

Die Herabkunft des Geistes in die Materie ist auch auf anderen Bildern, die das Inzestthema variieren, symbolisch dargestellt. Auf ihnen verschlucken und verschlingen sich Menschen und Tiere gegenseitig. In einer Bilderserie aus dem Buch von Lamb-

Bilderserie (s. a. S. 156 u. 157) aus dem »Buch von Lambspring«: Der König
verschlingt seinen Sohn, wartet dann schweißüberströmt darauf, ihn
wiederzugebähren, und teilt schließlich mit dem neu Geborenen, das heißt
mit dem Stein der Weisen, den Thron (*Musaeum Hermeticum*, 1678).

spring sieht man einen König, der seinen Sohn verschlingt. Auf
dem nächsten Bild liegt der König, Ströme von Schweiß vergie-
ßend, auf seinem Bett und wartet darauf, »seinen Sohn aus seinem Körper hervorzubringen«. Auf dem letzten Bild hat der
Vater einen neuen Sohn geboren, nämlich den Stein der Weisen.

Diese eigenartigen Bilder könnten sich auf chemische Vorgänge beziehen, in denen der König, eine unreine Goldverbindung,
mit einer anderen Verbindung wie beispielsweise Antimon zuerst

legiert (schluckt seinen Sohn), dann aufgelöst (der König schwitzt) wird und sich schließlich als reines Gold niederschlägt (Geburt eines neuen Sohnes). Doch ist es wesentlich wahrscheinlicher, daß Lambspring die allgemeine philosophische Feststellung treffen wollte, daß der niedrigen Materie (dem König), bevor sie in Gold verwandelt werden kann, Seele oder Geist (der Sohn) eingehaucht werden muß. Diese Annahme findet Unterstützung durch Lambsprings Gleichsetzung des alchemistischen Königs und seines Sohnes mit Gott und Christus:

Der Sohn bleibt ewig im Vater,
Und der Vater im Sohn.

Eine ähnliche Verschlingungsszene erscheint in Basilius Valentinus zwölftem »Schlüssel«, wo uns ein Löwe anschaut, aus dessen
Rachen der Schwanz einer Schlange hängt. Der Löwe ist das
geistige Prinzip, der Stein der Weisen, der niedrige Materie (die
Schlange) verschlingt und in Gold verwandelt. Eines von Majers
Emblemen zeigt einen wilden Wolf, wie er sich auf einen rücklings hingestreckten König stürzt. Der Wolf symbolisiert Antimon, das man *lupus metallorum* (»Wolf der Metalle«) nannte,
weil es alle bekannten Metalle außer Gold verschlang.

Dieses Emblem illustriert den Prozeß, worin eine unreine
Goldverbindung (der hingestreckte König) mittels Antimon gereinigt wird. Im Hintergrund kehrt der durch und durch »erneu-

Der zwölfte »Schlüssel« des Basilius Valentinus (*Musaeum Hermeticum*, 1678).

erte« König ins Leben zurück. Diese und viele ähnliche Illustrationen von Tieren, Vögeln oder Menschen, die sich gegenseitig überwältigen oder verschlingen, stehen für die diversen Zustände des Reinigungsprozesses von niedriger Materie als Vorbereitung auf ihre Vereinigung mit ihrer Seele.

Die Motive von Tod, Inzest und Wiedergeburt sind in Majers alchemistischer Wiedergabe des Ödipusmythos kombiniert. Offensichtlich kannte Majer nicht alle Einzelheiten der Geschichte, aber was er wußte, wandte er auf die Alchemie an. Das Rätsel der Sphinx bezog sich angeblich nicht auf den Menschen, sondern auf den Stein:

Man sagt, der Rätsel der Sphinx seien sehr viele gewesen, aber jenes, welches Ödipus zur Lösung vorgelegt wurde, sei das wichtigste gewesen: Was ist vierfüßig am Morgen, zweifüßig am Mittag, dreifüßig am Abend? Die Antwort des Ödipus ist unbekannt [?], aber manche sagen, es stehe für das Menschenleben, und sie haben unrecht. Denn die Vier oder die vier Elemente verdienen zuerst Beachtung. Von da gelangen wir zu der Hemisphäre [Halbkreis] mit ihren zwei Linien, der geraden und der gekrümmten, mit anderen Worten, zum weißen Mond; und dann zum Dreieck, bestehend aus Körper, Geist und Seele oder Sonne, Mond und Merkur [Quecksilber]. Weshalb Rhazes in seiner Epistel sagt, der Stein sei im Wesen dreieckig und quadratisch in der Qualität.

In Majers Interpretation steht Ödipus für den Stein der Weisen oder fixiertes Quecksilber, und deshalb sagt man, er habe geschwollene Füße (auf griechisch heißt *oedipus* soviel wie

Tod und Auferstehung des Königs (*Atalanta Fugiens*, 1617).

»Schwellfuß«). »Er hat geschwollene Füße, weil er nicht laufen kann...«, weil er fixiert ist und anderes fixiert und vor dem Feuer weder flieht noch schrumpft...« Der Grund dafür, weshalb man von Ödipus sagt, er habe seinen Vater getötet, ist, daß der Stein der Weisen an die Stelle der Substanz tritt, woraus er gemacht ist:

»Die Erzählung von Ödipus ist nicht als nüchterne Geschichte für irgendwen geschrieben worden und auch nicht als ein zur Nachahmung anregendes Beispiel. Unter allen Umständen ist sie von Philosophen erdacht und auf dem Wege der Allegorie eingebracht worden, um die Geheimnisse ihrer Gelehrsamkeit bloßzulegen... Denn der erste wirkliche Grund, weshalb der Vater aus dem Weg geräumt und durch die Wirkung seines eigenen Handelns vertrieben wird, ist sein Sohn...«

Nicolas Flamels Ausführungen werfen weiteres Licht auf die alchemistische Deutung des Ödipusmythos. Während er das erste, schwarze Stadium der Kunst beschreibt, sagt er: »Alle Verderbnis ist Schöpfung, und deshalb ist Schwärze so erstrebenswert; denn es ist das schwarze Segel, mit welchem Theseus' Schiff siegreich aus Kreta zurückkehrte, welches den Tod seines Vaters verursachte; daher muß dieser Vater sterben, damit der Sohn König sein kann.« Majer und Flamel glaubten wie die meisten Alchemisten, daß der Ursprung der Mythologie darin liege, sicherzustellen, daß die heilige Wahrheit der Hermetischen Kunst aufgezeichnet werde, ohne sie vor der unwürdigen Masse zu entweihen. Pernety widmete dieser genialen These sogar ein ganzes – ernstgemeintes – Buch: *Les Fables Égyptiennes et Grecques Dévilées et Reduites au même Principe.*

Eine Reihe von Zeichnungen illustrieren das Ödipusthema in der Einführung zu Petrus Bonus *Margarita Pretiosa*. Auf dem ersten Bild sitzt der König, oder das Gold, auf dem Thron. Sein Sohn (Silber) und seine Diener (die anderen niedrigen Metalle) knien vor ihm und flehen ihn an, ihnen ein wenig von seiner Kraft zu geben – mit anderen Worten: Sie bitten um Teilhabe an seiner Vollkommenheit. Der König gibt sich nicht einmal die

Mühe zu antworten. Durch diese Anmaßung in Wut versetzt, ersticht der Sohn den Vater. In Klammern gibt uns der Verfasser Hinweise auf die geheime chemische Bedeutung dieser Tat: »Laß ein Amalgam mit äußerst gründlich gereinigtem Wasser machen, etc.« Der Sohn will den Vater in einen Sarg legen, gerät jedoch, wie der Text sagt, unabsichtlich mit hinein. Ihrer beider Fleisch verwest, bis nur noch die nackten Knochen übrig sind. Engel erscheinen auf der Szene und stellen den König in einer neuen, mächtigen und schönen Gestalt wieder her, und zwar in Form des Steins. Nun ist er fähig, der Bitte seines Sohnes und der Diener nachzukommen. Der Hinweis des Verfassers liefert die chemische Interpretation dieses Vatermords. Auf einer anderen Ebene veranschaulicht die Geschichte einmal mehr die alchemistische Überzeugung, daß alles Stoffliche im Grunde genommen eins ist und daß es nur durch Tod und Wiedergeburt Vollkommenheit erlangen kann.

Die Alchemisten benutzten das uralte Symbol des »Uroboros« oder der schwanzverschlingenden Schlange, um diesen Punkt zu verdeutlichen. Die Schlange hat keinen Anfang und kein Ende; sie verschlingt und erneuert sich selbst. Leben und Tod, Schöpfung und Untergang sind ein unendlicher kreisförmiger Prozeß; aus dem einen entsteht das andere. Die griechische Weisheit εν το παν, das »Alles im Einen« oder »das Eine in Allem« ist häufig in oder neben die Uroboros-Darstellung geschrieben. Dieser Grundsatz wurde zu *dem* alchemistischen Motto schlechthin.

Die Alchemisten waren nicht die einzigen, die den Reichtum des Schlangensymbols zu schätzen wußten, vor allem seine Ambivalenz. Denn einerseits stehen Schlangen für das Göttliche und Geistige, andererseits für das Stoffliche und Böse. Die Gestalt der Schlange und ihre Verbindung zu Erde und Wasser in Zusammenhang mit der Tatsache, daß sie sich jährlich häutet, ließen dieses Tier als geeignetes Symbol für Geburt und Zeugung erscheinen. Bis zum heutigen Tag lassen in Indien Frauen, die sich Kinder wünschen, eine Spange geschmückt mit der Figur oder in Form einer Schlange anfertigen. Die Spange wird dann eine Zeit-

Der Uroboros (*Atalanta Fugiens*, 1617).

lang in Wasser getaucht – danach soll die Frau angeblich empfangen.

Im Laufe der Zeit wurde die Schlange zu einem Zeichen sowohl für die geistige als auch für die physische Geburt. Sie war ein verbreitetes Symbol in den griechischen Mysterienreligionen. Pythia, die Prophetin Apollos, wird auf einem Dreifuß sitzend mit einer Schlange auf dem Schoß dargestellt. Die Schlange symbolisierte den göttlichen Geist im Zentrum der Erde, von dem man glaubte, er erhebe sich und spreche durch Pythia in ihrer ekstatischen Trance. Clemens von Alexandria (um 200 n. Chr.) erzählt uns, daß die Heiden zu seiner Zeit die Schlange als ein Symbol der Einheit von Gott und Mensch betrachteten. Um in den Menschen hineinzugelangen, nahm Gott die Gestalt einer Schlange an. Zur symbolischen Darstellung dieser Vereinigung legte man dem Initiierten eine Schlange auf die Brust. Porphyrius berichtet, daß nach dem Tod des neuplatonischen Philosophen Plotin eine Schlange unter seinem Bett hervorgekrochen und durch ein Loch in der Wand verschwunden sei. Dieselbe Idee trifft man in der indischen Mythologie an. Als Krischnas Bruder Balarama starb, kroch eine Schlange aus seinem Mund und verschwand in einem See. In beiden Fällen repräsentierte die Schlange den Geist des Toten. Der guineische Schriftsteller Camara Laye assoziierte die kleine schwarze Schlange, die regelmäßig die Werkstatt seines Vaters aufsuchte, mit dem Geist seines Stammes. Es gab eine Reihe von gnostischen Schlangenanbetern, die die Genesis radikal uminterpretierten. Nach ihrer Überzeugung war die Schlange göttlich, weil sie die Menschen mit dem Wissen um Gut und Böse beschenken und ihnen ewiges Leben verleihen wollte, während Gott die Nemesis war, die den Menschen im Zustand der Erdgebundenheit und Unwissenheit halten wollte.

In der Genesis beraubt Gott die Schlange zur Strafe der Beine: »Auf deinem Bauch sollst du kriechen und Staub fressen alle Tage deines Lebens« (3, 14). In Wirklichkeit ist diese Geschichte natürlich *ex post facto* entstanden, das heißt, die Schlange wurde zu einem Symbol für das Böse, *weil* sie auf dem Boden kroch und in das Wasser hinein- und wieder herausglitt. In dieser Hinsicht war die Schlange die Antipodin des Adlers. Schlangen standen für Erde, Stofflichkeit, Dunkelheit und Tod, während der König der Vögel die Luft, den Himmel, das Licht und den Geist repräsentierte. Der Kampf zwischen Adler und Schlange ist ein Lieblingsmotiv zum Beispiel der indischen Mythologie und Kunst. Auch die Christen identifizierten Christus mit dem Adler und den Teufel mit einer Schlange.

Die Alchemisten bedienten sich beider Spielarten dieses Symbols, der hellen wie der dunklen. Schlangen (oder Kröten oder Drachen, die dieselben Assoziationen hervorrufen) stehen für das Niedrig-Stoffliche, das es zu »töten« gilt. Sie sind »giftig« und »böse«, tragen jedoch zugleich den Stein in sich. Aufgabe des Alchemisten ist es, den kostbaren Stein zu orten und ans Licht zu befördern. Zosimos rät den Alchemisten, die Schlange in Stücke zu schneiden und die einzelnen Scheiben wie Steine zu benützen, über die man dem ersehnten Schatz entgegenschreitet. Eine noch schockierendere Darstellung dieser Idee findet sich auf einem Emblem in Majers *Atalanta Fugiens:* Ein gutgekleideter Höfling mit einer gesprenkelten Kröte in der Hand nähert sich auf einer verlassenen Straße einer eleganten Dame. Plötzlich preßt der Höfling der Frau die Kröte an die Brust. Mit deutlich erkennbarem Ekel sieht sie zu, wie die Kröte zu trinken anfängt. Das Epigramm, das Majer als Kommentar zu dieser Szene schrieb, erklärt die Szene in gewisser Weise:

> Lege eine kalte Kröte an die Brust einer Frau,
> So daß sie wie ein Säugling die milchigen Züge trinken
> mag;
> Und laß sie groß werden und angeschwollen,
> Und laß die Frau, jetzt krank, ihr Leben aufgeben.
> Daraus wirst du für dich eine edle Droge machen,
> Die Gift aus dem Herzen des Menschen vertreibt
> Und die Zerstörung lindern wird.

Die Kröte, so Majer, ist eigentlich der Sohn der Frau, was uns zu der grundlegenden alchemistischen Wahrheit zurückführt, daß alles eins und eins alles ist. Aus dem Tod ersteht das Leben, und aus Gift und Übel können wir vielleicht den größten irdischen Schatz gewinnen, nämlich den Stein der Weisen.

Die Alchemisten glaubten, daß ihnen in der Abgeschiedenheit ihres Laboratoriums alle Elemente der Schöpfung abrufbereit zur Verfügung stünden. Sie träumten davon, die Fäden des Universums in die Hand zu bekommen und die Natur zu manipulieren. Für sie bildeten Wissenschaft und Religion noch eine Einheit, und sie verdichteten die Entdeckungen, die sie in ihren Laboratorien machten, zu bizarren Symbolen, um Verstand und Gefühl gleichermaßen anzusprechen. Ihr Weltbild ist nicht das unsere. Mit unseren Maßstäben gemessen, waren die Alchemisten in erster Linie Träumer. Aber selbst ein so großer Chemiker wie August Kekulé sagte einmal zu einigen seiner Kollegen: »Lernen wir träumen, meine Herren, darin finden wir vielleicht die Wahrheit.« Als er eines friedlichen Abends im Jahre 1865 vor seinem Kamin in Gent saß und vor sich hindöste, wurde er plötzlich durch die Vision eines Uroboros aufgeschreckt. Sofort war er hellwach und erkannte plötzlich, was er auf wissenschaftlich-experimentellem Weg nicht hatte herausbekommen können: die Struktur des Benzolrings.

Träume lassen einen Teil der Wahrheit erkennen – die Alchemisten haben das gewußt, und die Tiefenpsychologen haben diese Einsicht auch den Menschen von heute (wieder) nahegebracht.

Transmutation –
das psychische Drama
der Selbstfindung

»Ungefähr in meinem fünften Jahr«, schreibt Benvenuto Cellini in seiner Autobiographie, »befand sich mein Vater in einem kleinen Gewölbe unsers Hauses, wo man gewaschen hatte und wo ein gutes Feuer von eichnen Kohlen übriggeblieben war; er hatte eine Geige in der Hand, sang und spielte um das Feuer; denn es war sehr kalt. Zufälligerweise erblickte er mitten in der stärksten Glut ein Tierchen, wie eine Eidechse, das sich in diesen lebhaften Flammen ergötzte. Er merkte gleich, was es war, ließ mich und meine Schwester rufen, zeigte uns Kindern das Tier und gab mir eine tüchtige Ohrfeige. Als ich darüber heftig zu weinen anfing, suchte er mich aufs freundlichste zu besänftigen und sagte: ›Lieber Sohn! Ich schlage dich nicht, weil du etwas Übles begangen hast, vielmehr daß du dich dieser Eidechse erinnerst, die du im Feuer siehst. Das ist ein Salamander, wie man, soviel ich weiß, noch keinen gesehen hat.‹ Er küßte mich darauf und gab mir einige Pfennige.«

Die Alchemisten sahen auch, ohne geknufft, geküßt oder beschenkt zu werden, in ihren Feuern Salamander. Außerdem nahmen alle möglichen anderen Arten von Leben vor ihren Augen im Feuer Gestalt an, und ihre Visionen sind Material endloser psychologischer Spekulationen geworden. »Was er [der Alchemist] in der Materie sieht oder zu sehen glaubt«, meinte C. G. Jung, »sind in erster Linie die Daten seines eigenen Unbewußten, welche er in sie hineinprojiziert.« Jung glaubte, solche Projektionen träten notwendig auf, wenn die Menschen mit dem

Unbewußten kämpften; aber er deutete an, daß diese unbewußten Übertragungen ihre Plausibilität verlieren, wenn das Licht wissenschaftlichen Verstehens erst mal begonnen hat, die Geheimnisse zu durchleuchten.

Jung entdeckte das psychische Wesen der Alchemie aufgrund der Phantasien, die seine Patienten in ihren Traumberichten beschrieben. Ihn frappierte die bemerkenswerte Ähnlichkeit dieser Traumbilder mit dem alchemistischen Symbolismus, mit Mythologie, antiken Mysterienreligionen, Folklore und Märchen, die auch dann vorhanden war, wenn die Patienten keine ausdrückliche Kenntnis dieser Inhalte besaßen. Das veranlaßte Jung dazu, die Existenz eines »kollektiven Unbewußten« zu postulieren, eines Residuums für bestimmte »Urbilder« oder Archetypen, die jedem Individuum eingeboren sind:

[Es] muß erwähnt werden, daß, wie der menschliche Körper über alle Rassenunterschiede hinaus eine gemeinsame Anatomie aufweist, auch die Psyche jenseits aller Kultur- und Bewußtseinsunterschiede ein gemeinsames Substrat besitzt, das ich als das *kollektive Unbewußte* bezeichnet habe. Diese unbewußte Psyche, die aller Menschheit gemeinsam ist, besteht nicht etwa aus bewußtseinsfähigen Inhalten, sondern aus latenten Dispositionen zu gewissen identischen Reaktionen. Die Tatsache des kollektiven Unbewußten ist einfach der psychische Ausdruck der Identität der Gehirnstruktur jenseits aller Rassenunterschiede. Daraus erklärt sich die Analogie, ja sogar Identität der Mythenmotive und der Symbole und der menschlichen Verständnismöglichkeit überhaupt. Die verschiedenen seelischen Entwicklungslinien gehen von einem gemeinsamen Grundstock aus, dessen Wurzeln in alle Vergangenheiten hinunterreichen. Hier liegt sogar der seelische Parallelismus mit dem Tier.

Jungs »kollektives Unbewußtes« mag so nebulös erscheinen wie Platons Reich der Ideen – ein Vergleich, den Jung selbst anstellt –, aber neuere Forschungen über animalisches Verhalten und die Struktur und Funktion von menschlichem und tierischem Gehirn unterstützen Jungs Vermutung. Es ist immer deutlicher geworden, daß der menschliche Geist keine Tabula rasa ist, zumindest nicht, was seine Strukturen angeht, die zum großen Teil mit verantwortlich sind dafür, wie die Erfahrungsdaten verarbeitet werden. So existiert zum Beispiel auch im Menschenkind eine Art Instinkt, der es »richtig« auf die Brust reagieren und sich auf eine bestimmte Weise verhalten läßt.

Ererbtes Verhalten läßt sich bei Tieren leichter »lokalisieren« als beim Menschen. Eines der spektakulärsten Beispiele ist die dem Küken angeborene Angst vor dem Habicht. Ein kleines Huhn, das diesen Vogel noch nie gesehen hat, wird sich blitzschnell in einen Unterschlupf flüchten, sobald ein Habicht oder sogar nur das Modell eines Habichts über seinen Kopf dahingleitet – was es jedoch keineswegs tut, wenn eine Ente, Taube, ein Reiher oder eine Möwe vorüberfliegt. Diese Art von unmittelbarer Reaktion hat man einem »angeborenen Auslöser-Mechanismus« im Nervensystem zugeschrieben, der das Küken auf unerklärliche Weise in die Lage versetzt, sich wie ein alter Profi in einer Situation zu verhalten, die es noch nie erlebt hat. Frisch ausgebrütete Seeschildkröten reagieren entsprechend demselben Mechanismus, wenn sie sich aus den zerbrochenen Schalen direkt ins Meer stürzen.

Menschliches Verhalten, das biologisch angeboren und nicht sozial bedingt ist, zu identifizieren, stellt vor größere experimentelle Probleme, weil wir vom Tag unserer Geburt an in einem System ausgeklügelter elterlicher Anleitung leben und über einen langen Zeitraum hinweg in einem komplizierten Labyrinth sozialer Regeln aufwachsen. Zur Zeit werden auf diesem Gebiet vielversprechende Untersuchungen angestellt. Aber es gilt, noch vieles dazuzulernen, bevor wir Gewißheit über die »Habichte« in unserer eigenen Psyche haben, die uns dazu bringen, auf eine vorhersagbare Weise zu reagieren.

Jung war der Überzeugung, er habe einige dieser »Habichte«

in den von ihm beschriebenen archetypischen Bildern dingfest gemacht. Seine provokanten Einsichten in die Struktur der Psyche müssen noch wissenschaftlich erhärtet werden, aber ein Faktor, der ihm das notwendige Vertrauen gab, seine Entdeckungen zu publizieren, waren seine Untersuchungen über Alchemie.

Im Jahre 1928 schickte der deutsche Sinologe Richard Wilhelm Jung einen chinesischen alchemistischen Text mit dem Titel *Das Geheimnis der Goldenen Blüte*. Das Werk gelangte zu einer für Jung kritischen Zeit in seine Hände. Fünfzehn Jahre lang hatte er die Struktur des Unbewußten studiert, aber seine Ergebnisse erschienen ihm nicht schlüssig und zu weit jenseits der Grenzen des akzeptierten medizinischen und psychiatrischen Wissens. Der chinesische Text half ihm aus seiner Sackgasse heraus, da er Beweismaterial aus einer völlig anderen Epoche und Kultur lieferte, das Jungs eigene Entdeckungen zu erhärten schien. Jung war der Überzeugung, mit der Alchemie auf einen reichen Fundus für Aufdeckung und Klärung von Archetypen im Unbewußten gestoßen zu sein. Viele Jahre später schrieb er: »Wegen ihres primitiven Projektionscharakters ist uns daher die für den Chemiker so sterile Alchemie eine wahre Fundgrube von Materialien, welche ein überaus lehrreiches Bild der Struktur des Unbewußten entwerfen.«

Jung nahm die spirituellen Alchemisten beim Wort. Er stimmte mit ihnen darin überein, daß das Ziel der Alchemie nicht die Transmutation im wörtlichen Sinn sei, sondern die geistige Erneuerung des Individuums. Aber er beschreibt diese Erneuerung mit gänzlich anderen Begriffen, und zwar als »den Prozeß der Individuation«. »Die ... Problematik des Werdeprozesses der Persönlichkeit, des sogenannten Individuationsprozesses ist es, die sich in der alchemistischen Symbolik ausdrückt.« Was Jung mit »Individuation« meint, ist die Entwicklung, die jedes Individuum durchlaufen muß, um den Zustand der »Ganzheit« zu erreichen, wo die nicht ausgelebten Aspekte seiner Persönlichkeit ins »Selbst« integriert sind. Jungs »Selbst« ist das seelische Bild, das die gute und die böse Seite der menschlichen Natur verkörpert, das Licht und die Dunkelheit, den Teufel und Christus, das Männliche und das Weibliche und all die anderen grundlegenden Gegensatzpaare und Konflikte, die geeignet sind, den Geist des Menschen zu zerreißen. Normalerweise werden diese Widersprüche gewaltsam unterdrückt. Jung glaubte, die Alchemisten projizierten den Vorgang der seelischen Integration in ihr Material und beschrieben folglich ein zutiefst psychisches Drama in der Begriffssprache der Chemie. Das »schwarze« Stadium in der Alchemie repräsentierte den ersten Akt des Dramas, in dem es der Alchemist wagte, sich der dunklen Seite seiner eigenen Natur zu stellen. Das alchemistische Ziel der Erschaffung des philosophischen Steins stand für das Ende des Prozesses – die vollendete Selbstfindung:

»Die alchemistische Bemühung, die Gegensätze zu einigen, gipfelt in der ›Chymischen Hochzeit‹ als dem das Werk vollendenden supremen Einigungsakt. Nachdem die Feindschaft der vier Elemente überwunden ist, besteht noch immer der letzte und stärkste Gegensatz, den die Alchemisten nicht treffender als durch die wechselseitige Beziehung von männlich und weiblich ausdrücken konnten.«

Aus Jungs Sicht ist der Stein der Weisen ein passendes Bild für das »Selbst«. Er ist eine aus Gegensätzen gebildete Einheit, weshalb er auch so häufig als Hermaphrodit oder Rebis beschrieben worden ist. Der Stein vereinigt in sich Materie und Geist, Seele und Körper. Er ist, wie uns die Alchemisten ständig ins Gedächtnis rufen, »das Eine in Allem« und das »Alles in Einem«.

Die Alchemisten waren nicht die einzigen, die das Bild des Steins als Symbol für die von ihnen angestrebte Vollkommenheit nahmen. Aufgrund ihrer ureigenen Struktur haben Steine die mit den Göttern assoziierten Qualitäten der Dauer und Unzerstörbarkeit. Mithra wurde aus einem Stein geboren. Die Ureinwohner Australiens glauben, die länglichen Steine, die sie »Churingas« nennen und als Kultinstrumente benutzen, beherbergen die Seelen von Totem-Vorfahren und verfügen über die übernatürliche Kraft, das Wachstum der Saat zu beschleunigen, die Fruchtbarkeit von Mensch und Tier zu erhöhen, Wunden zu heilen und Krankheiten zu kurieren. Die Chinesen glaubten, Jade besitze die Fähigkeit, einen Leichnam vor der Verwesung zu schützen; sie kleideten ihre Toten in Jade oder legten Jade in die Gräber.

Eines der Ziele chinesischer Alchemisten war es, den »Diamantenkörper« zu gewinnen. Es könnte kein besseres Symbol für die physische Unsterblichkeit geben als den Diamanten, der hart, transparent und strahlend zugleich ist. Schamanen beschreiben häufig, daß im Verlauf ihrer Initiationsträume Kristalle in ihren Kopf oder Körper eingeführt werden. Diese Steine stammen aus der kristallinischen Himmelswölbung und verleihen dem Schamanen seine einzigartige Fähigkeit, die Zukunft vorherzusagen. Die Alchemisten schrieben ihrem Stein dieselben übernatürlichen Kräfte zu. Er war so etwas wie Aladins Wunderlampe: Eine Berührung, ein Reiben, ein Schmecken – und alle nur denkbaren Phantasien wurden erfüllt. Elias Ashmole versicherte seinen Lesern, es gebe nicht nur einen Stein, sondern deren mehrere. Der »mineralische« Stein würde allen finanziellen Sorgen ein Ende bereiten und unedle Metalle in Gold verwandeln, Feuersteine in Edelsteine. Der »vegetabilische« Stein läßt Pflanzen, Blumen und Bäume auf eine wunderbare Weise wachsen. Der »magische oder hellseherische« Stein befähigt seinen Besitzer, vermißte Personen zu entdecken und sich der Gabe eines Franz von Assisi, der Beherrschung der Tiersprachen, zu erfreuen. Der letzte Stein aus Ashmoles Liste, der »angelische« Stein, gestattet es den Alchemisten, ohne Nahrung zu leben und mit den Engeln zu reden. Moses, Salomo und Hermes Trismegistos konnten als einzige mit diesem Stein umgehen; mit ihm »wirkten sie – verständlicherweise – Wunder«.

Während die Alchemisten die Reaktionen in ihren Gefäßen beobachteten, sahen sie, wie weiter oben bereits erwähnt, oft die Stämme und Äste von Bäumen erscheinen und wachsen. Jung betrachtet das Bild des Baumes als ein weiteres Symbol für das »Selbst«. Wie Steine erwecken Bäume den Eindruck von Solidität und Dauer. Da sie in jedem Herbst ihre Blätter verlieren und im

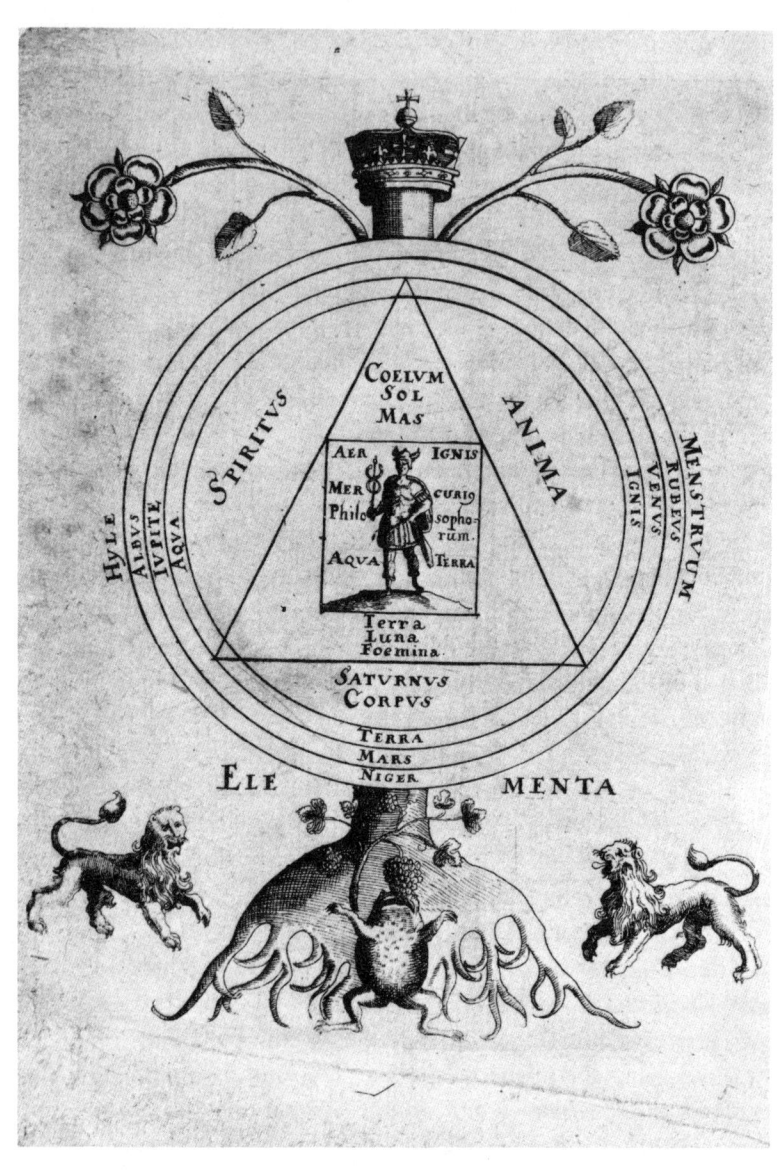

Der alchemistische Baum: Symbole der Transmutation (*Mercurius Redivivus*, 1630).

Frühling wieder knospen, symbolisieren sie das kosmische Drama von Tod und Wiedergeburt. Bäume bieten Nahrung und Schutz. Mit ihren fest im Erdreich verankerten Wurzeln und ihren zum Himmel emporragenden Ästen bilden sie eine Brücke zwischen beiden Bereichen und bieten sich den Menschen als Pfad zu den Göttern an – oder, um es in Jungscher Terminologie zu sagen, als Pfad vom Unbewußten zum Bewußten.

Die Angst, mit der viele Alchemisten an die Arbeit gingen, wird aus Jungs Sicht verständlicher; wenn nämlich ihre Prozeduren sowohl auf psychische als auch auf chemische Integration abzielten. Sehr reale physische Gefahren erwarteten den Alchemisten, der mit Chemikalien herumhantierte, deren Eigenschaften er oft nur unzureichend kannte. »Wegen des Feuers und der schwefligen Ausdünstungen, welche es mit sich bringt«, warnt John Dee, »ist das Opus höchst gefährlich.« *(Theatrum Chemicum Britannicum)* Viele Alchemisten merkten das zu spät. Der deutsche Adept Rudolf Glauber rieb seinen kahlen Kopf mit einer seiner Tinkturen ein und war hocherfreut festzustellen, daß er »anfing, mit schwarzen, gekräuselten Haaren bedeckt zu sein, wovon ich sehr überzeugt bin, daß, hätte ich mehr von der gleichen Tinktur gehabt, sie mich gänzlich erneuert haben würde«. Unglücklicherweise waren Glaubers Tinkturen überwiegend aus Quecksilber, Antimon und Arsen zusammengebraut, und, weit davon entfernt, ihn zu heilen, beeinträchtigten sie im Laufe der Jahre ernstlich seine Gesundheit.

Jung glaubt nicht, daß die physischen Risiken für sich genommen ausreichend seien, um die geradezu hysterischen Warnungen zu erklären, die Alchemisten immer wieder vor den Gefahren ihrer Arbeit erteilten. »Oh, wie viele verstehen nicht die Aussprüche der Weisen«, klagt der Verfasser der *Aurora Consurgens,* »diese sind aufgrund ihrer Narrheit zugrunde gegangen; denn ihnen fehlte es an geistigem Verstehen.« Die Alchemisten waren sich ihrer Grenzen, die sie immer wieder zur willfährigen Beute gefährlicher und böser Kräfte machte, durchaus bewußt. »Derjenige, welcher sich oft heimlich mit chemischen Operationen zu schaffen macht, möge er darauf achten, die Täuschungen des Teufels zu erkennen und sich vor ihnen in acht zu nehmen«, warnte der holländische Alchemist Hoghelande, der selbst bei einem seiner Experimente vom Teufel betrogen worden war. *(Theatrum Chemicum)* »Dieser Stein hat seinen Ursprung an einem erhabenen, glorreichen Ort von großem Schrecken«, schrieb ein anderer Alchemist, »welcher viele Weise dem Tod ausgeliefert hat.« *(Theatrum Chemicum)*

Durch ihre Arbeit in der Einsamkeit der Berge waren die chinesischen Alchemisten besonders empfänglich für Anfälle von Panik und Hilflosigkeit. Sie hatten ein ungeheures Bedürfnis nach Schutz vor übelwollenden Berggöttern, Waldgeistern, wilden Tieren, giftigen Schlangen, schädlichen Insekten, umstürzenden Bäumen, Blitz, Donner und einer Unmenge anderer potentieller Gefahren. Sie praktizierten eine verwirrende Anzahl von Abwehrtechniken, um diese Risiken zu vermeiden oder wenigstens zu vermindern. Sie gingen nur an bestimmten günstigen Tagen in die Berge nach einer Vorbereitungszeit der Reinigung und des Fastens. Sehr oft tanzten sie eine bestimmte Schrittfolge, bekannt als »der Schritt des Yü«. Sie befestigten Spiegel auf ihrem Rücken, um böse Geister fernzuhalten. Sie trugen Talismane, Siegel, Amulette, befestigten Reliquien an ihren Behausungen und atmeten auf eine magisch wirksame Weise. Um sich vor giftigen Schlangenbissen zu schützen, räucherten sie ihren Körper in verbranntem Büffel-, Widder- oder Hirschhorn, schoben Moschuspillen unter ihre Zehennägel und Hahnenkämme in den Gürtel. Als äußerstes Mittel trugen sie Bündel eines besonderen Grases mit sich herum, um sich unsichtbar zu machen. Ko Hung widmete der detaillierten Beschreibung dieser Vorsichtsmaßnahmen ein ganzes Kapitel und fügte Diagramme von achtzehn alchemistischen Talismanen hinzu, die Schutz vor bestimmten Übeln gewährten.

Jung behauptet, man dürfe diese Ängste nicht wörtlich nehmen, sondern müsse sie als Beschreibung der seelischen Gefahren auf den Weg der Individuation verstehen. »Der Ort des gro-

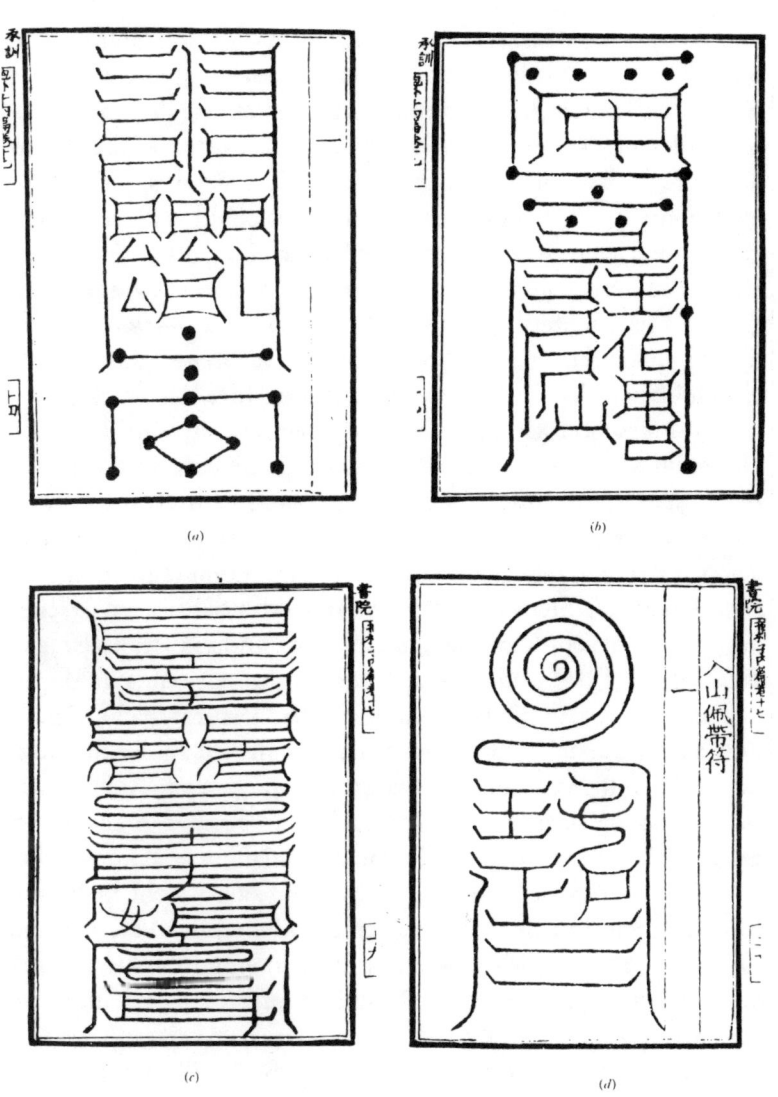

Chinesische alchemistische Talismane.

ßen Schreckens« ist seiner Meinung nach das Unbewußte. Dies sei die *prima materia*, woran die Alchemisten arbeiteten. In der Abgeschiedenheit ihrer Laboratorien erlebten sie die unerwarteten und schreckenerregenden Emotionen, die den Einbruch unbewußter Inhalte ins Bewußtsein begleiten. Wenn sie, wie Zosimos, Glück hatten, konnten sie ihre Einsichten verarbeiten und aus ihnen lernen; wenn nicht, wurden sie einer aus der »unendlichen Zahl derer, die in ihr Unglück gestürzt sind«, wie Aegidius de Vadis es nüchtern ausdrückt. *(Theatrum Chemicum)*

Jung interpretiert das in der Alchemie verbreitete Inzestmotiv einschließlich der ihm zugrundeliegenden Idee der Rückkehr in den Mutterschoß als Überwältigung des Bewußtseins durch das Unbewußte. Gabricius, das dominierende Bewußtsein, wird von Beya, dem Unbewußten, verschlungen und verharrt im Zustand dieses Überwältigt-Seins, bis er einen Weg findet, mit der dunklen Seite seiner eigenen Natur zurechtzukommen; an diesem Punkt tritt der Stein der Weisen oder »das Selbst« in Erscheinung. Die psychologische Aufgabe der Individuation ist eine Prüfung, und das unbestimmte Wissen der Alchemisten darum ließ sie ihre Arbeit als eine schmerzliche, torturenreiche Operation beschreiben. Wie alle Menschen, die in sich zerrissen und in ihrer Umwelt Fremde sind, waren die spirituellen Alchemisten auf der Suche nach einem Kompaß, der sie zu den Inseln der Seligen führen würde. Und manche gelangten auch wirklich dorthin: »Wir waren für eine lange Zeit eingetaucht in Erstarrung und Stumpfheit und unter einem Mantel der Verzweiflung verborgen, aber als wir wieder zu uns kamen und unser Denken mit der Marter grenzenloser Reflexion quälten, da schauten wir die Substanz.«

Nicht jeder Alchemist war sich wie Petrus Bonus des psychischen Wesens seiner Arbeit bewußt. Oftmals redeten sie so, als sei das Problem, mit dem sie sich herumschlugen, der trübe Sud in ihren Gefäßen und nicht der psychische Cocktail in Gefühl und Verstand. Diese Verwirrung zeigt nach Jungs Auffassung die außerordentliche Macht ihrer Projektionen. Jung interpretiert die Passage, worin Zosimos uns mahnt, einen Tempel aus nur einem Stein zu erbauen, als eben eine solche Projektion. Der Tempel steht für den Kopf oder das bewußte Denken, und der Drache ist das Unbewußte, das geopfert und umgeformt werden muß, bevor es im Bewußtsein Aufnahme finden kann.

Jung war derart fasziniert von den psychologischen Implikationen seiner Studien, daß er den Laboratoriums-Aspekt der Alchemie darüber fast vergaß. Viele Alchemisten waren nun einmal »nur« oder zumindest in erster Linie daran interessiert, Gold zu machen oder Medizinen zusammenzubrauen, die ihnen Unsterblichkeit verleihen würden. Bei diesem Versuch entdeckten sie chemische Vorgänge und Substanzen, die für verschiedene Künste, Handwerke und Manufakturtechniken von großem Nutzen waren. Und so liefert die Alchemie auch ein reiches Quellenmaterial für die systematische Darstellung der historischen Entwicklung dieser Entdeckungen und für das Aufspüren ihres Einflusses auf die Kultur. Die Chemie entwickelte sich langsam aus den Experimenten und (vor allem) den Fehlern der Alchemisten.

Jungs Kenntnis der alchemistischen Literatur war eindrucksvoll, aber seine Methode ahistorisch. Er neigte dazu, in der Alchemie eine ewige Philosophie zu sehen, die von Land zu Land und von Epoche zu Epoche sich gleich blieb. So erläutert er zum Beispiel ein Problem, indem er in einem einzigen Abschnitt den hellenistischen Alchemisten Zosimos, den mittelalterlichen Petrus Bonus und Sendivogius aus dem 17. Jahrhundert zitiert. Gewiß beschäftigt sich die Alchemie mit überzeitlichen menschlichen Fragen, mit Leben, Tod, Gesundheit und Wohlstand, aber trotzdem waren griechische, ägyptische, chinesische und mitteleuropäische Alchemie nicht identisch. Die von Jung beschriebenen Einstellungen sind am ehesten charakteristisch für die hellenistische sowie die europäische und die chinesische Alchemie in ihrer späteren, stärker mystischen Phase. Sowohl die Alchemie des Hellenismus als auch jene der Renaissance hatten ihre größte Wirkungsbreite in Zeiten religiösen und sozialen Umbruchs, und in beiden Fällen nutzte die Alchemie die entstandene religiöse und gesellschaftliche Orientierungslosigkeit. A. J. Festugière hat eine brillante Darstellung des Rückzugs aus dem abgewirtschafteten Rationalismus in den Okkultismus gegeben; diese Entwicklung begann im 2. Jahrhundert v. Chr. und setzte sich während der ganzen Blütezeit der hellenistischen Alchemie fort.

Ein ähnlicher Rückzug – aus dem Rationalismus der Scholastik – vollzog sich in der Renaissance, als das Ideal der einen alleinseligmachenden Kirche angesichts der Wirklichkeit unzähliger konkurrierender Sekten zerbröckelte. In der Renaissance, jener Periode, da das Individuum erstmals zu sich selbst gefunden hat, mußte der einzelne sich angesichts der Auflösung bis dato festgefügter sozialer und religiöser Strukturen mehr auf sich selbst und sein Urteil verlassen als zu irgendeiner Zeit vorher. Diese Verschiebung der Werte zeigt sich bei den Alchemisten in dem subjektiveren Charakter ihrer Schriften, so wie sie bei den Künstlern und Schriftstellern in dem persönlicheren Stil ihrer Arbeiten sichtbar wird.

Was immer man über Jungs Theorie im Detail denken mag, auf jeden Fall hat er einen neuen und fruchtbaren Zugang zur Alchemie eröffnet, indem er ihre geistigen und religiösen Aspekte hervorhob, die von den meisten Historikern bis dahin übersehen oder abgelehnt worden waren. Auf der Basis von Jungs Arbeit ist die gespannte Beziehung, die im Westen zwischen Alchemie und kirchlicher Lehre bestand, leichter zu verstehen. Westliche Alchemisten verinnerlichten die Geheimnisse ihres Glaubens und gelangten zu dem Schluß, daß der Teufel und Christus in ihnen selbst »begraben« seien. Die Häresie, der sie am leichtesten anheimfielen, war die für die Kirche unverzeihliche Anmaßung, die Erlösung liege in ihren eigenen Händen – ein (Trug-?)Schluß, den auch viele Menschen heute angesichts der Welt in Gegenwart und Vergangenheit ziehen. »Tilge die schreckliche Dunkelheit aus unserer Seele«, schrieb der Verfasser der *Aurora Consurgens*. »Die Alchemie kann uns nicht mehr helfen, den Weg aus dem Dunkel ins Licht zu finden, wir müssen nach anderen Mitteln und Wegen Ausschau halten, um Klarheit zu gewinnen.«

Chinesische Alchemie oder
Das ewige Leben kann man essen

In China galt die Suche der Alchemisten in erster Linie dem ewigen Leben. Zwar glaubten sie, wie ihre westlichen Kollegen, an die Möglichkeit, unedles Metall in Gold zu verwandeln, aber es war nicht das Gold selbst, das sie erstrebten; Gold war nur deshalb wichtig, weil sie dachten, es sei Bestandteil des Elixiers der Unsterblichkeit. Ko Hung – er lebte etwa 283–343 n. Chr. –, der größte chinesische Alchemist überhaupt, lernte die folgende wichtige Lektion von seinem Lehrer:

Ich befragte einst meinen Lehrer und sagte: »Lao-tzu rät uns, keine Dinge zu preisen, die schwer zu bekommen sind, und sagt weiter, in einer wohlgeordneten Gemeinschaft würde man alles Gold irgendwo in den Bergen fortwerfen und alle Jade in der Wildnis verstreuen. Warum war dann den Alten Gold und Silber teuer, und warum hinterließen sie uns Berichte über ihre Herstellung?« Darauf erwiderte er: »Was Lao-tzu im Sinn hatte, waren die unerträglichen Mühen von Menschen, die Sand sieben, Felsen spalten, Berge umstürzen, Meeresbuchten trockenlegen und weiß der Himmel, wohin gehen, um ihr Leben durch Verschüttetwerden oder Ertrinken zu riskieren – alles auf der Suche nach Gemmen und Juwelen. Dies ist es, was die Leute daran hindert, ihre Zeit sinnvoll zu nutzen. Es bedeutet, nicht zu wissen, wo man mit der Suche sinnlosen Tands aufhören sollte. Wenn jemand den Wunsch hegt, das Tao ernstzunehmen, und nach dem Leben der Unsterblichkeit strebt und sich dennoch mit Geschäftsangelegenheiten zu schaffen macht, so zeigt er seinen Mangel an Glauben und Demut. In tiefe und verlockende Gefahren geschleudert, wird er sich ungerechte Vorteile verschaffen, um einen Gewinn zu machen; sorglos mit seinem Leben, wird er niemals die Zucht aufbringen, seine Begehrlichkeit zu verringern. Wenn jedoch ein Adept Gold [durch Transmutation] macht, tut er es nicht, um reich zu werden, sondern um es einzunehmen und die Segnungen heiliger Unsterblicher zu gewinnen. Das ist der Grund, weshalb die Handbücher behaupten, man könne Gold machen, und der Mensch könne der Erlösung teilhaftig werden. Silber kann man ebenfalls einnehmen, aber die Wirkung gleicht nicht der des Goldes.«

Die chinesischen Alchemisten aßen denn auch ständig Dinge, die versprachen, Unsterblichkeit zu verleihen. Experimenten standen sie so offen gegenüber wie die westlichen Alchemisten, und einige der Substanzen, die sie ausprobierten, zeitigten ganz unbeabsichtigte Wirkungen: Ein Alchemist nahm zwanzig Jahre lang Zinn ein, »woraufhin seine Fußsohlen haarig wurden, und er fünfhundert Meilen am Tag gehen konnte«, weiß Ko Hung zu berichten. Was immer chinesische Alchemisten sich einverleibten, ihr Ziel war es, sich – buchstäblich – das ewige Leben einzuflößen. Die Unsterblichkeit, die sie erstrebten, gehörte nicht einem jenseitigen geistigen Reich an wie im Fall der westlichen Alchemisten, sondern der Erde oder einem der Erde vergleichbaren – aber besseren – Himmel. Die Chinesen haben diese Welt niemals als eine vergängliche Durchgangs- und Teststation für ein nächstes Leben betrachtet, wozu der westliche Mensch, durch Jahrhunderte christlicher Indoktrination entsprechend prädisponiert, neigte. Nach ihrer Überzeugung war die Welt ungeschaffen und unzerstörbar, und jeder, der seine alchemistischen Karten richtig ausspielte, konnte das Unsterblichkeits-Elixier schlucken und in alle Ewigkeit das tun, was er schon immer gern getan hätte. »Von meinem Lehrer habe ich erfahren«, sagt

Ko Hung, »daß einige Genien zum Himmel emporsteigen und andere hier auf der Erde bleiben. Was zählt, ist, daß sie die Fülle des Lebens erreicht haben; ihren Aufenthalt nehmen sie einfach dort, wo es ihnen gefällt.« Herr Weiß-Stein war einer der vielen erfolgreichen chinesischen Alchemisten, die sich dafür entschieden, auf der Erde zu bleiben:

Herr Weiß-Stein war... schon über 2000 Jahre alt. Er war nicht bereit, das Tao der Himmelfahrt [als Unsterblicher] zu pflegen, sondern wollte nur ein normaler Unsterblicher sein. Er beabsichtigte nicht, die Freuden und das Glück des Lebens unter Menschen aufzugeben, daher begrenzte er seine Handlungen hauptsächlich auf die Praktizierung der Künste des Schlafzimmers und auf das Einnehmen von trinkbarem Gold. In seiner Jugend war er arm und konnte die notwendigen Drogen nicht kaufen, tatsächlich lebte er für mehr als zehn Jahre als Schäfer und Schweinehirt, ärmlich gekleidet und mit wenig Nahrung, aber im Laufe der Zeit erwarb er zehntausend Goldstücke, und er war in der Lage, die große Medizin zu kaufen und einzunehmen. Oftmals erhitzte er zugleich mit seinem Mahl ein gewisses weißes Mineral, und er lebte in den Bergen in der Nähe einiger weißer Felsen, daher nannten ihn die Leute »Herr Weiß-Stein«. An einem Tag, wenn er Fleisch gegessen und Wein getrunken hatte, konnte er drei- oder vierhundert Meilen weit reisen und erschien jenen, denen er begegnete, nicht älter als vierzig Jahre. Er liebte das Beten in Tempeln und Liturgien und las mit Vorliebe esoterische Bücher.
[Als er einmal gefragt wurde], warum er nicht das Präparat nehme, das die Menschen in den Himmel aufsteigen läßt, erwiderte er: »Können sich die Freuden der Himmel wirklich mit jenen messen, die man unter Menschen findet? Wenn man hier unten immer weiterleben kann, ohne alt zu werden und zu sterben, wird man mit der größten Achtung behandelt; würde man im Himmel irgendwie besser behandelt werden?«

Der unsterbliche Herr Weiß-Stein genießt die Freuden dieser Welt.

Daher sagten die Leute: »Herr Weiß-Stein ist ein *hsien* [Unsterblicher], welcher zu vermeiden sucht, ein *hsien* zu werden.« Der Grund war, daß er nicht danach strebte, sich zum Himmel zu erheben und einen Platz in der himmlischen Bürokratie einzunehmen. Noch hatte er irgendein Verlangen nach Ruhm oder Bekanntheit in dieser gegenwärtigen Welt.

Die chinesische Auffassung von Unsterblichkeit war deshalb von der westlichen völlig verschieden, weil die Chinesen niemals eine Trennung zwischen Materie und Geist vornahmen. Sie betrachteten beide als Teil eines organischen Kontinuums und konnten sich nicht vorstellen, daß es noch Leben gäbe, wenn ein Körper erst einmal von den verschiedenen Seelen, die nach ihrem Glauben darin existierten, getrennt sei. Der Körper war wie ein Faden, und die Seelen waren darauf aufgereihte Perlen. Ohne den Faden würden die Seelen in die oberen Lüfte zerstreut werden, und das Individuum würde aufhören zu sein. Funktion des Elixiers war es, als eine Art ständiger Kleister zu wirken, der Körper und Seele auf ewig zusammenhält. Ko Hung beschreibt gewisse »geringere Elixiere«, die den Toten durch das Zurückrufen entflogener Seelen wiederbeleben. Wenn das möglich ist, fragt er, wie kann man dann daran zweifeln, daß es stärkere Elixiere gibt, die dem Lebenden Unsterblichkeit verleihen?

Die geringeren Elixiere zum Zurückrufen von *Hun*-Seelen [die Seelen, die motorisches und dem Willen unterworfenes Verhalten kontrollieren]..., und die ganz schwachen Arzneien, die aus den fünf Gemmen und den acht Mineralien gemacht sind, können manchmal augenblicklich hartes Eis zum Schmelzen bringen oder den Körper im Wasser oben schwimmen lassen. Ganz gewiß können sie Gespenster und Geister aufhalten, Tiger und Leoparden abwehren und Stauungen in den Eingeweiden und Organen auflösen. Außerdem werden sie die beiden Krankheitsschmarotzer aus Brust und Zwerchfellregion entfernen, die gerade Verstorbenen wiedererwecken und verängstigte *Hun*-Seelen in den Körper, den diese gerade verlassen haben, zurückführen. Sie alle sind gewöhnliche Alltagsdrogen. Wenn sie alle tatsächlich die Toten wieder lebendig machen können, warum sollten nicht die großen Arzneien die Kraft besitzen, lebenden Menschen Unsterblichkeit zu verleihen?

Wie Joseph Needham gezeigt hat, war die Definition des Todesmoments im 3. Jahrhundert n. Chr. nicht sehr präzise; es ist leicht möglich, daß man damals Riechsalz und Koffeininjektionen als »geringere Elixiere zum Zurückrufen von *Hun*-Seelen« bezeichnete.

Die Vorstellung, daß es menschlicher Genialität gelingen könnte, ein Lebenselixier zu brauen, tauchte in China im 4. Jahrhundert v. Chr. auf und hat ihren Ursprung in den Lehren der naturphilosophischen Schule, deren legendärer Gründer ein gewisser Tsou Yen war. Tsou Yen gilt als der erste chinesische Alchemist – im Rang dem abendländischen Hermes Trismegistos gleichzustellen. Angeblich erfreute er sich hoher Wertschätzung von Kaisern und ehrgeizigen Adeligen, weil er den Aufstieg und Niedergang von Herrscherhäusern vorhersagen konnte. Als erster Philosoph legte er die Yin-Yang-Theorie systematisch dar sowie die Lehre von den fünf Elementen – Holz, Feuer, Erde, Metall, Wasser –, die dann zu einem Eckpfeiler des alchemistischen Credos wurde. In späteren Jahrhunderten schrieb man Tsou Yen – dessen Werke sämtlich verlorengingen – Schriften zu, in denen erklärt wurde, wie man Unsterblichkeit erlangt und geistige Wesen dazu bringt, Gold zu machen.

In den hundert Jahren nach Tsou Yens angeblichem Todesdatum (270 v. Chr.) wurde die Alchemie zum Zeitvertreib der Fürsten, und eine Reihe von Kaisern rüstete riesige und kostspielige Expeditionen aus, damit diese in abgelegenen Gegenden nach dem Elixier suchten, oder die Kaiser ermutigten wandernde Alchemisten, sich niederzulassen und das Elixier an ihrem Hof zu produzieren. Bis zum Jahr 144 v. Chr. war die Herstellung von

184

Falschgold zu einem solchen Problem geworden, daß ein kaiser-
liches Edikt, worin diese Praxis bei Todesstrafe verboten wurde,
notwendig erschien. Aber die chinesischen Herrscher und die
chinesischen Alchemisten waren so unternehmungslustig wie ihre Kollegen im Westen und ließen sich durch die Existenz eines
Edikts niemals um die Chance eines Erfolgs bringen.

Die Lehrsätze der chinesischen Alchemie erwuchsen aus den
alten Vorstellungen der naturphilosophischen Schule, wie sie in
späteren Jahrhunderten von den Taoisten entwickelt wurden.
Zwischen dem 5. und 3. Jahrhundert v. Chr. trat der Taoismus
als Alternative zur vorherrschenden konfuzianischen Philosophie auf. Für die Konfuzianer war der eigentliche Gegenstand
menschlichen Studiums der Mensch selbst, alles übrige galt als
belanglos. Die Taoisten lehnten diese ausschließliche Beschäftigung mit Mensch und Gesellschaft ab, da sie es unmöglich fanden, eine soziale Gemeinschaft unabhängig von der Natur zu
verstehen. Folglich interessierten sie sich auch für Magie und
Wissenschaft, was den Konfuzianern sinnlos erschien. »All jene
Dinge, die nichts mit der Unterscheidung von richtig und falsch,
Wahrheit und Lüge, guter und schlechter Regierung oder den
allgemeinen Bestrebungen der Menschheit zu tun haben . . ., gehören den Spekulationen aufrührerischer Individuen in einer
Zeit des Verfalls an«, schrieb ein früher Kritiker des Taoismus im
3. Jahrhundert v. Chr.

Die Taoisten wiederum lehnten die anti-wissenschaftliche
Haltung der Konfuzianer ab und suchten in der Ordnung der
Natur oder dem Tao ein Modell für menschliches Verhalten. Der
Begriff »Tao« stand ursprünglich für jene unfaßliche und prinzi-
piell unbeschreibbare Kraft in allen geschaffenen Dingen, die
deren Verhalten begründet. In dem klassischen Buch des taoistischen Denkens, dem *Tao-te-king*, das zwischen dem 6. und 4.
Jahrhundert v. Chr. entstand und Lao-tzu (Laotse) zugeschrieben wurde, wird das Tao folgendermaßen beschrieben:

Es gibt ein Ding, das ist unterschiedslos vollendet.
Bevor der Himmel und die Erde waren, ist es schon da,
So still, so einsam.
Allein steht es und ändert sich nicht.
Im Kreis läuft es und gefährdet sich nicht.
Man kann es nennen die Mutter der Welt.
Ich weiß nicht seinen Namen.
Ich bezeichne es als Tao [Sinn].
Mühsam einen Namen ihm gebend,
Nenne ich es: groß.
Groß, das heißt immer bewegt.
Immer bewegt, das heißt ferne.
Ferne, das heißt zurückkehrend . . .
Der Mensch richtet sich nach der Erde.
Die Erde richtet sich nach dem Himmel.
Der Himmel richtet sich nach dem Tao.
Das Tao richtet sich nach sich selber.

In den Händen der taoistischen Alchemisten geriet diese abstrak-
te Vorstellung von Tao zu einer eßbaren Substanz mit der Macht,
ewiges Leben zu gewähren. Diese erstaunliche Wandlung ist typisch für eine Entwicklung, die sich in Religion und Philosophie
häufig vollzieht. Ideen, die ihren Ursprung im intuitiven Erfassen tiefer Wahrheiten haben, werden im Laufe der Zeit als Tatsa-
chenfeststellungen betrachtet.

Es wäre wohl schwierig gewesen, das Tao, wie es das *Tao-te-
king* beschreibt, zwischen die Zähne zu bekommen, aber bis zum
3. Jahrhundert n. Chr. war das Tao vom Himmel auf die Erde
herabgestiegen und schon beinahe in Reichweite des allesfressen-
den Alchemisten. Der taoistische Philosoph Chuang-tzu ging so
weit zu behaupten, daß ein Mensch, der Tao besitze, unsterblich
sei:

Das Wesen des vollkommenen Tao ist ein abgrundtiefes Geheimnis; seine Ausdehnung verliert sich im dunkeln. Sieh

nichts, höre nichts, lasse deine Seele eingehüllt sein in Schweigen, und dein Körper fängt an, die richtige Gestalt anzunehmen. Lasse absolute Ruhe und absolute Reinheit einkehren; ermüde deinen Körper nicht und bringe deine Lebenskraft nicht in Verwirrung – und du wirst ewig leben. Denn wenn das Auge nichts sieht und das Ohr nichts hört und der Geist nichts denkt, wird die Seele den Körper erhalten, und der Körper wird für immer leben.

Von hier war es nur ein kleiner Schritt zu der Annahme, das Tao selbst sei das langgesuchte Elixier der Unsterblichkeit.

Für die chinesischen Alchemisten bestand das Hauptproblem darin herauszufinden, woraus das Tao gemacht ist und wie man es in eine Form bringen könnte, die es den Menschen ermöglicht, es einzunehmen. Wie die westlichen Alchemisten, so glaubten auch die Chinesen, das Universum sei aus einem Urstoff entstanden. Dieser Urstoff trennt sich in zwei Teile: in *Yin* und *Yang*. »Ein Yin und ein Yang; das ist das Tao«, heißt es im *I Ging*. Das Yin steht für alles Schwere, Grobe, Dunkle, Weibliche und Tote, während Yang das Gegenteil repräsentiert, das Feine, Leichte, Heiße, Männliche und Starke. Die beiden Prinzipien Yin und Yang weisen viele Gemeinsamkeiten mit dem Schwefel und Quecksilber westlicher Alchemisten auf. Beide Theorien illustrieren die menschliche Tendenz, die Welt dichotomisch zu betrachten.

Die Chinesen dachten, alles entstehe aus dem Zusammenspiel von Yin und Yang, angefangen bei den fünf Elementen. Die Fünf war die Grundzahl der chinesischen Alchemie. (Vier und Drei waren Schlüsselzahlen für westliche Alchemisten.) Außer den fünf Elementen gab es noch fünf Raumzonen, fünf Richtungen, fünf Farben, fünf Steine, fünf Metalle, fünf Geschmacksrichtungen, fünf Gerüche, fünf musikalische Noten, fünf Himmelskörper, fünf Planeten, fünf Wetter, fünf Gleichgewichtszustände zwischen Yin und Yang, fünf psychophysische Funktionen des Menschen, fünf Arten der Regierung, fünf Tierklassen, fünf Getreidesorten, fünf Opfer und fünf Sinnesorgane. Das alles hing in jener symbolischen Weise zusammen, die auch westliche Alchemisten liebten, obwohl die konkreten Entsprechungen andere waren. Jupiter etwa wurde im Westen mit Zinn assoziiert, in China dagegen mit Blei.

Für Chinesen wie für Abendländer war die Transmutation eine augenscheinliche Lebenstatsache. Ko Hung gibt einige ungewöhnliche Beispiele dafür:

Fliegende Dinge und solche, die kriechen, sind in einer besonderen Gestalt geschaffen, aber es wäre unmöglich, die abertausend plötzlichen Metamorphosen, die sie durchlaufen können, vollständig aufzuzählen. Der Mensch selbst ist das am höchsten geehrte Mitglied der Schöpfung und das am höchsten begabte, aber es gibt genauso viele Beispiele von Männern und Frauen, die sich in Kraniche, Steine, Tiger, Affen, Sand oder Eidechsen verwandelt haben. Die Fälle von sich in tiefe Abgründe verwandelnden hohen Bergen und von tiefen Tälern, die zu Gipfeln werden, sind Metamorphosen ganz großen Stils. Es ist deshalb klar, daß Umformung in der Natur etwas Spontanes ist. Warum sollten wir an der Möglichkeit, aus einem dritten Stoff Gold und Silber zu machen, zweifeln? Wenn man will, vergleiche man das mittels eines Brennspiegels entfachte Feuer und das Wasser, welches des Abends auf der Oberfläche eines Metall-Speculums sich niederschlägt. Unterscheiden sie sich von gewöhnlichem Wasser und Feuer? Wenn eine Schlange die Gestalt eines Drachens annimmt und Sonnentau Fett produziert, so unterscheiden sich die Transformationen nicht im geringsten von jenen, die sich in der Natur ereignen, denn in beiden Fällen ist die Grundursache ein natürlicher Stimulus. Nur ein Mann, der das zugrunde liegende Prinzip gründlich studiert hat, kann die Bedeutung solcher Erscheinungen verstehen. Nur jemand, dessen Blick das ganze Universum umfaßt, kann die Umstände ihres Auftretens begreifen.

Um eine Substanz in eine andere zu verwandeln, bedurfte es nur einer Veränderung der Qualitäten, die ein Ding von einem anderen unterscheiden. Wie Ko Hung sagt: »Alle Dinge sind eines Ursprungs, aber verschiedene Qualitäten weisen ihnen unterschiedliche Funktionen zu.« Durch die Einführung der richtigen Proportion zwischen Yin und Yang glaubten die chinesischen Alchemisten, würden sie imstande sein, unedle Metalle in Gold und Silber zu verwandeln. Die europäischen und islamischen Alchemisten hielten ebenfalls die Transmutation für einen Vorgang der Veränderung des Mischungsverhältnisses der Elemente in den Substanzen. Und auch um Unsterblichkeit zu erlangen, mußte eine richtige Proportion hergestellt werden, mußte das Yang im Körper gestärkt und mit dem Yin in Einklang gebracht werden. Wie die westlichen Alchemisten betont Ko Hung die Versuchungen und Sorgen, die er dabei zu ertragen hatte, sowie die Geduld und Reinheit, die seine Kunst verlangt: »Der zur Geistigkeit führende göttliche Prozeß vollzieht sich nur langsam und schließt viele Tabus ein«, gesteht er. »Es ist nicht durchzuhalten ohne übermenschlichen Willen und große Energie.«

Der erste Schritt auf dem Weg zur Unsterblichkeit war das richtige Atmen. Die Alchemisten praktizierten dabei von den alten Chinesen entwickelte Atemtechniken. Sie glaubten, der Atem sei eine Art von Nahrung, die der Seelen-Substanz in der Atmosphäre, die im Körper wächst und ihn ernährt, entzogen wird. »Beim Atmen muß man (folgendermaßen) vorgehen«, heißt es in einer Inschrift auf zwölf Stücken Jade, die vielleicht schon aus dem 6. Jahrhundert v. Chr. stammen.

»Man hält [den Atem] an, und er wird gesammelt. Wenn er gesammelt ist, dehnt er sich aus. Wenn er sich ausdehnt, geht er nach unten. Wenn er nach unten geht, wird er ruhig. Wenn er ruhig wird, verdichtet er sich. Wenn er sich verdichtet, beginnt er, Keime zu treiben. Hat er Keime getrieben, wächst er. Während er wächst, zieht man ihn wieder hoch [in die oberen Regionen]. Wenn man ihn wieder nach oben gezogen hat, wird er die Krone des Kopfes erreichen. Oben wird er gegen die Krone des

Kopfes drücken. Unten wird er einen nach unten gerichteten Druck ausüben. Wer immer diesen Anweisungen folgt, wird leben; wer sich entgegengesetzt verhält, wird sterben.«*

Ko Hung erzählt die unglaubliche Geschichte eines vierjährigen Mädchens, dessen Eltern gezwungen waren, aus ihrem Dorf zu fliehen. Unfähig, ihr Kind noch weiter zu tragen, ließen sie es in einer tiefen Grube zurück, versehen mit Nahrung und Wasser für nur ein paar Monate. Als sie drei Jahre später zurückkehrten, um die Knochen des Mädchens einzusammeln und zu bestatten, fanden sie ihre Tochter lebendig und wohlauf. Erstaunt fragten sie, wie sie überlebt habe. Die Kleine erwiderte, sie sei zunächst schon hungrig gewesen, dann habe sie jedoch eine große Schildkröte in der Ecke der Grube bemerkt, die ihren Hals reckte und ihren eigenen Atem verschluckte, und da habe sie versucht, das gleiche zu tun, und sei allmählich immer weniger hungrig gewesen. Von da an habe sie jeden Tag auf diese Weise geatmet. »Das zeigt«, meint Ko Hung zuversichtlich, »daß die Schildkröten über eine Methode verfügen, Unsterblichkeit zu erlangen; es liefert den Beweis dafür, daß, wenn ein Prozessor [Alchemist] sie imitiert, er so lange leben kann wie sie.«

Die Chinesen glaubten außerdem, es sei möglich, gesunde planetarische Einflüsse einzuatmen, um verschiedene Körperorgane zu stärken. Ko Hung erklärt, wie man das anstellt:

»Im Frühling möge man sich nach Osten wenden, um den blauen Atem des Jupiter-Planeten zu essen, damit er in die Leber eintrete...; im Sommer den roten Atem des Mars, welcher ins Herz eindringt; im letzten Monat der jeweiligen Jahreszeit den gelben Atem des Saturns für die Milz; im Herbst den weißen

---

* Zit. n. J. Needham, *Science and Civilization in China*. Die westlichen Alchemisten glaubten ebenfalls, die Lebensnahrung stamme aus der Luft. Obwohl sie keine Atemübungen machten, versuchten sie, der Luft diese Kraft zu entziehen und sie ihren Verbindungen zukommen zu lassen. Dieser Glaube ermutigte Experimente mit Luft, was schließlich im 18. Jahrhundert zur Entdeckung des Sauerstoffs führte.

Atem der Venus für die Lungen; und im Winter den schwarzen Atem Merkurs für die Nieren.« Dem Adepten wurde außerdem geraten, das Atmen eines Fötus im Mutterschoß nachzuahmen, was soviel hieß wie atmen, ohne Nase oder Mund zu benutzen. Die diesem Versuch zweifelsohne innewohnende Schwierigkeit zu überwinden, war laut Ko Hung der Mühe wert:

»Durch den Kreislauf der Atmung kann man Krankheiten heilen, muß vor Seuchen nicht fliehen, kann Schlangen und Tiger betören, die Blutung von Wunden zum Stehen bringen, man kann unter Wasser bleiben oder darübergehen, frei von Hunger und Durst sein und die eigenen Jahre schützen. Das wichtigste daran ist, einfach wie ein Fötus zu atmen. Wer darin Erfolg hat, wird wie im Mutterschoß atmen, ohne Nase und Mund zu Hilfe zu nehmen, und er hat den göttlichen Prozeß erreicht.«

Die Heldentaten seines talentierten Onkels hatten Ko Hung erstmals veranlaßt, die Wohltaten der fötalen Atmung angemessen zu würdigen:

»Mein Vorfahre und Onkel Ko Hsuan war imstande, nur weil er seinen Atem horten und wie ein Fötus atmen konnte, ungefähr einen ganzen Tag lang auf dem Grund eines tiefen Weihers zu verharren, und zwar immer wenn er gründlich berauscht war und heißes Sommerwetter herrschte.«

Ko Hung beschreibt die spezifischen Techniken der fötalen Atmung wirklich bis ins letzte Detail:

»Wenn man lernt, den Atem im Kreis zu führen, inhaliert man anfänglich durch die Nase und hält den Atem fest. Wenn man ihn ruhig 120 Herzschläge lang festgehalten hat, läßt man ihn in kleinen Mengen durch den Mund entweichen. Während des Ein- und Ausatmens sollte man das Geräusch des eigenen Atems nicht hören können, und immer sollte man weniger aus- als einatmen. Eine während des Ausatmens vor den Mund und Nase gehaltene Feder sollte gänzlich unbewegt bleiben. Nach einiger Übung mag man die Zahl der Herzschläge vor dem Ausatmen allmählich auf 1000 steigern. Hat man das erreicht, dann wird selbst ein alter Mensch jeden Tag um einen Tag jünger werden.«

Alle, die Ko Hungs Rat befolgten, müssen sämtliche mit dem Ersticken verbundenen Empfindungen durchlebt haben – Ohrensausen, Schwindelgefühl, Schwitzen –, aber sie hätten diese Zeichen physischer Überforderung zweifellos als Marksteine auf der Straße zur Unsterblichkeit interpretiert.

Die Kunst des richtigen Atmens stand in Verbindung mit einer anderen Übung, die angeblich den Tod fernhalten sollte: der Zurückhaltung des Spermas. »Wenn Unkenntnis des Geschlechtsaktes häufigen Spermaverlust verursacht«, warnt Ko Hung, »wird es Schwierigkeiten bereiten, genügend Energie zu behalten, um den Atem kreisen zu lassen.« Den Alten erschien die Logik Zurückhalten des Spermas = langes Leben absolut schlüssig. Same ist Leben; man sollte ihn behalten, nicht verschleudern. Das bedeutete nicht, daß der Kandidat der Unsterblichkeit sich des Sex überhaupt enthalten mußte, er sollte ihn nur auf die richtige Weise praktizieren. »Die Kunst des Verkehrs mit Frauen«, doziert Ko Hung, »besteht darin, sich der Ejakulation zu enthalten und das Sperma dazu zu bringen, zurückzukehren und das Gehirn zu nähren.« Daß das nicht so einfach war, wußte Ko Hung selbst; gesteht er doch ganz offen: »Ich muß zugeben, daß ich persönlich noch nicht alle zur Kunst gehörenden Fertigkeiten besitze.«

Die Sexualität wurde vom kosmischen Standpunkt des Yin und Yang aus betrachtet, und Gegenstand des Aktes war es, das Yin und das Yang der Partner zu nähren. Da weibliche Orgasmen die Yang-Kraft stärkten, wurde der Geschlechtsverkehr so lange wie möglich ausgedehnt. Mehrere Partner hintereinander galten als wünschenswert. »Wenn die wichtigen Vorschriften [die den Geschlechtsverkehr regeln] bekannt sind, steht die wohltuende Wirkung in Proportion zur Anzahl der aufeinanderfolgenden Kopulationen. Nimmt man jedoch die Prozedur in Unwissenheit vor, könnte ein plötzlicher Tod nach nur ein oder zwei Kopulationen die Folge sein.«

Eine der physischen Methoden der taoistischen Adepten, den Samen zurückzuhalten, bestand darin, unterhalb von Scrotum und Anus im Augenblick der Ejakulation Druck auf die Harn-röhre auszuüben. Diese Praxis lenkte den Samen in die Blase um, von wo er später ausgeschieden wurde; aber die Taoisten wußten das nicht und glaubten, er steige durch den Körper das Rücken-mark hinauf direkt ins Gehirn.

Eine weitere Technik, die als lebensverlängernd galt, war die »Methode, die Sonnenstrahlen zu tragen«. Der männliche Adept setzte seinen Körper dem Sonnenlicht aus, während er ein be-stimmtes auf rotes oder grünes Papier geschriebenes Schriftzei-chen in der Hand hielt. Weibliche Adepten setzten ihren Körper dem Mondlicht aus, während sie das mit schwarzer Farbe auf gelbes Papier geschriebene Schriftzeichen des Mondes in Händen hielten. Die Adepten praktizierten ebenfalls verschiedene gym-nastische Techniken, unter anderem Strecken und Zusammenzie-hen des Körpers. Diese Übungen entsprangen dem alten Glau-ben (dem die Griechen auch anhingen), daß die Poren des Kör-pers verstopfen und dadurch Krankheiten ausgelöst werden könnten. (Diese frühen Bemühungen, die Poren freizuhalten, sind übrigens der Ursprung des modernen Kung Fu.)

Die chinesischen Alchemisten beschäftigten sich auch mit der Ernährung als einem Weg, ihre Lebensspanne zu verlängern. Ihr Ziel war es, den Körper mittels einer Yang-Diät zu verfeinern. Das Blut aus dem Kamm eines dreijährigen Hahnes war angeb-lich voll von Yang-Essenz. Schildkrötensuppe galt als besonders stärkend; man glaubte, die strotze nur so vor Yang – schließlich erreichen Schildkröten ein beneidenswert hohes Alter. Stärke-haltige Nahrungsmittel hielt man für klebrig, kleistrig und des-halb schlecht; sie zu vermeiden war grundlegend, wenn man das taoistische Ideal sauberer Eingeweide erreichen wollte. Obwohl es im Reis essenden China eine große Einschränkung bedeutet haben muß, auf Stärke zu verzichten, hofften die Alchemisten, daß dieser Verzicht ihnen beneidenswerte Kräfte verleihen wür-de. Ko Hung erklärt:

»Der Verzicht auf Stärke macht immun gegen Waffen, ermög-licht die Austreibung von Dämonen, die Neutralisierung von

Giften und die Heilung von Krankheiten. Geht man in die Berge, so werden wilde Bestien lammfromm. Bei der Überquerung von Flüssen sind Verletzungen durch Drachen nicht zu fürchten. Wenn eine Pest auftritt, gibt es keinen Grund zur Angst; und wenn plötzlich eine Krise oder Schwierigkeit auftaucht, stellen sich die Mittel zu ihrer Bewältigung ein. All dies ist von geringer Bedeutung, aber man sollte sich dessen dennoch bewußt sein.«

Die diversen physischen und diätetischen Vorschriften, die die chinesischen Alchemisten befolgten, waren für sich genommen allerdings noch nicht ausreichend, um die Menschen unsterblich zu machen. Sie erhöhten nur die natürliche Lebensdauer und gaben den Adepten mehr Zeit, sich über die richtige Formel für das Elixier den Kopf zu zerbrechen. Generell galten Mineralien und Metalle dafür als die vielversprechendsten Rohmaterialien, aber die chinesischen Alchemisten waren diesbezüglich nicht dogmatisch und scheinen beinahe alles ausprobiert zu haben – eine Praxis, die Ko Hung streng kritisiert. »Die Uneingeweihten«, stellt er herablassend fest, »mischen nicht göttliche Elixiere, sondern vertrauen auf Kräuterarzneien – obwohl diese, wenn man sie eingräbt, zugrundegehen, wenn man sie kocht, weich werden, und sich durch die Hitze verfärben, wenn man sie röstet. Da diese Substanzen nicht einmal sich selbst erhalten können, wie können sie da anderen Dingen Leben geben?« Ko Hung räumt jedoch ein, daß man mit Hilfe von Pflanzen gewisse bescheidene Ergebnisse erzielen könne:

»Lin Tzu-ming aß elf Jahre lang Disteln, und zwar mit dem Resultat, daß seine Ohren fünf Zoll lang wurden und sein Körper leicht genug, um zu fliegen. Er konnte über einen zwanzig Fuß breiten Abgrund springen. Tu Tzu-wei aß Spargel, mit dem Ergebnis, daß er achtzig Konkubinen hatte, einhundertunddreißig Söhne in die Welt setzte und am Tag dreihundert Meilen weit ging. Jen Tzu-chi aß achtzehn Jahre lang Trüffeln, dann gesellten sich ihm Genien und Feen zu; er konnte sich unsichtbar und sichtbar machen, und er aß keine Stärke mehr. All seine Brandwunden verschwanden, und er hatte einen Glanz wie Jade.«

Die beiden wichtigsten Bestandteile der Unsterblichkeitsdroge waren Zinnober und Gold. »Diese beiden«, vermutet Ko Hung, »markieren anscheinend den Gipfel des göttlichen Prozesses der Geistwerdung. Wenn ihre Einnahme einen nicht zum Geist macht, dann hat es niemals Geister gegeben.«

Geleitet von ihrer praktischen Erfahrung als Chemiker sahen chinesische wie westliche Alchemisten sehr schnell die Analogie zwischen der Dauerhaftigkeit von Gold und der ersehnten Unsterblichkeit des Körpers. »Die Alten sagten, wenn man Gold einnehme, werde man sein wie Gold«, schrieb Chang Yin-chu im 8. Jahrhundert n. Chr.:

Das Wesen des Goldes ist seine Dauerhaftigkeit und seine Geschmeidigkeit. Erhitzt man es, so knackt es nicht, noch erweicht es; wenn man es vergräbt, rostet [wörtlich: verfault] es nicht; legt man es ins Feuer, so brennt es nicht. Folglich ist es eine Medizin, die den Menschen [für immer] leben läßt. Nach der Einnahme von Gold wird deine Haut nicht faltig, das Haar nicht weiß werden, und man ist weder von der Vergänglichkeit der Zeit betroffen noch stören einen Geister oder Gespenster. Folglich wird es Langlebigkeit ohne Ende geben ... Gold ist die Essenz der Sonne. Es ist der Fürst unter den [im Elixier benutzten] Substanzen. Nach der Einnahme von Gold kann man mit den Unsterblichen reden und sich einer Leichtigkeit des Körpers erfreuen ... Dennoch ist Gold für sich genommen giftig ... Wenn man natürliches Gold pulverisiert und einnimmt, wird es eine schädliche Wirkung auf Knochen und Mark ausüben und den Tod verursachen. Gold muß mit Quecksilber gemischt werden, will man die Unsterblichkeit erlangen.*

---

* Zit. n. J. Needham, *Science and Civilization in China*. Alle im folgenden wiedergegebenen chinesischen Autoren, die nicht eigens im Literaturverzeichnis aufgeführt sind, werden nach Needham zitiert.

Es ist wichtig zu wissen, daß die chinesischen Alchemisten das von ihnen produzierte Gold für besser als natürliches Gold hielten. Auch als es schon verläßliche Techniken zur Unterscheidung von echtem und gefälschtem Gold gab, arbeiteten sie weiter. Es war den Alchemisten ganz egal, ob ihr Gold die diversen Tests bestand oder nicht; da es besser war, mußte es ja anders sein. Ko Hung nennt verschiedene Rezepte für Elixiere, die mit Gold gemacht sind. Eines der exzentrischsten und wirksamsten ist das »Rezept zum Knabbern von geschmolzenem Gold«:

Bereite drei Pfund Schweinehaut und -fett und ein Viertel Liter starken Essigs. Lege vier Unzen Gelbgold in einen Behälter und koche es über einem Erdofen. Tauche das Gold einhundertmal in das Fett; ebenso in Essig. Nimm ein Pfund dieses Goldes, und du wirst die ganze Natur überdauern. Nimm ein halbes Pfund, und du wirst zweitausend Jahre alt werden; fünf Unzen reichen für zwölfhundert Jahre. Man kann es in jeder beliebigen Menge nehmen, aber nur an Glückstagen, um es wunderbar wirksam werden zu lassen. Überlasse dieses Rezept nicht anderen; denn die Medizin, die sie machen, wäre wirkungslos.

Die gleiche Suche nach eßbarem oder trinkbarem Gold ließ Alchemisten in Indien und in Europa viele eigentümliche Gerichte und Säfte zusammenbrauen. Die westlichen Alchemisten waren davon überzeugt, Moses habe als einer der ersten ein goldenes Elixier gemixt, und zwar aufgrund der Episode in Exodus (32, 20), wo er das goldene Kalb zermalmt, es mit Wasser mischt und die Israeliten zwingt, diese Flüssigkeit zu trinken. Diese Geschichte galt ihnen als Präzedenzfall, und sie erdachten unzählige Rezepte für trinkbares Gold, wovon eines das »Goldwasser« war, ein Likör, in dem winzige Goldflocken schwimmen und den man noch heute als »Danziger Goldwasser« kaufen kann – allerdings besitzt es kaum jene Kraft, die man ihm damals zuschrieb.

Wei Po-yang, Verfasser eines der frühesten (ca. 142 n. Chr.) und einflußreichsten Bücher über Alchemie, zählt noch andere Details der wundersamen physiologischen Wirkung des Goldessens auf:

> Selbst das Kraut *chu sheng* kann unser Leben verlängern,
> Gewiß ist dann das Elixier wert, in den Mund genommen zu werden,
> Bereitet wie es ist, durch zyklische Transformationen?
> Gold kann nicht faulen oder sterben seinem Wesen nach,
> Deshalb ist es von allen Dingen das wertvollste.
> Wenn der chymische Künstler es seiner Diät zusetzt,
> Wird die Dauer seines Lebens unendlich werden.
> [Das Element] Erde erhält sich durch alle Jahreszeiten,
> Hält ihre Grenzen ein, als sei sie fixiert durch Kompaß oder Winkelmaß,
> Wenn Gold und Zinnober durchdringen die Fünf Eingeweide,
> Strömt Nebel aus. Wie vom Wind verwehte Wolken
> Durchfluten sanfte Düfte die vier Glieder.
> Das Antlitz strahlt vor Wohlsein und vor Freude.
> Schon weißes Haar wird wieder schwarz.
> Selbst ausgefallene Zähne wachsen wieder nach.
> Der alte Narr wird wiederum zum lust'gen Jüngling,
> Die klapprige Alte wird wiederum zum jungen Mädchen.
> Der, dessen Form verändert ist, entflieht des Lebens Gefahren
> Und hat als seinen Titel den Namen Wahrer Mensch.

Wei Po-yangs erstaunlichem Erfolgsbericht nach zu urteilen, sprach er aus persönlicher Erfahrung. Begleitet von seinem weißen Hund und drei seiner Schüler (deren Glauben er auf die Probe stellen wollte), ging er ins Gebirge, um ein Goldelixier zu bereiten. Als die Medizin fertig war, sagte er zu seinen Schülern: »Die Goldmedizin ist nun fertig, aber sie sollte zuerst ausprobiert werden. Laßt sie uns diesem weißen Hund geben. Wenn das Tier überlebt und in der Luft schweben kann, dann wird sie auch für Menschen unschädlich sein; sollte der Hund jedoch sterben, dann lassen wir besser die Finger davon.«

Wei Po fütterte den Hund mit der Medizin, und dieser starb augenblicklich. »Ich fürchte, das Elixier war noch nicht vollkommen«, stellte der Meister ruhig fest. »Wenn wir es jetzt einnehmen, werden wir wohl denselben Weg gehen wie das Tier. Was sollten wir eurer Meinung nach tun?« – »Würdet Ihr, Meister, wagen, es selber zu nehmen?« fragte ein am ganzen Leib zitternder Schüler. »Ich habe der Welt den Rücken gekehrt und meine Familie und Freunde zurückgelassen, um in die Berge zu gehen«, erwiderte Wei Po-yang. »Ich würde mich schämen zurückzukehren, ohne das Tao der Heiligen Unsterblichen gefunden zu haben. An dem Elixier zu sterben, wäre nicht schlimmer, als ohne es zu leben. Ich muß es nehmen.«

Nach diesen letzten Worten nahm er die Medizin in den Mund und fiel tot um. Als sein treuer Schüler Yu das sah, sagte er: »Unser Lehrer war kein gewöhnlicher Mensch; was er getan hat, geschah mit Absicht.« Dann nahm er ebenfalls die Medizin und starb augenblicklich. Die beiden anderen Schüler hatten genug gesehen. »Jene, die Elixiere bereiten, tun das, um das ewige Leben zu gewinnen«, sagten sie sich. »Aber nun hat dieses Elixier den Tod gebracht. Es wäre wohl besser, es nicht zu nehmen und statt dessen noch ein paar Jahrzehnte lang in dieser Welt zu leben.«

Eilig verließen sie das Gebirge, um die für das Begräbnis ihres Lehrers und ihres Mitschülers notwendigen Maßnahmen zu treffen. Kurz nachdem sie gegangen waren, kam Wei Po-yang wieder zu sich, da die Medizin nur so viel Unreinheit enthalten hatte, um einen vorübergehenden Tod zu verursachen. Er flößte seinem treuen Schüler und dem Hund ein Gegen-Elixier ein, das sie augenblicklich ins Leben zurückbrachte. Die drei machten sich nun auf, um sich den Unsterblichen anzuschließen. Wei Po-yang sandte durch einen Holzfäller, den sie unterwegs trafen, einen Dankesbrief an die beiden Schüler. Als diese den Brief lasen, waren sie außer sich vor Scham. Die Geschichte von Wei Po-yang und dem Elixier deutet auf einen wichtigen alchemistischen Grundsatz hin: ohne Glauben und Vertrauen kann kein Mensch das Elixier finden.

Nach Auffassung der chinesischen Alchemisten kam dem Zinnober für die Herstellung des Elixiers eine ebenso große Bedeutung zu wie dem Gold. Zinnober ist der Hauptbestandteil in Ko Hungs Rezept für das »weniger göttliche Elixier«, und seine Wirkungen kommen denen des Goldes absolut gleich:

Man nehme drei Pfund echtes Zinnober, sechs Pfund weißen Honig, rühre sie zusammen, setze sie der Sonne aus und koche beides, bis sich Pillen daraus formen lassen. Man nehme jeden Morgen zehn dieser Pillen von der Größe eines Hanfkorns. In weniger als einem Jahr wird weißes Haar wieder schwarz, verlorene Zähne werden nachwachsen, und die Haut wird am ganzen Körper feucht und verjüngt sein. Die es nehmen, werden nicht altern, und alte Männer ihre Jugend wiedergewinnen, die Fülle des Lebens genießen und Unsterblichkeit erlangen.

Zwei Eigenschaften ließen Zinnober ideal erscheinen für eine Droge der Unsterblichkeit. Es ist rot, die Farbe von Blut und Leben, und da Zinnober ein Quecksilber-Sulfid ist, läßt es sich in Quecksilber verwandeln, das am augenscheinlichsten »lebendige« Metall überhaupt. In prähistorischen Zeiten bemalten die Menschen die Körper Verstorbener mit der roten Farbe des Lebens; sie hofften, ihnen auf diese Weise ein Leben in der nächsten Welt zu sichern. Man hat chinesische Gräber aus dem 6. Jahrhundert v. Chr. entdeckt, in denen die Überreste der Toten und die zusammen mit ihnen begrabenen Bronzestatuen scharlachrot bemalt und von ungeheuren Mengen an Zinnober umgeben waren. Zu der Zeit, als die Alchemie in China Fuß faßte, war Rot eine kaiserliche Farbe, die man nur für Roben, Karossen, Palastgebäude, Banner und Särge benutzte, und rote Tinte war für besonders wichtige Staatsdokumente und magische Inschriften reserviert. Auch im Westen galt Rot als die Farbe des Lebens und königlicher Hoheit. Es war also mehr als ein Zufall, daß Rot in der Alchemie die wichtigste Farbe war.

Eine der frühesten Beschreibungen dessen, was die chinesischen Alchemisten tatsächlich in ihren Laboratorien anstellten, stammt von Wei Po-yang:

[Das Metall] hat die Funktion, das Quecksilber am Entfliehen zu hindern, so daß es hineingetan werden und frei herumlaufen kann. Die Metallmenge beträgt fünfzehn [Unzen] und die Menge an Quecksilber ebenfalls. Das Wiegen sollte stattfinden, kurz bevor der Ofen angeheizt wird. Ein Überschuß an Quecksilber sollte zur Hälfte benutzt werden. Dies sind die beiden echten Substanzen. Das Gewicht von Metall wird dasselbe sein wie ursprünglich. Eine dritte Substanz kommt folglich nicht dazu. Aber wenn Feuer [das auch durch die Zahl] Zwei [repräsentiert wird] hinzukommt, werden diese drei sich gegenseitig durchdringen, und wunderbare Veränderungen werden sich ereignen ... Nach einer kurzen Zeit des Heizens [wörtl: Dampfens] vollzieht sich zunächst die Verflüssigung und dann die Verfestigung. [Die so entstandene Substanz] heißt »die gelbe Kutsche«. Während die Zeit [wörtl.: Monat und Jahr] vergeht, wird die Konsistenz [der ursprünglichen Substanzen] zerstört und ihr Leben verkürzt. [Eine Verwandlung] ihrer Form und ihres Stoffes findet schließlich statt, und übrig bleibt eine pulvrige Asche, die »leuchtendem Fenster-Staub« ähnlich sieht.

Die Substanz wird gemörsert, gut gemischt und eingeschlossen [in ein anderes Reaktionsgefäß], bevor sie in die Öffnung eines rot-[heißen Ofens] eingeführt wird. Aufmerksamkeit sollte man auf die Versiegelung der Kanten des Behälters legen, um das Ganze ohne ein Leck intakt zu halten. Die blendende Flamme spielt dort unten und erzeugt Tag und Nacht ein Ge-

:äusch. Anfangs sollte die Flamme zart sein, um sie besser kontrollieren zu können, aber schließlich sollte ihre Stärke vergrößert werden, bis sie die maximale Intensität erreicht. Der Regulierung der Temperatur sollte man größte Aufmerksamkeit zuwenden. Es gibt zwölf Perioden im [Tages-]Zyklus. Am Ende jeder einzelnen Periode sollte man besonders sorgfältig sein. Kurz bevor man das Feuer erlöschen läßt, sind die [ursprünglichen] Körper getötet worden, und die »Seelen« sind verschwunden [d. h. die Substanzen haben ihre Natur verändert]. Die Farbe hat sich schon in Purpur verwandelt, und derart hat man das »zyklisch-verwandelte« Elixier gewonnen. Man dreht es dann zu Pillen, die man einnehmen kann, und es ist auf magische Weise wirksam, selbst wenn nur eine Messerspitze davon verabreicht wird.

Niemand weiß bisher – und vielleicht wird man es niemals wissen –, welche Vorgänge Wei Po-yang hier beschreibt. Professor Needham deutet an, es könnte um die Herstellung von Amalgamen aus Quecksilber und Gold oder Blei gehen und die Kupellierung von Gold. Obwohl also viele Fragen offen bleiben müssen, zeigt sich doch, daß Wei Po-yangs Grundauffassung von Transmutation eine Menge mit jener der westlichen Alchemie gemeinsam hat. Er betrachtete die Substanzen in seinem Reaktions-Gefäß als lebendige, mit Körper und Seele ausgestattete Wesenheiten, deren Umwandlung zunächst ihren Tod verlangt. Er ist mit der Regulierung des Laboratoriums-Feuers ebenso beschäftigt wie westliche Alchemisten und erteilt ebenfalls den Rat, die Hitze nur langsam zu steigern, bis sie ihr Maximum erreicht. Und auch er weist seine Leser nachdrücklich auf die Wichtigkeit des richtigen Zeitpunkts für die verschiedenen Stadien der Arbeit hin, da sich die astrologischen Einflüsse ständig änderten. Die Farbe, die Wei Po-yang wissen ließ, daß er erfolgreich das »zyklisch verwandelte Elixier« hergestellt hatte, war Purpur, dieselbe Farbe, die auch seinen westlichen Kollegen das letzte Stadium ihrer Arbeit anzeigte.

In den folgenden Jahrhunderten wurde kein anderer Text so sorgfältig studiert wie Wei Po-yangs Ausführungen. Das hatte überwiegend negative Folgen, weil seine vertrakte Terminologie und sein dunkler Stil dadurch auch für alle späteren Alchemisten verbindlich wurden. Er schreibt gedrängt bis zur Unverständlichkeit, einzelne Wörter sind voller sich widersprechender Bedeutungen, und wie so viele Alchemisten fand Wei Po-yang großes Vergnügen an Metaphern, Synonymen und Kryptogrammen, eine Neigung, die seiner eigenen Bewertung seiner Arbeit entgegenkommt: »Tausendmaliges Lesen wird einige Punkte klären, und nach zehntausendmaligem Durcharbeiten werden noch andere Antworten sichtbar werden. Schließlich kommt eine Offenbarung und bringt Erleuchtung.«

Trotz der sowieso schon vorhandenen Verständnisschwierigkeiten, fordert Wei Po-yang den Adepten noch ausdrücklich auf, das gewonnene Wissen geheimzuhalten: »Jene, die das Tao lieben, gehen den Dingen auf den Grund. Sie beobachten sorgfältig die fünf Elemente, um das Gewicht [der benutzten Stoffe] festzustellen. Tiefes Nachdenken ist erforderlich, aber keine Diskussion mit anderen. Die Geheimnisse sollte man sorgfältig hüten und das Wissen nicht schriftlich fixieren.« Geheimhaltung war also auch für die chinesische Alchemie oberstes Gebot. »Von allem, was die Taoisten unter größter Geheimhaltung verehren«, erklärt Ko Hung, »ist nichts wichtiger als die Vorschriften zur Erreichung der Fülle des Lebens. Sie geben sie nur unter einem mit Blut besiegelten Eid weiter, und es ist ein vom Himmel selbst bestraftes Verbrechen, die falsche Art von Person davon in Kenntnis zu setzen.«

Das Vergnügen der chinesischen Alchemisten an obskuren Formulierungen veranlaßte Mei Piao im Jahre 806 n. Chr. zur Erstellung eines Lexikons der Synonyma von Mineralien und Arzneimitteln – achthundert Jahre, bevor Martin Rulandus den Alchemisten im Westen mit seinem *Lexicon Alchemiae* ein ähnliches, lang entbehrtes Hilfsmittel an die Hand gab. Die von Mei Piao aufgezählten Synonyma für Quecksilber liefern ein anschauliches Beispiel für die fruchtbare Phantasie, mit der die chinesischen Alchemisten an die Arbeit gingen:

»Quecksilber« heißt außerdem Mercurius, »Essenz des Bleis«, »magischer Leim«, das »elegante Mädchen«, die »geheimnisvolle Flüssigkeit«, »[Meister] Tzu-mung«, die »blühenden Perlen«, die »mysteriöse Perle«, die »fließenden Perlen des Thai Yin«, »Gehirn des weißen Tigers«, der »langlebige Meister«, das »Drachenfett der geheimnisvollen Flüssigkeit«, »Meister Yang-ming«, das »elegante Mädchen am Flußufer«, der »Himmelsgeborene«, das »mysteriöse Mädchen«, der »himmelblaue Drache«, »göttliche Flüssigkeit«, das »Große Yang«, »rotes Quecksilber« und »körniges Quecksilber«.

Einer der vielen von Wei Po-yang beeinflußten Männer war der große chinesische Poet Po Chü-i (772--846 n. Chr.). In einem Gedicht beschreibt er seine - leider erfolglosen - Experimente auf der Suche nach dem Elixier:

> Der gelbe Sprößling, ja, und die Purpurne Kutsche
> Schienen leicht herzustellende Dinge...
> Himmelwärts strebend, sagte ich der Menschenwelt
> Lebewohl;
> Und all meine Hoffnung galt dem Frieden des
> Hügellandes.
> Mein Steinsockel bildete ein genaues Viereck,
> Kompasse zeigten, daß mein Aludel rund sei.
> Schon nach der ersten Bewegung des Ofengebläses
> Verkündete rote Glut, daß alles gut.
> Ich reinigte mein Herz und saß allein da in heiliger Scheu.
> In der Mitte der Nacht sah ich heimlich hin;
> Die Stoffe von Yin und Yang waren vereinigt.
> Sie boten mir einen unerwarteten Anblick,
> Ineinandergeschlungen, wie Mann und Frau,
> Verflochten Windung in Windung wie Drachen...
> Die Dämmerung zerbrach den purpurnen Dunst auf
> seinem Höhepunkt.

Mir schien, der Staub sei noch immer nicht von meinem
Herzen gewaschen;
Die Stadien des Heizens waren alle mißglückt.
Nur ein Quentchen des Elixiers hätte ewiges Leben
bedeutet;
Ein winziger Fehler, und all meine Mühe umsonst!
Der Meister schnippte die Finger, stand auf, um zu gehn;
Das elegante Mädchen flog auf mit dem Rauch in den
Himmel . . .
Ich wußte nun endlich, daß auf der Ebene versammelter
Möglichkeiten
Man den geheimen Gesetzen des Schicksals nicht
entkommt.

Noch in derselben Nacht zerstörte Po Chü-i seinen Ofen – nicht
aus Wut wie Thomas Charnock, sondern aus Resignation. Am
nächsten Tag erfuhr er, er sei zum Gouverneur von Chung-chou
ernannt worden. Offensichtlich war es ihm nicht vom Schicksal
bestimmt, ein Alchemist zu werden.

Das Gedicht zeigt übrigens deutlich, daß die chinesischen Alchemisten dieselben Metaphern verwandten wie die westlichen,
um die Vereinigung *(conjunctio)* der Gegensätze im Elixier zu
beschreiben, nämlich Vermählung und Geschlechtsverkehr:

Die Stoffe von Yin und Yang waren vereinigt.
Sie boten mir einen unerwarteten Anblick;
Ineinandergeschlungen in der Haltung von Mann und
Frau,
Verflochten Windung in Windung wie Drachen . . .

Im Laufe der Jahrhunderte erdachten die Alchemisten unzählige
andere metaphorische Beschreibungen der harmonischen Vereinigung von Yin und Yang im Elixier. Yü-yen stellte sie im Jahre
1284 in einer Liste zusammen; danach weisen sie viele Gemeinsamkeiten mit den von westlichen Alchemisten traumhaft be-

schworenen Ausdrücken auf, mit deren Hilfe sie versuchten, die Vereinigung von Schwefel und Quecksilber im Stein der Weisen zu schildern:

> Verschlungenheit von Schildkröte und Schlange;
> Vermischung von Himmel und Erde;
> Vereinigung von Rot und Weiß;
> Die Krähe und der Hase in einer Höhle;
> Vermählungsglückseligkeit;
> Mond und Sonne im selben Palast;
> Wiedervereinigung des Hirtenjungen und des Webermädchens;
> Mann und Frau, wie sie einander folgen;
> Wasser und Erde im selben Dorf;
> Metall und Feuer in einem gemeinsamen Ofen.

Zahl und Proportion spielten in den Berechnungen der chinesischen Alchemisten eine ebenso wichtige Rolle wie im Westen. Po Chü-i vergewisserte sich, bevor er sein Experiment begann, daß der Sockel genau viereckig und sein Glasgefäß vollkommen rund sei. Sowohl die chinesischen als auch die europäischen Alchemisten arbeiteten in einem Mikrokosmos, der in vollkommener Übereinstimmung mit dem Makrokosmos sein mußte, sollte ihr Werk gelingen. Die Chinesen waren außerdem ebenso geschickt darin wie die Europäer und Araber, Zahlen zu manipulieren, um komplexe Muster zu entwickeln, in denen Dinge, von denen wir heute wissen, daß keine direkte Beziehung zwischen ihnen besteht, plötzlich miteinander verknüpft waren. Die folgende Passage mit ihren pythagoreischen Anklängen zeigt den typischen Zahlenmystizismus, der Generationen von Alchemisten in Ost und West gleichermaßen faszinierte:

Der Himmel ist 1, die Erde 2, der Mensch 3. $3 \times 3 = 9$. $9 \times 9 = 81$. 1 regiert die Sonne. Die Zahl der Sonne ist 10. Daher wird der Mensch im zehnten Monat der Entwicklung geboren.

$8 \times 9 = 72$. Hier folgt eine gerade Zahl auf eine ungerade. Ungerade Zahlen regieren die Zeit. Die Zeit regiert den Mond. Der Mond regiert das Pferd. Das Pferd hat eine Trächtigkeitsdauer von 11 Monaten.

$7 \times 9 = 63$. 3 regiert den Großen Bären [die Plejaden]. Diese Konstellation regiert den Hund. Daher wird der Hund nach nur 3 Monaten geboren.

$6 \times 9 = 54$. 4 regiert die Jahreszeiten. Die Jahreszeiten regieren das Schwein. Daher beträgt die Trächtigkeitsdauer des Schweins 4 Monate.

$5 \times 9 = 45$. 5 regiert die Noten in der Musik. Die Noten regieren den Affen. Daher wird der Affe nach fünfmonatiger Entwicklung geboren.

$4 \times 9 = 36$. 6 regiert die Stimmpfeifen. Die Stimmpfeifen regieren den Hirsch; daher bleibt er 6 Monate im Mutterleib.

$3 \times 9 = 27$. 7 regiert die Sterne. Die Sterne regieren den Tiger. Daher wird der Tiger im 7. Monat geboren.

$2 \times 9 = 18$. 8 regiert den Wind. Der Wind regiert die Insekten. Deshalb durchlaufen die Insekten im 8. Monat des Jahres eine Verwandlung. Und so ergeht es allen Lebewesen, jedem nach seiner Art.

Die meisten Alchemisten suchten wie Po Chü-i die Einsamkeit der Berge und Wälder und rieten anderen, es ihnen gleichzutun. Wei Po-yang nahm seine Schüler mit ins Gebirge, bevor er das Elixier verabreichte. Ko Hung führte das Leben eines weltentrückten Einsiedlers; bei schlechtem Wetter oder in politisch unruhigen Zeiten war er abgeschnitten von jeglichem Nachschub – auch die zur Herstellung des Elixiers notwendigen Ingredienzen gingen ihm dann aus. Trotzdem war er davon überzeugt, Abgeschiedenheit sei eine *conditio sine qua non* des alchemistischen Prozesses, und erzählt, um seine Ansicht zu untermauern, die Geschichte eines erfolglosen »weltlichen« Alchemisten:

»Man muß an einen reinen Ort tief im Gebirge gehen, so daß die ungebildete Menge nicht weiß, was man unternimmt. Liu

Hsiang jedoch verblieb im Palast, wenn er seine Kunst übte, und da er die Dienstleistungen der Palastleute in Anspruch nahm, hielt er sich ganz offensichtlich nicht an das Reinheitsgebot. Ebenso hielt er seine Verwicklung in die Geschäfte der Menschen aufrecht, so daß ein stetes Kommen und Gehen war. Wie konnte er unter solchen Umständen erwarten, ihm werde jemals Erfolg zuteil?«

Die westlichen Alchemisten empfahlen ja dem Adepten ebenfalls, die Gesellschaft zu fliehen, vor allem auch um ungebührlicher Neugierde und dem Neid der Umwelt aus dem Weg zu gehen. Außerdem hielten sie gern Distanz zu den Handwerkern, da diese die Produkte der Goldmacher leicht einer Kupellierungsprüfung hätten unterziehen können.

Viele erfolglose Adepten gelangten wie Po Chü-i zu dem Schluß, ihr Mißerfolg sei ein Zeichen ihrer eigenen moralischen Unvollkommenheit. »Mir schien«, schrieb der Dichter resigniert, »der Staub sei noch immer nicht von meinem Herzen gewaschen.« Und es galt eine Menge Staub von Herz und Geist zu waschen, wenn man Unsterblichkeit erstrebte. »Wer beabsichtigt, diese Kunst zu üben«, sagt Ko Hung, »sollte . . . mindestens ein Jahr lang die Reinheit des Denkens pflegen.« Das war nur eine Vorstufe; erst im Anschluß daran konnte der Alchemist ernstlich beginnen, anhand eines strengen moralischen Systems der Gewissensprüfung »Verdienst« zu erwerben. Um ein irdischer Geist zu werden, mußte der Alchemist dreihundert gute Taten hintereinander ausführen, um ein himmlischer Geist zu werden, mußten es sogar eintausendzweihundert sein. Wenn sich der Alchemist bei der eintausendeinhundertneunundneunzigsten Tat vergaß und etwas Unwürdiges tat, »sind alle früher erworbenen verloren, und man muß von vorn beginnen«. Nach dem zu urteilen, was Ko Hung sagt, mußte der unerfahrene Adept eine Art Heiliger sein, um auch nur einen Fuß in die Laboratoriumstür zu bekommen:

Wenn wir die moralischen Gebote der verschiedenen Lehren untersuchen, finden wir allgemeine Übereinstimmung darin, daß jene, die es nach der Fülle des Lebens verlangt, danach streben müssen, Gutes anzusammeln, Verdienst zu gewinnen, freundlich und warmherzig zu anderen zu sein, die goldene Regel zu üben, selbst die kriechenden Dinge zu lieben, sich über das Glück anderer zu freuen und an ihrem Leiden teilzunehmen, keine Flüche auszustoßen, Erfolg und Versagen anderer als die eigenen anzusehen, nicht stolz zu sein, sich nicht in Eigenlob zu ergehen, Menschen, die besser sind, nicht zu beneiden und üble Absichten nicht unter Schmeicheleien zu verbergen. Derart werden sie zu Menschen von hohem Charakter und erhalten Gnadengeschenke vom Himmel. Ihren Unternehmungen wird mit Sicherheit Erfolg beschieden sein, und sie können Geistigkeit mit der Hoffnung auf Erfolg anstreben.

Hatte er moralisch solche Höhen erreicht, war der Adept berechtigt, einen Lehrer zu suchen, der ihn des Unterrichts für würdig befand. Ohne jemanden, der schon in die Geheimnisse der Kunst eingeweiht war, galt es als unmöglich, die Texte korrekt zu interpretieren. Wie Ko Hung sagt: »Obwohl die Texte existieren [in denen das Goldmachen beschrieben ist], wird das Wesentliche geheimgehalten und muß während des Lesens mündlich erläutert werden. Nur dann gelingt das Goldmachen. Da die ursprünglichen Namen vieler Ingredienzen sich geändert haben, darf man den Text nicht wörtlich nehmen.« Ein Adept ohne einen Lehrer ist, um Ko Hungs Analogie zu benutzen, wie jemand, der einen starken Wind auf einem lahmen Esel verfolgt.

Die chinesischen Alchemisten hatten eine klare Vorstellung davon, wie die Menschen nach der Einnahme des Elixiers aussehen würden. »Mein Lehrer«, erzählt Ko Hung, »sagte, daß jenen, die in alten Zeiten den Zustand des Geistes erreichten, Federn und Flügel wuchsen und sie in fliegende Wesen verwandelt wurden. Da sie alle grundlegenden Charakteristika des Menschen verloren hatten, nahmen sie eine Gestalt an, wie sie einer anderen Spezies eigentümlich ist.«

Wie Menschen überall auf der Welt rationalisierten auch die chinesischen Elixiersüchtigen ihre Wünsche solange, bis die Idee, ein gefiederter, geflügelter Unsterblicher zu werden, ihnen als die vernünftigste Sache der Welt vorkam, die jeder erdenklichen Anstrengung wert zu sein schien. Der Kaiser Wang Mang machte die unglaublichsten Dinge und scheute auf seiner Suche nach dem ewigen Leben weder Kosten noch Mühen. Neben der Praktizierung üblicher Methoden – Diät, Meditationsübungen, Drogen und Gebet – war er in der beneidenswerten Position, kaiserliche Edikte erlassen zu können, die proklamierten, daß er werden müsse, was er zu sein wünschte. In der Geschichte der frühen Han-Dynastie heißt es dazu:

Im zweiten Jahr nach der Thronbesteigung Wang Mangs [10 n. Chr.] machte er sich daran, ein heiliger Unsterblicher [zu werden]. Es gab einen Magier namens Su Lo, welcher ihm riet, einen »Acht-Winde-Turm« im Palast errichten zu lassen, dessen Preis nach seiner Fertigstellung 10 000 Goldstücke betrug. Su Lo setzte sich auf den Turm und bereitete je nach Windrichtung diverse Getränke. Die fünf Getreidesorten wurden ebenfalls innerhalb des Palastes gepflanzt, und zwar an Orten, deren Ausrichtung sich nach ihrer jeweiligen Farbe richtete. Die Samen hatte man zuvor in [eine Flüssigkeit aus dem] Mark von Kranichknochen, Schildkrötenpanzer, Rhinozeros[-Horn] und Jade gelegt, insgesamt mehr als zwanzig Substanzen. Ein Scheffel dieses Korns kostete ein Goldstück. Man nannte die Prozedur Huang Tis Getreidemethode zur Erreichung heiliger Unsterblichkeit. Daher wurde [Su] Lo zum Palastoffizier ernannt und mit der Überwachung dieser Angelegenheiten betraut. So erging sich [Wang] Mang in ausgiebigen Gebeten an alle Arten von Geistern. In seinem letzten Jahr ließ er 1700 Tempel für die Anbetung verschiedener Rangstufen von Geistern errichten; diese umfaßten alle Ränge, angefangen bei den sechs höchsten Kategorien bis hin zu den niedrigsten; es gab drei verschiedene Arten von Opfern, welche mehr als dreitausend Tier- und Vogelarten einschlossen. Da es nicht gelang, all dieser Arten habhaft zu werden, nahm man Hähne anstelle von Wildenten und -gänsen und Hunde anstelle von Hirschen. Oftmals erließ er Edikte des Inhalts, daß er ein heiliger Unsterblicher werden müsse.

Trotz all seiner Proklamationen war Wang Mang nicht imstande, das Unvermeidliche aufzuhalten. Er starb wie jeder andere Mensch. So gesehen hatte er wesentlich mehr Glück als eine Reihe anderer vom alchemistischen Traum betörter Kaiser. Zwischen 820 und 859 n. Chr. vergifteten sich nicht weniger als sechs Herrscher mit den Elixieren, die sie zuversichtlich und in der Erwartung einnahmen, für immer zu leben. Der erste auf dieser Liste, Hsien-tsung (806–820 n. Chr.), geriet aufgrund von Drogen derart in geistige Verwirrung, daß seine Diener zu dem Schluß kamen, es liege im Interesse aller, ihn umzubringen. Und auch der junge Kaiser T'ang Hsien-tsung, »durch die Behauptungen von Alchemisten getäuscht, nahm ein ›Goldelixier‹ ein und litt danach unter schweren geistigen Störungen. Täglich bekam er gegenüber jenen Beamten, die er treffen mußte, Wutanfälle, und folglich waren die Gefängnisse überfüllt.« Auch er wurde – »im ersten Mond des fünfzehnten Jahres [14. Februar 820]« – von Palastdienern ermordet.

Unglücklicherweise gab es nicht viele Kaiser mit einem so klaren Kopf wie den Ch'i-Kaiser des Nordens, Wen Hsüan-ti, der sich ein Elixier bereiten ließ, es dann jedoch in einem Jadekästchen beiseite stellte und bemerkte: »Ich hänge noch zu sehr an den Freuden der Welt, um den Wunsch zu verspüren, schon jetzt gleich Zuflucht in den Himmeln zu suchen. Ich werde [das Elixier] aufbewahren und es erst nehmen, wenn ich im Begriff bin zu sterben.«

Die Sterberate chinesischer Alchemisten und ihrer Gönner scheint deutlich höher gelegen zu haben als bei den Alchemisten im Westen. Da sie die Unsterblichkeit streng physisch auffaßten, versuchten die Chinesen ständig, sie in der einen oder anderen Form zu essen, zu trinken oder einzuatmen. Ziemlich häufig bewirkten die von ihnen geschluckten Mittel eine Quecksilber-, Arsen- oder Bleivergiftung; aber Unsterblichkeit war eben eine mächtige Vision, und eine kleine Elixiervergiftung auf dem Weg dorthin nahm man mit erstaunlichem Gleichmut in Kauf:

»Wenn nach der Einnahme des Elixiers das Gesicht und der Körper jucken, als würden Insekten darüberkriechen, wenn Hände und Füße wie bei Wassersucht anschwellen, man Essensgeruch nicht ertragen und das Gegessene nicht bei sich behalten kann, wenn man das Gefühl hat, man werde sich in Zukunft meistens elend fühlen, wenn man Schwäche in den fünf Gliedmaßen verspürt, wenn man oft die Latrine aufsuchen muß oder Kopf und Magen unerträglich schmerzen – gibt es keinen Grund zur Unruhe oder Verwirrung. All diese Wirkungen beweisen nur, daß das Elixier, welches man einnimmt, die latenten Störungen erfolgreich austreibt.«

Die beschriebenen Symptome entsprechen exakt einer Bleivergiftung – nach heutiger Auffassung ein ausreichender Grund zur Unruhe!

Die Alchemisten wußten, daß viele Substanzen ihrer Elixiere giftig waren. Es wäre auch schwierig gewesen, die vielen Berichte über verbürgte Fälle von Elixiervergiftung oder die tödliche Wirkung bestimmter Substanzen zu ignorieren. Besonders häufig waren Fälle von Zinnobervergiftung, meist verbunden mit riesigen Furunkeln und Entzündungen, sowie Tod durch aus Quecksilber, Blei und Silber bereitete Elixiere. Andere wurden krank nach dem Genuß »schwarzen Blei-Safts« – was nach Meinung von Needham vielleicht eine heiße Graphit-Suspension gewesen sein könnte. Weitere chemische Prozeduren zur Herstellung tödlicher Elixiere waren unter anderen: Das Digerieren von Salpeter und Quarz in einem Kürbisgefäß (die Mischung läßt man anschließend lange stehen); das Kochen von Salpeter und blaugrünem Steinsalz in Wasser; das Mischen von Eisenrost und Kupfer;

das Erhitzen von Quecksilber mit Malachit und Azurit (Kupferkarbonat und basisches Kupferkarbonat); das Erhitzen von Realgar zusammen mit Auripigment (wodurch Arsen-Oxyd entsteht); das Erhitzen von schwarzem Bleisaft und Silber; das Verbrennen von getrocknetem Dung und Wachs; das Erhitzen von
Schwefel zusammen mit Realgar, Salpeter und Honig – eine
höchst explosive Mischung, die Gesicht und Hände versengen
und sogar ganze Häuser niederbrennen kann. Der erste Vorläu-
fer des Schießpulvers überhaupt, wie Professor Needham meint.
Daß es unabsichtlich von Alchemisten entdeckt wurde, die die
Unsterblichkeit suchten, ist wahrlich eine Ironie der Geschichte.

Wenn die Alchemisten sich der Tatsache bewußt waren, daß
ihre Elixiere giftig sind, warum verschrieben sie dann solche
Mixturen? Heutzutage ist es ein Gemeinplatz, daß äußerst wirksame Heilmittel unter Umständen ebenso wirksame Gifte sein
können. Ob ihre Wirkung tödlich oder heilsam ist, hängt vom
Zustand des Patienten und von der verabreichten Dosis ab. Im
frühen 16. Jahrhundert gab Paracelsus dieser Binsenweisheit in
einem berühmten Aphorismus Ausdruck: »Allein die Dosis
macht, daß ein Ding kein Gift ist.« Basilius Valentinus vertrat
dieselbe Meinung:

»Antimon, behaupten Sie, sei ein Gift: deshalb hüte sich ein
jeder, es zu benützen! Aber diese Folgerung ist nicht logisch,
Herr Doktor, Magister oder Baccalaureus; sie ist nicht logisch,
Herr Doktor, wie eingebildet Sie auch auf Ihre rote Kappe sein
mögen ... Antimon kann mittels unserer spagirischen [alchemi-
stischen] Kunst derart von seinem Gift befreit werden, daß daraus eine höchst wohltätige Medizin wird.«

Zweifellos glaubten die chinesischen Alchemisten, die Gifte in
ihren Mixturen wirkten nur auf die sterblichen und entbehrli-
chen Teile des Körpers und verwandelten – um es so auszudrük-
ken – sehr irdische Füße in gefiederte Extremitäten Unsterblicher.

Außerdem ist es eine unglückliche Tatsache, daß manche Gifte
im Anfangsstadium eine wohltuende Wirkung haben. Arsen bei-

spielsweise erhöht den Appetit, regt das Wachstum an und die Produktion von Knochenmark. Das Opfer einer Arsenvergiftung ist bis zum Ende ein sehr guter Esser. Weil Arsen eine leichte Erweiterung der Blutgefäße bewirkt, wurde es in Indien und Europa bis weit ins 19. Jahrhundert hinein regelmäßig als Aphrodisiakum verschrieben und tauchte sogar als aphrodisisches Präparat in der Ausgabe der *British Encyclopaedia of Medical Practice* von 1957 (!) auf. Die zusätzliche Verabreichung von Mineralien, Vitaminen und sogar Giften zur normalen Diät kann in Zeiten, als durch Parasiten verursachte Krankheiten verbreitet und unausgewogene Ernährung weder in ihren Folgen bekannt noch vermeidbar war, leicht den Gesundheitszustand einzelner Menschen verbessert und den Leuten eine tragisch falsche Vorstellung von dem vermittelt haben, was gut für sie sei. Außerdem ist es wahrscheinlich, daß die Körper jener, die an Elixiervergiftung starben, weniger schnell verwesten als normale Leichen. Alle im Körpersystem verbliebenen Rückstände des Giftelixiers töten potentielle Bakterien. Die taoistischen Alchemisten hätten diese makabre Tatsache leicht als weiteren Beweis für die Wirksamkeit ihrer Präparate auslegen können.

Viele der besten und kreativsten Alchemisten haben sich vielleicht, ohne es zu wissen, selbst umgebracht, indem sie gefährliche, von ihnen als Elixiere gemixte Drogen einnahmen. Sollte es sich wirklich so verhalten, dann könnte die Elixiervergiftung einer der mitverantwortlichen Faktoren für den Niedergang der chinesischen Alchemie seit dem 9. Jahrhundert sein. Das goldene Zeitalter der chinesischen Alchemie war die Periode zwischen dem 5. und 9. Jahrhundert. Danach traten Kompilationen aus zweiter Hand an die Stelle von ursprünglichen Werken, und die relative Klarheit der frühen alchemistischen Literatur verkam zu – durchaus beabsichtigter – Obskurität. Es erfolgte auch eine deutliche Reduzierung der Substanzen, mit denen die Alchemisten in ihren Laboratorien arbeiteten. Viele verließen das Laboratorium überhaupt und fingen an, sich einer Art physiologischer Alchemie zu widmen, die mehr mit dem Yoga als mit der Proto-

Chemie zu tun hatte. Ihr Ziel war es, ein »inneres« Elixier in sich selbst zu produzieren, das alterndes Gewebe verjüngen und den Adepten wieder in den Zustand eines neugeborenen Kindes zurückversetzen würde. »Umkehrung«, »Regeneration«, »Restauration«, »Wiederherstellung« und »Neufüllung« sind Schlüsselbegriffe im Vokabular der physiologischen Alchemisten; all diesen Begriffen liegt die Vorstellung zugrunde, man könne sozusagen in den eigenen Fußstapfen zurückgehen und den Prozeß des körperlichen Verfalls umkehren. Das wichtigste Mittel, diesen Umkehrungsprozeß in Gang zu setzen, bestand darin, die Körperflüssigkeiten, speziell Samen und Speichel, zurückfließen zu lassen, um auf diese Weise zur »ursprünglichen Einheit« und Vitalität eines Kindes zurückzukehren.

Eine der direktesten Erklärungen der theoretischen Grundlagen der physiologischen Alchemie stammt von dem hervorragenden Arzt Sun I-k'uei und entstand im Jahre 1596:

Zum Zeitpunkt der Geburt besitzt das Kind Ur-Samen, Ur-Atem und Ur-Geist – und zwar alle im Zustand vollkommener Reinheit. Aber während es langsam heranwächst, wird dieses numinose, dreieine, natürliche Lebensgeschenk von den Versuchungen der vier Sinne angegriffen und verdorben. Ursache dieser Anfechtungen sind Farben, Klänge, Gerüche und Geschmackseigenschaften, die ohne Unterbrechung Tag für Tag und Jahr um Jahr tätig sind. Der [reine Same] kommt zur Samenflüssigkeit und zum Geschlechtsverkehr herunter; der [reine Atem] wandelt sich in Atmungs-Pneuma; und der [reine Geist] ist »von des Gedankens Blässe angekränkelt«. Wenn diese Primäranlagen derart austrocknen, ist es äußerst schwierig, die ursprüngliche Unschuld wiederzugewinnen.

Daher haben die Lehrer seit alters ihre Worte in präzise formulierten Lehrsätzen weitergegeben und in den diversen Elixier- und Enchynoma[inneres Elixier]-Handbüchern Methoden der Behebung [des Schadens] dargelegt. Wo der Samen unvollkommen ist, muß man ihn mit der Hilfe von Ur-Samen heilen, wo die Atmung beschädigt ist, muß man sie mit Hilfe von Ur-Atem heilen, und wo der Geist beschädigt ist, muß man ihn mit Hilfe von Ur-Geist wiederherstellen. Darin besteht die Anwendung des Prinzips der »Rückkehr zum Ursprung und der Wiederherstellung der Ur-Lebenskraft«.

So vollzieht sich das Wieder-voll-Werden, aber was bedeutet Wieder-voll-Werden wirklich? Dem Samen die Vollkommenheit wiederzugeben, ist wie die Ausstattung [einer Pflanze] mit tiefreichenden Wurzeln, dem Ch'i [Atem, Atmung] die Vollkommenheit wiederzugeben, ist wie die Verleihung eines starken Stengels, und dem Geist die Vollkommenheit wiederzugeben, ist wie die Verbreitung einer wunderbaren Harmonie. Imstande zu sein, diese drei [Anlagen wiederum] zu ihrer Vollkommenheit zu bringen, das bedeutet in der Tat, die ursprünglichen Heilsubstanzen des Körpers [nutzbar zu machen]. Beispielsweise haben viele Leute Himmel und Erde als »Ofen und Reaktionsgefäß« bezeichnet, Sonne und Mond als »Feuer und Wasser«, oder Krähe und Kaninchen als »Arzneien und Substanzen«, oder Yin und Yang als »die Mechanismen des Wandels«, oder Drachen und Tiger als die »geheimnisvolle Anwendung von Techniken«, oder Yzu und Wu als »die beiden Sonnwenden« [die zwei sich auf sechs Uhr morgens und sechs Uhr abends zentrierenden Doppelstunden] – all das sind Symbole und Gleichnisse, aber in Wahrheit liegen diese Dinge nicht jenseits von Körper, Herz und Denken. Von diesen drei Dingen ist der Körper auf den Samen bezogen, das Herz auf das Ch'i und das Denken auf den Geist.

Was ist nun diese Rückkehr? Sie ist eine Erneuerung dieser drei Dinge, und zwar im Gegensatz zum normalen Verlauf [des Alterns]. Was ist die Wiederherstellung? Sie besteht darin, das Wieder-voll-Werden der drei ursprünglichen Anlagen zustandezubringen. Diese drei Lebenskräfte wieder vollkommen und ursprünglich zu machen [wie sie es am Anfang des Lebens waren] – das ist mit dem anablastemischen Enchynoma gemeint.« (Lu Gwei-djen)

Auch einen Hinweis darauf, welche konkreten Maßnahmen die Alchemisten ergriffen, um ihre Theorie in die Praxis umzusetzen, gibt es:

»Die Theorie des inneren Elixiers beinhaltet nichts weiter als die enge gegenseitige Verbundenheit von Herz [Metall] und Nieren [Wasser], den Kreislauf der Samenflüssigkeit und der Atmung, die Erhaltung des Geistes und das Festhalten der Luft, wobei man die alte aus- und die neue einatmet. Abgesehen davon kann man die spezifischen Künste des Schlafzimmers praktizieren oder sich der Lichtausstrahlung von Sonne und Mond aussetzen oder spezielle pflanzliche Substanzen einnehmen oder – möglicherweise – sich wiederum der Körnernahrung enthalten oder zölibatär leben.« (Lu Gwei-djen)

Abgesehen von der Laboratoriumsarbeit, die sie völlig ablehnten, praktizierten die physiologischen Alchemisten dieselben Atem-, Sexual-, Diät- und gymnastischen Techniken wie die Laboratoriums-Alchemisten. Vor dem Laboratorium machten sie halt, weil sie glaubten, das Elixier müsse, um wirksam zu sein, im Körper des Adepten selbst produziert werden. Die Zubereitung chemischer Drogen war daher eine sinnlose Beschäftigung. »Nehmt Abstand von chemischen Verbindungen und Transmutationen der Drei Gelben Substanzen und der Vier Wunderbaren Substanzen«, ordnet ein Alchemist mit Entschiedenheit an. »Es ist wesentlich, daß die Menschen echtes Blei und wahres Quecksilber erkennen; sie haben mit gewöhnlichem Zinnober und Quecksilber nichts zu tun.«

Für wie neuartig die physiologischen Alchemisten ihre Ideen auch gehalten haben mögen, oft ist es schwierig zu entscheiden, ob eine Abhandlung aus ihrer Schule oder von den Laboratoriums-Alchemisten stammt, die sie so sehr verachteten. Die von den Alchemisten im Laufe der Jahrhunderte erdachten symbolischen Korrespondenzen zwischen Metallen und Planeten, Körperteilen und geistigen Zuständen gestatteten es beiden Richtungen, sich derselben Terminologie zu bedienen, auch wenn sie über völlig verschiedene Dinge sprachen. Die physiologischen

Alchemisten kultivierten diese Verwirrung geradezu, weil sie durch einen Eid zur Geheimhaltung verpflichtet waren und ihre Schriften so dunkel wie möglich abfaßten. Die gleiche Konfusion entstand im Abendland, als die spirituellen Alchemisten sich der Sprache der Laboratoriums-Alchemisten bemächtigten, um ihre Seelenzustände zu beschreiben. Es wäre jedoch falsch, die spirituellen Alchemisten des Westens mit den physiologischen Alchemisten in China gleichzusetzen. Das chinesische Ideal der physischen Unsterblichkeit war frei von jeglicher Jenseitsvorstellung.

Aber die Entwicklung der physiologischen Alchemie war nicht der einzige Grund für den Niedergang der Laboratoriums-Alchemie in China seit dem 9. Jahrhundert. Die uralte konfuzianische Verachtung der Handarbeit erhielt zur Zeit der Ming-Dynastie wieder Geltung und untergrub das taoistische Interesse an der Wissenschaft. Diese Entwicklung trug, zusammen mit dem Verlust taoistischer Schriften in den anschließenden politischen Unruhen, wesentlich dazu bei, die Ausbreitung von Laboratoriums-Techniken zu verzögern. Aber die wichtigste Ursache für den Niedergang der experimentellen Alchemie war die Unfähigkeit der chinesischen Alchemisten, das im Laufe der Jahrhunderte angesammelte chemische Wissen in eine überzeugende, übergreifende Theorie zu fassen. Anfangs hatte die Lehre von Yin und Yang und den fünf Elementen Beobachtung und Experiment angeregt, aber mit der Zeit verbanden sich diese Konzepte immer enger mit dem ausgeklügelten, willkürlichen System symbolischer Entsprechungen im *I Ging*, dem *Buch der Wandlungen*. Wie die aristotelischen Doktoren, die sich weigerten, durch Galileis Teleskop zu schauen, so begannen auch die chinesischen Alchemisten, es interessanter zu finden, die Dinge entsprechend den vorgegebenen Kategorien des *I Ging* zu klassifizieren, als sie tatsächlich anzusehen – und in China gab es keine wissenschaftliche Revolution, die da eine Umkehr hätte erzwingen können. Während die Alchemie ihren Niedergang erlebte, hielten die Entdeckungen der Alchemisten Einzug in die Bereiche der Metallurgie, Industrie und Medizin und trugen ihren Teil bei zu dem hohen Ansehen, das chinesisches Handwerk bei Arabern und Europäern genoß.

Die Chinesen vollzogen niemals den Übergang von der Alchemie zur Chemie. Ihrer Mentalität und ihrer Geisteshaltung entsprechend dachten sie in organischen, ganzheitlichen Begriffen und akzeptierten nie jenes atomistische Denken, das für die Entwicklung moderner chemischer Theorien im Westen von so großer Bedeutung war. Erst die jüngsten Entdeckungen der Naturwissenschaft, vor allem der Quantentheorie und der Elementarteilchenphysik, die unser festgefügtes Newtonsches Weltbild nachhaltig erschüttert haben mit ihren Wellen, Quarks und Unschärferelationen, scheinen uns wieder dem chinesischen Denken näherzubringen. »Es bleibt ein gigantisches historisches Phänomen, daß, obwohl die chinesische Kultur die modernen Naturwissenschaften nicht spontan hervorbringen konnte, die Naturwissenschaften ihre Perfektion nicht ohne die charakteristische Philosophie der chinesischen Kultur hätten erreichen können.« (Joseph Needham) Wir fangen gerade erst an, jene ganzheitlichen Vorstellungen, die für chinesische wie westliche Alchemisten selbstverständlich waren, neu zu akzeptieren.

Es mag bemerkenswert erscheinen, wie sehr chinesische und westliche Alchemie, trotz ihrer Differenzen im Detail, in den fundamentalen Fragen doch übereinstimmten. Beide akzeptierten die Möglichkeit der Transmutation und erklärten sie mit Hilfe sich verschiebender Proportionen der Elemente oder Qualitäten in den Substanzen. Die Begriffe des Steins der Weisen und des Lebenselixiers ergaben sich aus dieser Vorstellung. Aber vielleicht sind diese Ähnlichkeiten zwischen östlicher und westlicher Alchemie gar nicht so überraschend. Ständige Verwandlung ist schließlich eine Lebenstatsache, und die Menschen haben nun mal die Tendenz, ihre Umwelt mit Hilfe von Dichotomien zu strukturieren, sei es nun die Dichotomie von Yin/Yang oder von Schwefel/Quecksilber. Gold hat in den Herzen und Köpfen vieler Menschen auf der ganzen Welt von jeher einen einzigartigen Platz eingenommen, und immer hat der Mensch davon geträumt, den Tod zu überlisten und ewig zu leben. Die Menschen gaben die von der Alchemie inspirierten Visionen und Illusionen nur widerwillig auf – schien doch der Erfolg nicht nur theoretisch, sondern auch praktisch möglich, wie die erstaunlichen alchemistischen Erfolgsgeschichten, die von Generation zu Generation überliefert wurden, glauben machten.

Von der «Hexenküche» zum Labor

»Elend war ich«, schrieb Augustinus nach dem Tod eines geliebten Freundes, »und elend ist jede Seele, die von der Liebe zu den vergänglichen Dingen gefesselt ist.« – »Kehre um mit der Kutsche«, rief der junge Prinz Buddha angesichts eines kranken Mannes und des Schattens eines Leichnams voller Schrecken aus, »dies ist keine Zeit und kein Ort für Vergnügungsfahrten. Wie könnte ein einsichtsvoller Mensch in einer Zeit des Unglücks gedankenlos sein, wenn er um seine bevorstehende Zerstörung weiß?« – »Ach, wie soll ich stumm bleiben? Ach, wie schweigen?« klagte Gilgamesch, der mächtige König von Uruk im Lande Sumer, als sein teurer Gefährte Enkidu vor seinen Augen starb:

> Um Enkidu weinte ich, um meinen Freund,
> Wie ein Klageweib bitterlich klagend!
> Du Axt an meiner Seite, so verläßlich in meiner Hand!
> Du Schwert an meinem Gurt, du Schild, der vor mir ist!
> Du mein Festgewand, du Gurt für meine Kraftfülle!
> Ein böser Dämon stand auf und nahm ihn mir weg!
> Mein Freund, du flüchtiger Maulesel, Wildesel des Gebirges, Panther der Steppe!
> Enkidu, mein Freund, du flüchtiger Maulesel, Wildesel des Gebirges, Panther der Steppe!
> Nachdem wir, alles gemeinsam verrichtend, den Berg erstiegen,
> Den Himmelsstier packten und töteten,

Auch den Chumbaba umbrachten, der da wohnte im Ze-
dernwald!
Was ist das nun für ein Schlaf, der dich gepackt hat?
Du wurdest umdüstert und hörst mich nicht mehr!
Der aber schlägt die Augen nicht auf,
Und da er nach seinem Herzen faßte, schlug es nicht mehr!

Selber von Todesfurcht ergriffen, macht Gilgamesch sich auf die
Suche nach dem Lebenskraut, das er findet – und wieder verliert.
Nach vielen gefahrvollen Umwegen trifft er auf den Urahnen des
Menschengeschlechts, Utnapischtim, dem die Götter – zusammen mit seiner Frau – als einzigem Überlebenden der Sintflut
Unsterblichkeit verliehen haben. Doch da es ihm nicht gelingt,
den Rat Utnapischtims zu befolgen und sieben Nächte und sechs
Tage ohne Schlaf zu bleiben, erweist er sich als der Unsterblichkeit unwürdig. Denn ein Mensch, der noch nicht einmal vermag,
diese Spanne Zeit ohne Schlaf, das »Spiegelbild des Todes«, aus-
zuharren, darf nicht wagen, den ewigen Schlaf zu besiegen. Gilgamesch darf zwar im »Lebenswasser« baden, aber dann muß er
die »Insel der Seligen«, Utnapischtim und seine Frau, wieder
verlassen.

Schließlich findet er das Lebenskraut mit Namen »Als Greis
wird der Mensch wieder jung« doch noch: In der Tiefe des Apsu,
des Urozeans, pflückt er es, und voller Freude will er die Pflanzen mit heimnehmen nach Uruk, um andere ebenfalls in den
Genuß des kostbaren Gewächses kommen zu lassen. Als er jedoch unterwegs in einem kühlen Wasser ein erfrischendes Bad
nimmt, züngelt eine Schlange heran und frißt das am Ufer abge-
legte Lebenskraut. Sie häutet sich und kriecht »erneuert« weiter.
Das Lebenskraut, dem Menschen für immer verloren, hat an ihr
seine Kraft gezeigt – an der Schlange, die auch Adam und Eva um
das ewige Leben brachte . . .

Der Tod und die Suche nach dem »Kraut«, das gegen ihn
gewachsen ist, hat im Leben der Menschen von jeher eine entscheidende Rolle gespielt. Unzählige nach ihm haben zu finden

versucht, was Gilgamesch so leichtsinnig verlor. Mythen und Märchen haben immer wieder die Phantasie genährt, es gäbe irgendwo eine Pflanze, eine Quelle, einen Stein, eine den Strahlen des Mondes entzogene, berauschende Mixtur oder einen gräßlichen, im Kessel einer Hexe gebrauten Sud, ausgestattet mit der Macht, dem von Sorgen Niedergedrückten und dem Greis den Optimismus und die Stärke der Jugend wiederzubringen. Die Zauberin Medea verjüngte Jasons Vater, Aeson, mit Hilfe eines Spezialtranks, den sie zusammenbraute aus Kräutern, Steinen aus dem Osten, weißem, bei Mondlicht gesammeltem Rauhreif, dem Kopf und den Flügeln einer Zwergohreule, den Eingeweiden eines Wolfs, kleinen Stückchen Schildkrötenpanzer, der Leber eines Hirschs und dem Schnabel einer Eule, die neun Menschengenerationen überlebt hatte. Als sie dieses undefinierbare Gemisch mit einem verdorrten Olivenzweig umrührte, brachte dieser augenblicklich grüne Blätter und junge Oliven hervor. Dann versetzte Medea den Vater ihres Geliebten in einen tiefen Schlaf, durchschnitt seine Kehle, ließ sein Blut abfließen und goß den Saft aus ihrem Kessel in seinen Mund und in die Wunde. Aesons weißes Haar wurde schwarz, und sein bleicher, ausgemergelter Körper nahm Farbe und Gestalt der Jugend an.

Auf stilisierten Siegeln aus Mesopotamien aus der Zeit um 2500 v. Chr. reichen Göttinnen den Initiierten den Becher der Unsterblichkeit; diese nehmen einen tiefen Zug und erfahren das Geheimnis des ewigen Lebens.

Nicht immer waren die Götter den Menschen gegenüber so großherzig. Während Christus sie aufforderte: »Nehmt hin und trinkt, dies ist mein Blut, das für euch hingegeben wird, zur Vergebung der Sünden«, hatte der Gott des Alten Testaments Angst, die Menschen – Adam und Eva – könnten vom Baum des Lebens essen und ihm gleich werden (Gen. 3, 22–33), und er vertrieb sie aus dem Garten Eden. Verständlicherweise wollte so mancher mit einem derart selbstsüchtigen Gott nichts mehr zu tun haben und betete lieber die Schlange an, die immerhin versucht hatte, dem Menschen das ewige Leben zu schenken.

Auf der Suche nach Unsterblichkeit nimmt der Mythos vom Stein der Weisen einen besonderen Platz ein; verbürgtermaßen hatte dieser geheimnisvolle Stoff die Kraft, dem Tod Paroli zu bieten und den schleichenden Verfall zu stoppen, der an der Wurzel der irdischen Existenz nagt. Der Stein der Weisen ist ein Symbol für jene Dauerhaftigkeit und Vollkommenheit, die der Mensch immer gesucht und niemals gefunden hat. Der alchemistische Traum von der Transmutation unedlen Metalls in Gold war mehr als ein raffiniert ausgeheckter Plan, um schnell reich zu werden; es war ein Traum, in dem der Tod seine Rolle ausgespielt hatte.

Die Menschen haben zu allen Zeiten das Gold mit der Sonne, dem Himmelskörper, der der Erde Wärme, Licht und Leben spendet, in Verbindung gebracht. In Ägypten glaubte man, das Fleisch der Götter sei aus Gold, und wenn der Pharao ein Gott werde, verwandle sich sein Fleisch in Gold. Ursprünglich durften nur Priester das wertvolle Metall ausgraben und zu Münzen verarbeiten, und auch heute noch gilt in einigen Teilen der Welt der Umgang mit Gold als eine heilige und daher gefährliche Tätigkeit. Gold ist immer als das vollkommenste und am wenigsten zerstörbare Metall betrachtet worden, und immer wieder haben die Menschen versucht, sich seine Vollkommenheit anzueignen und sie weniger vollkommenen Dingen einzuflößen. Um das zu erreichen, aßen sie pulverisiertes Gold, tranken Goldmixturen und brauten außergewöhnliche Elixiere in dem Glauben zusammen, diese enthielten die vollkommenen Eigenschaften des Goldes.

»Unsere Medizin«, schrieb Arnold von Villanova, »hat die Kraft, jegliche Gebrechlichkeit und Krankheit zu heilen, sowohl Entzündungen als auch Schwächezustände; einen alten Mann verwandelt sie in einen Jüngling. Hat die Krankheit einen Monat lang gedauert, so läßt sie sich in einem Monat heilen. Deshalb preist man diese Medizin höher als alle Schätze dieser Welt.«[*]

[*] Zit. n. J. Read, *Prelude to Chemistry*.

223

Isaak von Holland geht sogar einen Schritt weiter: Würde ein Adept alle neun Tage eine Dosis des Steins auch nur von der Größe eines Weizenkorns zu sich nehmen, »wird [er] glauben, er sei kein Mensch mehr, sondern ein Geist. Er wird sich fühlen, als sei er neun Tage lang im Paradies mit dessen Früchten als Nahrung.«* Ko Hung drückt sich noch optimistischer aus: »Die Einnahme des Göttlichen Elixiers ... bewirkt unbegrenzte Langlebigkeit und verleiht dem Menschen gleiche Dauer wie Himmel und Erde; sie führt einen in alle Bezirke des Paradieses auf dem Rücken der Wolken oder von Drachen gezogen.« Diese berauschenden Empfindungen reflektieren vielleicht jenen Zustand, der sich einstellte, wenn man mit reinem Alkohol angereicherte Elixiere getrunken hatte. Als man nämlich zuerst Alkohol in hoher Konzentration destillierte, hielten einige Alchemisten verständlicherweise diese Flüssigkeit für das Elixier selbst. Diese Verwechslung zeigt sich auch in dem Namen *aqua vitae* oder »Lebenswasser« für Alkohol.

Die westlichen Alchemisten schreiben die Langlebigkeit der Patriarchen im Alten Testament deren Kenntnis des Steins zu: »Hätte nicht Adam das Wissen um dieses große Geheimnis besessen, so wäre er nicht imstande gewesen, sein Leben bis zum Alter von dreihundert Jahren (erst recht nicht von neunhundert Jahren) zu verlängern.« *(Musaeum Hermeticum)* Salomon Trismosin, der wie viele andere Alchemisten den Stein erst nach Jahren zunächst erfolgloser Arbeit fand, behauptet, er habe mit seiner Hilfe alten Damen von siebzig oder neunzig Jahren die Blüte ihrer Jugend zurückgegeben. Er fügt hinzu, er hätte auch sein eigenes Leben verlängern können, sich jedoch – aus welchem Grund auch immer – dagegen entschieden.

Zwischen 1550 und 1650 erlebte die Alchemie in der westlichen Welt ihren Höhepunkt. Das Zeitalter Keplers, Galileis, Descartes', Boyles und Newtons brachte auch einen Irenäus Philalethes hervor, der in einer populären Abhandlung schreibt:

* A. a. O.

»Wer einmal diese Kunst gefunden hat, dem bleibt in der Welt nichts mehr zu wünschen außer der Erlaubnis, seinem Gott in Frieden und Sicherheit zu dienen. Ihm wird nichts an Pomp oder blendenden Äußerlichkeiten liegen. Aber auch wenn er tausend Jahre lebte und täglich für den Unterhalt von einer Million Menschen aufkäme, er würde niemals in Bedrängnis geraten, denn er hat das Mittel zur Hand, den Stein sowohl hinsichtlich seines Gewichts als auch seiner Tugend unendlich zu vervielfachen und derart alle unvollkommenen Metalle der Welt in Gold zu verwandeln. An zweiter Stelle hat er die Macht, Steine und Diamanten von viel größerem Wert zu machen, als ihn alle natürlich entstandenen besitzen. An dritter Stelle hat er eine Universalmedizin, womit er jede nur denkbare Krankheit heilen kann, und tatsächlich, was die Menge seiner Medizin angeht, so könnte er alle kranken Menschen in der Welt heilen.« *(Musaeum Hermeticum)*

Woher Philalethes all diese Dinge wußte, werden wir nie erfahren. Selbst Robert Boyle, dessen Buch *The Sceptical Chymist* der Alchemie so manchen Hieb versetzt hat, glaubte an die Transmutation und daran, daß er selbst sogar vielleicht *die* chemische Formel gefunden habe. Newton hegte den Verdacht, daß Boyle wegen seiner Transmutations-Experimente maßgeblich an dem Widerruf des Statuts gegen die Alchemie durch das Parlament beteiligt gewesen sei. Newton selbst verbrachte mehr Zeit über alchemistischen Texten grübelnd zu als mit der Arbeit an seinen revolutionären physikalischen Studien. Irenäus Philalethes war einer seiner Lieblingsautoren!

Humphrey Newton, ein entfernter Verwandter, der als Newtons Laboratoriumsgehilfe arbeitete, hinterläßt ein Porträt Newtons, demzufolge dieser ein fleißiger, hingebungsvoller alchemistischer Experimentator war. Newton, berichtet er, »ging selten vor zwei oder drei Uhr zu Bett, manchmal nicht vor fünf oder sechs . . ., speziell im Frühling und zur Zeit des Blätterfalls, Jahreszeiten, in denen er sechs Wochen lang in seinem Laboratorium beschäftigt war und das Feuer weder bei Tag noch bei

Nacht kaum jemals ausging, wobei wir abwechselnd die Nächte durchwachten, bis er seine chemischen Experimente beendet hatte, in deren Durchführung er äußerst akkurat, streng und genau war. Es gelang mir nicht, in seine Absichten Einblick zu gewinnen, aber sein Schmerz, sein Fleiß in diesen Perioden erweckten in mir den Eindruck, sein Ziel liege jenseits menschlicher Kunst und Beharrlichkeit . . . Gelegentlich, allerdings sehr selten, sah er in ein altes, schimmeliges Buch, das in seinem Laboratorium herumlag; ich glaube, es hatte den Titel *Agricola de Metallis,* und die Transmutation von Metallen war darin die Hauptsache, zu welchem Zweck Antimon als wichtige Zutat galt.«*

Leute, die sich wissenschaftlich mit der Alchemie beschäftigt haben, sind immer wieder durch die Tatsache verwirrt, wie mühelos es den Adepten gelang, sich selbst in den Glauben hineinzubetrügen, sie hätten wirklich Transmutationen vollbracht, wo doch professionelle Metallarbeiter wußten, daß sie nur Imitationen zustande brachten. Was hielt sie davon ab, ihr Gold der Feuerprobe zu unterziehen? Die Methode der Kupellierung war uralt. Bereits im 14. Jahrhundert v. Chr. beklagte sich der Kassitenherrscher Burnaburiasch I. in einem Brief an Pharao Amenophis II. über die schlechte Qualität des Goldes, das er aus Ägypten erhalten hatte: »Von den zwanzig Minen Gold blieben nach der Feuerprobe nur fünf übrig.« Um 500 v. Chr. waren die ägyptischen Metallarbeiter so geschickt, daß ihr Gold einen Reinheitsgrad von 99,8 Prozent erreichte. Obwohl die Kupellierung nicht geeignet ist, Silber von Gold zu trennen, hätte sie doch einen entscheidenden Beitrag dazu leisten können, die Spreu der Alchemisten vom Weizen zu scheiden. Silber hätte von Gold mittels einer anderen alten Methode, nämlich der Zementation, geschieden werden können:

»Man schmolz Gold zusammen mit Silber und Kupfer und hämmerte die Mischung in ganz dünnen Blättern aus. Diese wurden dann schichtenweise mit dem Zementpulver in einen Tiegel

---

* Zit. n. B. J. T. Dobbs, *The Foundations of Newton's Alchemy.*

gepackt ... (und dieser) mit immer stärkerem Feuer erhitzt; die Metallplatten bestanden dann scheinbar aus reinem Gold, und zwar war dessen Gewicht jetzt etwas größer als das der ursprünglich vorhandenen Menge Goldes ... Das Zementpulver war so zusammengesetzt, daß es in der Wärme Kupfer und Silber, nicht aber Gold auflöste. Es blieb also nur das Gold in den Metallblättern zurück, dieses enthielt jedoch jetzt meistens eine geringe Menge Kupfer und Silber, wenn man nur dafür gesorgt hatte, nicht zu viel Zementpulver hinzuzufügen. Das Gesamtgewicht des Goldes war so ein größeres als das des ursprünglich genommenen; das Gold war aber auch nicht mehr so rein.« (Alfred Lehmann)

Auch Ko Hung war sich der Möglichkeiten, Gold zu prüfen, durchaus bewußt: »Selbst nach hundert Feuerproben«, schreibt er, »nimmt Gold im Feuer nicht ab«.

Raffinierungstechniken waren also bekannt – die Alchemisten machten sich einfach etwas vor. Für sie war Gold sowieso mehr als »nur« eine wertvolle Sache und damit basta – das eine war besser, das andere schlechter. Geber unterscheidet beispielsweise auf der Basis ihrer Farbe zwischen verschiedenen Gold-»Sorten«: »Das Gold ist entstanden aus subtilster Quecksilbersubstanz und etwas reiner, roter, fixer, in ihrer Natur umgewandelter Schwefelsubstanz, welche dem Gold seine Farbe gibt. Wie die rötliche Farbe des Schwefels verschieden sein kann, so muß auch die Farbe des Goldes Verschiedenheiten zeigen. Es ist manchmal mehr, manchmal weniger intensiv gelb.«

Die beiden am weitesten verbreiteten Testmethoden für Gold, der Prüfstein und das Feuer, sind nur von relativer, nicht von absoluter Beweiskraft. In der Probe mit dem Prüfstein beurteilt man die Qualität des Goldes je nach Farbe und Deutlichkeit der auf dem schwarzen, harten Stein zurückbleibenden gelben Spur. Bei Anwendung von Feuer blieb reines Gold unverändert; da jedoch auch natürliches Gold häufig Kupfer enthält oder andere Unreinheiten aufweist und die Feuerprobe nicht gänzlich unverändert überstehen kann, erschien es weniger peinlich, wenn alchemistisches Gold die Probe nicht bestand. Natürlich war es möglich, das spezifische Gewicht von Gold festzustellen, wie schon Archimedes es getan hatte; aber in den frühen Tagen der Alchemie wurden solche Messungen wahrscheinlich nicht mit der nötigen Genauigkeit vorgenommen.

Joseph Needham vermutet, es müsse einen anderen Grund für den Widerstand der Alchemisten gegenüber der Feuerprobe gegeben haben. Intellektuelle und gesellschaftliche Barrieren trennten die handwerklich orientierten Metallarbeiter von den wohlhabenderen und gebildeteren alchemistischen Philosophen und machten den beruflichen Kontakt schwierig bzw. ließen ihn nicht wünschenswert erscheinen. »Gewährt den Ungläubigen keinen Einblick in eure Pläne«, riet Ko Hung, »denn wenn sie über die göttliche Medizin lästern, wird dadurch eine erfolgreiche Zubereitung verhindert.« Die Medizin oder irgendeinen ihrer Bestandteile einem Test zu unterziehen, wäre offensichtlich gleichbedeutend mit Blasphemie gewesen.

Die Handwerker hatten eine praktische, von den Erfordernissen ihrer Arbeit geprägte Definition der Edelmetalle. Die Alchemisten verspürten weder den Wunsch, noch sahen sie die Notwendigkeit, derartige praktische Proben zu akzeptieren. Ihre Vorstellung von Gold war theoretisch, und da sie nicht gezwungen waren, sich den Bedürfnissen des Marktplatzes zu beugen, konnte nichts sie davon überzeugen, daß ihr theoretisches Gold nicht tatsächlich besser sei als das echte Metall. Genau das ist es, was Ko Hungs Lehrer, Cheng Yin, diesen lehrte: »Das in der Transmutation entstehende Gold verkörpert das Wesen so vieler verschiedener chemischer Ingredienzen, daß es dem natürlichen Gold überlegen ist.« Aufgrund dieser Logik muß Ko Hung zu der folgenden, offensichtlich widersinnigen Feststellung gekommen sein: »Wenn man erfolgreich Gold gemacht hat, wird es eine echte Sache sein, und hundert Feuerproben werden seine Menge nicht verringern. Wenn daher die Instruktionen sagen, man könne Nägel daraus machen, so ist das der Beweis seiner Stärke. Dann weiß man, daß der natürliche Prozeß erreicht ist.«

Zweifellos wußte Ko Hung, daß Gold zu den weichsten Metallen gehört und für die Herstellung von Nägeln ziemlich ungeeignet ist. Seine Feststellung ergibt nur dann einen Sinn, wenn sie sich auf zwei verschiedene Experimente bezieht, eines, worin eine kleine Menge wirklichen Goldes wiedergewonnen wurde (was leicht passieren konnte, da die Alchemisten häufig Gold als Ausgangssubstanz benutzten), und ein anderes, in dem eine goldfarbene Legierung produziert wurde.

Die Alchemisten suchten etwas, das in ihren Augen wie Gold aussah, aber nicht unbedingt alle Eigenschaften des Goldes besitzen mußte. So etwas war nicht schwer zu finden. Zahlreiche Legierungen sehen aus wie Gold oder Silber, ohne überhaupt Edelmetalle zu enthalten. Eine Legierung aus Kupfer und Arsen beispielsweise, die nur 2 Prozent Arsen enthält, besitzt eine sehr schöne Goldfarbe; ein nur unwesentlich höherer Arsenanteil (4,6 Prozent) macht aus der Legierung ein silberfarbenes Metall. Wie Professor Needham dargelegt hat, tranken die taoistischen Elixier-Süchtigen kübelweise eine Flüssigkeit, die wir heute als Goldfarbe (Zinnsulfid) bezeichnen würden, und zwar in der falschen Annahme, es handle sich dabei um das trinkbare Gold, das sie unsterblich machen werde.

Außerdem wurden die Alchemisten durch die zahlreichen Berichte über gelungene Transmutationen in ihren Illusionen bestärkt. Derartige Geschichten waren nicht nur eherner Bestandteil alchemistischer Literatur, auch die vielen zur Erinnerung an Transmutations-Ereignisse geprägten Münzen wirkten höchst überzeugend. König Gustav Adolph von Schweden, der militärische Heros des protestantischen Europa im Dreißigjährigen Krieg, ließ eine Münze aus Gold prägen, dessen Transmutation er angeblich mit eigenen Augen gesehen hatte. Die eine Seite zeigt sein Bild, auf der anderen sind Merkur und Venus dargestellt. Kaiser Ferdinand III. war im Jahre 1647 Zeuge einer von einem Alchemisten namens J. P. Hofmann durchgeführten Transmutation. Ferdinand ließ eine Medaille von großer Schönheit aus dem alchemistischen Gold schlagen. Auf der Vorderseite sieht man zwei Schilde – in einen sind acht heraldische Lilien eingelassen, in den anderen ein gekrönter Löwe. Eine lateinische Inschrift lautet: »Die gelben Lilien legen sich mit dem schneeweißen Löwen nieder; derart wird der Löwe gezähmt, derart werden die gelben Lilien blühen.« Eine weitere Inschrift unterrichtet uns darüber, daß fünf Tropfen der Tinktur oder des Steins der Weisen ein Pfund unedlen Metalls in Gold verwandelt haben *(Tincturae Guttae V Libram)*. Die Rückseite zeigt einen die Figur des Mars einschließenden Kreis; der Gott hält in der einen Hand ein Schwert und in der anderen das Symbol für Mars oder Eisen. Der zentrale Kreis ist von sechs kleinen Kreisen umgeben. Sie enthalten die Zeichen für die anderen Metalle. Diese Darstellung drückt aus, daß das Eisen die in dieser speziellen Transmutation aktive Substanz ist.

Ein Jahr später ließ Ferdinand eine weitere Medaille schlagen, und zwar zur Erinnerung an eine von ihm selbst mit Hilfe eines Pulvers, das von einem gewissen Richthausen stammte, durchgeführte Transmutation; dieser Richthausen behauptete, er habe die Kunst der Alchemie von einem kürzlich verstorbenen Adepten gelernt. Nachdem man nur alle erdenklichen Vorsichtsmaßnahmen gegen Betrug getroffen hatte, projizierte der Kaiser nur ein Korn jenes Wunderpulvers auf drei Pfund Quecksilber und verwandelte die geschmolzene Masse in reines Gold. Die zur Erinnerung an dieses Ereignis geprägte Münze besaß einen Wert von dreihundert Dukaten. Auf der Frontseite sieht man die Figur des Apollo; seinem Kopf entströmen Lichtstrahlen, und an den Füßen trägt er geflügelte Sandalen. Daran erkennt man, daß aus dem ehemaligen Quecksilber nun Gold geworden war. Die lateinische Inschrift lautet: »Die Göttliche Metamorphose, am 15. Januar 1648 in Gegenwart Ihrer Kaiserlichen Majestät Ferdinand III. in Prag öffentlich gezeigt.« Auf der Rückseite steht: »So selten wie Menschen, die diese Kunst beherrschen, tritt sie ans Licht. Gelobt sei Gott ewiglich, der einen Teil von Seiner unbegrenzten Macht uns überläßt, seinen niedersten Geschöpfen.«

Im Jahre 1650 führte Ferdinand mit Richthausens Pulver eine weitere Transmutation durch und ließ eine Medaille schlagen mit der Inschrift: »Eine goldene Tochter abstammend von bleiernen Eltern.« Zum Zeichen seiner Dankbarkeit erhob Ferdinand den Alchemisten in den Adelsstand und verlieh ihm den Titel eines »Baron von Chaos«.

Es ist nicht verwunderlich, daß Menschen, die immer wieder derart verführerische Geschichten hörten, sich geradezu besessen der alchemistischen Kunst verschrieben, um schließlich ihr Leben nicht geehrt und reich, sondern in Armut und Elend zu beschließen.

Auf einem Stich nach einem Motiv von Breughel mit dem Titel »Ein Alchemist bei der Arbeit« sitzt ein lumpenbekleideter Adept in der Nähe seines Feuers; um ihn herum liegen zerbrochene Retortengläser, Fläschchen und Töpfe. Daneben schüttelt seine unglückliche Frau eine leere Geldbörse. Zwei hungrige Kinder wühlen vergeblich in einem Schrank nach Essensresten. Durch ein Fenster im Hintergrund sieht man das unvermeidliche Ende des Dramas: Der Alchemist und seine Familie werden im Armenhaus willkommen geheißen.

Auch und gerade in der Alchemie war nicht alles Gold, was glänzt. Aber der Glaube war meist stark genug, um die Hoffenden gegenüber den vielen wohldokumentierten Betrugsfällen blind zu machen. Jeder wußte, wie gefährlich es war, sich mit wortgewandten Schwarzkünstlern ohne festen Wohnsitz einzulassen, aber angesichts des verlockenden Versprechens von sofortigem Geldsegen vergaßen ausreichend viele Leute alle bis dato gehörten Warnungen. Einen der ersten belegten Schwindelfälle (um 300 n. Chr.) schildert der betrügerische Alchemist gleich selbst:

»Man pulverisiert Gold und Blei so fein wie Mehl im Verhältnis eins zu zwei; wenn man beides gemischt hat, verbindet man das Pulver mittels Leim zu einer Masse. Mit der Mixtur bestreicht man einen Kupferring; dann erhitzt man alles. [Dieser Vorgang] wird verschiedentlich wiederholt, bis der Gegenstand

Ein Alchemist und sein Gehilfe bei der Arbeit (ca. 1530).

die Farbe angenommen hat. Es ist schwierig, den Betrug zu entdecken, da der Prüfstein eine Spur echten Goldes aufweist. Die Hitze verzehrt das Blei, nicht jedoch das Gold.«*

Selbst einige der aus Anlaß angeblich gelungener Transmutationen geprägten Münzen verdankten ihre Existenz der Fingerfertigkeit geschickt arbeitender Scharlatane. Ein beliebter Trick bestand darin, eine Münze aus einer weißen Silber-Gold-Legierung herzustellen, sie dann in Salpetersäure zu tauchen, um das Silber aufzulösen, und – voilà! Die Hälfte der Münze verwandelte sich allem Anschein nach augenblicklich in Gold. Einige dieser Produkte des intelligenten Betrugs kann man heute in Museen besichtigen als bleibendes Zeugnis für die Macht des Wunschdenkens.

Die wahren Adepten jedoch suchten unermüdlich nach jenem Elixier, das sie reich oder unsterblich – am besten gleich beides – machen würde. Ihre Kunst war so kompliziert, so zeit- und

* Zit. n. J. R. Partington, *A Short History of Chemistry.*

232

kraftraubend, daß immer irgendwelche plausiblen Erklärungen zur Hand waren, um auch wiederholtes Scheitern zu erklären. »Ich bin ziemlich sicher, der Topf hatte einen Sprung«, sagte ein Alchemist nach dem soundsovielten Laboratoriumsunglück zu seinen Gehilfen, »aber sei es, wie es will, steht dort nicht so entgeistert herum! Bewegt euch, fegt den Fußboden wie immer, seid wieder guter Dinge und verliert nicht den Mut!« Die Alchemisten verloren zweitausend Jahre lang nicht den Mut. Ein besonders anschauliches Bild eines standhaften Alchemisten zeichnet Ko Hung in einer autobiographischen Randbemerkung gegen Ende seiner Abhandlung:

Die Armut macht mir zu schaffen und Mangel an Mitteln und Kraft; ich habe solch unglückliche Zeiten durchlebt. Es gibt überhaupt niemanden, an den ich mich um Hilfe wenden kann. Alle Wege bin ich gegangen. Die Ingredienzen der Arzneien sind für mich unerreichbar. Das Ergebnis davon ist, daß ich niemals imstande war, die von mir empfohlenen Medizinen zusammenzustellen. Wenn ich den Leuten erzähle, daß ich weiß, wie man Gold und Silber macht, während ich selbst unter Hunger und Kälte leide, wie unterscheide ich mich dann von demjenigen, der eine Medizin gegen Lahmheit verkauft und selber unfähig ist zu gehen? Es ist einfach unmöglich, die Leute zu überzeugen. Dennoch ist die Situation, obwohl sie einige unbefriedigende Elemente enthalten mag, nicht gänzlich negativ. Entsprechend lege ich diese Dinge mit der gebotenen Sorgfalt schriftlich nieder, weil ich es zukünftigen Liebhabern des Außergewöhnlichen und Menschen, welche die Wahrheit zu schätzen wissen, ermöglichen möchte, mit Hilfe meiner Schriften ihr Verlangen, Gott zu finden, zu stillen.

Die Transmutation war eine Tatsache der alltäglichsten Beobachtung. Für den Alchemisten war alles in der Natur von Leben erfüllt und durchlief einen Zyklus von Geburt, Wachstum, Reproduktion und Tod. Die Metalle und Mineralien wurden im

Schoß der Erde empfangen, entwickelten und reproduzierten sich, um anschließend zu sterben. Die Beobachtung stützte die Theorie und die Theorie die Beobachtung. Solange beide nicht auf eine überzeugende Art und Weise in Frage gestellt wurden, warum hätten Ko Hung und seine Mit-Adepten ihre Träume aufgeben sollen?

Diese Infragestellung fand in China niemals statt, im Westen begann sie jedoch im 17. Jahrhundert, als man die alten atomistischen Theorien wiederentdeckte und neu formulierte, um Probleme zu erklären, an denen die aristotelische Physik scheiterte. Die Wiedereinführung des atomistischen Weltverständnisses hatte eine tiefgreifende und bemerkenswert rasch einsetzende Wirkung auf die Physik: Galilei und Newton trugen ihre Theorien vor, die innerhalb von weniger als hundert Jahren das gesamte wissenschaftliche Weltbild verwandelten. Die Auswirkungen des Atomismus auf die Alchemie machten sich langsamer und nicht so direkt bemerkbar, wie man oft behauptet hat, waren jedoch schließlich nicht weniger folgenschwer. Die atomistische Philosophie ersetzte die organischen und qualitativen Theorien durch ein mechanistisches Modell des Wandels, welches die das Ende der Alchemie einleitenden sorgfältigen, nach quantitativen Maßstäben durchgeführten Experimente begünstigte.

Der Atomismus allein reichte nicht aus, um die Glaubwürdigkeit der Alchemie zu zerstören, weil es völlig unproblematisch war, sowohl an die Atome als auch an die Transmutation zu glauben. Erst zur Zeit Lavoisiers formulierte die Chemie die moderne Definition eines Elements als des kleinsten Teilchens einer bestimmten Substanz mit einzigartigen chemischen und physikalischen Eigenschaften. Bis dahin hatten die mechanistischen Philosophen des 17. und 18. Jahrhunderts geglaubt, die Materie sei eine homogene, in einzelne Elemente oder Korpuskeln unterteilte Substanz.

Robert Boyle schlug innerhalb dieses Rahmens eine neue Definition des Elementenbegriffs vor, um das »Erde, Luft, Feuer, Wasser« der Aristoteliker und das »Schwefel, Quecksilber und

Salz« der Paracelsus-Anhänger zu ersetzen: »Mit Elementen meine ich nun«, schrieb er in seinem *Sceptical Chymist*, »gewisse ursprüngliche und einfache oder absolut ungemischte Körper; die, da sie nicht aus anderen Körpern oder aus einander bestehen, die Bestandteile sind, woraus all jene vollkommen gemischten Körper unmittelbar zusammengesetzt sind und in welche diese sich schließlich auflösen.« Boyle war nicht sicher, ob die Elementarteilchen in ihrer Gestalt identisch oder ob sie vielleicht von unterschiedlicher Größe, Gestalt, Struktur und Bewegung sind, damit man überhaupt ihre unterschiedlichen Eigenschaften erklären könnte. Letztere Idee fand er besonders interessant und benutzte sie, um die Transmutation mit Hilfe ausschließlich mechanistischer Begriffe zu erklären:

> Aber um dem Leser eine einfache und nackte Beschreibung dieser Angelegenheit zu geben, damit er fähig sein wird, besser darüber zu urteilen, und wenn es gefällig ist, das Ganze noch einmal zu wiederholen, werde ich frei heraus sagen, daß, vorausgesetzt, alle Metalle und auch alle übrigen Körper sind aus einer Allgemeinen Materie geschaffen und unterscheiden sich nur in Gestalt, Größe, Bewegung oder Ruhe und Struktur der kleinen Teile, aus denen sie bestehen, woraus Affizierungen der Materie, die sogenannten Qualitäten, welche besondere Körper voneinander unterscheiden, resultieren, könnte ich in der Natur des *Dinges* keine Unmöglichkeit feststellen, daß eine Art von Metall in eine andere transmutiert werden sollte; (was ja nichts weiter bedeutet, als daß ein Teil der Universal-Materie, worin alle Körper übereinstimmen, eine mit der Struktur eines anderen Teiles der Materie, die ihnen beiden gemeinsam ist, identische Struktur eingeprägt bekommt).

Boyle glaubte, er habe reines Regenwasser mittels wiederholter Destillation in weiße Erde umgewandelt. Er entwickelte ein vollkommen rationales, mechanistisches Modell, um zu erklären, wie diese Transmutation zustande gekommen sein könnte:

»Einige kühne Atomisten . . . würden einem vielleicht im einzelnen erzählen, wie die ständig, aber nur langsam geschüttelten Wasserteile aufgrund ihres unendlich häufigen Zusammentreffens durch Reibung abnehmen und gleichsam sich zu solchen Oberflächen abschleifen, um *entweder* durch unmittelbaren Kontakt sich sehr eng zusammenzuschließen (wie ich es anderswo geschliffene Glasstücke tun sehe), *oder* eine derartige Einheit und Verflechtung einzugehen, daß sie gewissermaßen kleine *Knoten* bilden; welche Knoten . . . oder kürzlich erwähnten *Bündel* zusammenhängender Partikel, da sie jetzt zu groß und zu schwer geworden sind, um noch vom Wasser getragen zu werden, in Form eines Pulvers sich auf dem Gefäßboden absetzen . . .«

Diese Transmutation überzeugte Boyle davon, daß es durchaus möglich sei, das zu erreichen, wonach die Alchemisten so lange gesucht hatten; wenn man Wasser in Erde transmutieren konnte, indem man ihm zusätzliche Festigkeit und Schwere verlieh, würde man gewiß auch den unedlen Metallen diese beiden Qualitäten hinzufügen und sie in Gold verwandeln können. »Wenn . . . dieses Pulver«, überlegte Boyle, »sich wirklich als ein Produkt des Wassers selber erweisen sollte, so kann das . . . von größerer Konsequenz sein, als man es zur Zeit für möglich hält, und dann werden die Hoffnungen der Alchemisten, andere Metalle in Gold zu verwandeln, vielleicht weniger wild erscheinen.« Boyles Spekulationen bildeten – wie B. J. Dobbs in seinem Buch *The Foundations of Newton's Alchemy* dargelegt hat – die Basis für Isaac Newtons mechanistische Theorien der Transmutation, an deren Möglichkeit dieser keinen Augenblick lang zweifelte.

Obwohl die mechanistische Philosophie nichts tat, um den fundamentalen alchemistischen Glauben an die Transmutation zu untergraben, ermutigte sie dennoch eine rationalere Haltung bei der Erforschung chemischer Reaktionen. Sich mit kleinen Materiebällen, die im Raum herumsausen, zu beschäftigen, ist eine wesentlich nüchternere Beschäftigung als die »Tötung« niedriger Materie und ihre »Wiederauferweckung« zu einem besseren und erfüllteren Leben. Boyles Gase und Lavoisiers Verbindungen entzogen den spirituellen Alchemisten den »Arbeits-Boden«. Um ihre religiösen und psychischen Erfahrungen in die Materie hineinzuprojizieren, mußten sie sich mit ihr identifizieren können, wie Jung gezeigt hat; das war jedoch nur so lange möglich, wie man in vagen, organistischen Begriffen über die Materie dachte. Indem sie seine völlig andere Auffassung vortrugen, gelang es den mechanistischen Philosophen, die Alchemie zu spalten in die Labor-Wissenschaft der Chemie, die sich allmählich die neue mechanistische Philosophie zu eigen machte, und in die Theosophie, die an dem alten animistischen Weltbild festhielt. Durch diese Trennung war der Alchemie der mystische Wind aus den Segeln genommen.

Einer der Gründe für die starke Position der mechanistischen Philosophie seit dem 17. Jahrhundert war die damals sich formierende Reaktion auf die übertriebenen Ansprüche der Paracelsus-Jünger. Henry More, der Platoniker aus Cambridge und aufrechte Verfechter der Vernunft, widmete unter anderem ein ganzes Buch der Widerlegung der typisch mystischen Begeisterung der Paracelsier. »Dies ist es, was den *Chymisten* zu einem solch erbärmlichen Philosophen macht«, schrieb er in seinem *Enthusiasmus Triumphatus,* »der aufgrund der begrenzten Einsicht in die Arbeitsweise einiger weniger Spielzeuge in seiner eigenen Kunst sich imstande glaubt, den Seinsgrund aller Dinge in der *Gottheit* und in der *Natur* anzugeben, ein meiner Ansicht nach so lächerliches Unterfangen, als würde er, sollte er im Sand einen Splitter von einem Ruder finden, sein Gehirn über alle Maßen damit martern, daraus ein Schiff zu konstruieren.«

Marin Mersenne, der jesuitisch erzogene Minorit und ein in Wissenschaft und Künsten bewanderter Mann, war ein weiteres Beispiel für jene klar und logisch denkenden Menschen, die sich von den grandiosen Entwürfen und der bombastischen Sprache der zeitgenössischen Alchemisten abgestoßen fühlten. Er warf sie mit allen übrigen Okkultisten in einen Topf und klagte sie der Untergrabung des freien Willens des einzelnen und der Allmacht

Gottes an, da sie den Sternen, Dämonen, Geistern, Weltseelen und den übrigen von ihnen zum Zweck der Naturerklärung erdachten trügerischen Mächten eine unabhängige Wirkkraft zuschrieben. Ihre Lösungen waren nach Mersennes Meinung überhaupt keine Lösungen, weil sie ungenau und nicht nachprüfbar waren. Er redete einer Rückkehr zu den bewährten (und für ihn wahren) Grundsätzen des Aristoteles und der Kirche das Wort; er drängte Philosophen und Wissenschaftler, nüchtern und fleißig auf der Grundlage dieser Lehren zu arbeiten. Mersenne fühlte sich durch die spirituelle Alchemie geradezu beleidigt, weil er meinte, sie verspreche Erlösung ohne Glauben – was sicherlich in vielen Fällen zutraf. Aber er verwarf die Alchemie nicht völlig. Er schlug die Gründung einer alchemistischen Akademie vor, an der die Kunst ohne Geheimhaltung und Mystifikation studiert werden sollte.

Die Ablehnung von Geheimhaltung und Mystifikation wurde im 17. Jahrhundert zur vorherrschenden Haltung. Die Vorstellung, in Rätseln zu sprechen und die Wahrheit hinter einer »dunklen Sprache« verbergen zu müssen, galt in einer von enormem Reformeifer in allen Lebensbereichen – Wissenschaft, Medizin, Politik, Religion, Erziehung, Sprache und Landwirtschaft – geprägten Zeit als immer weniger überzeugend. Es ist in gewisser Hinsicht paradox, daß diese Reformbewegungen zu Beginn ziemlich eng mit der von ihnen später verworfenen spirituellen Alchemie verbunden waren.

Im 16. und 17. Jahrhundert erlebte die Alchemie nämlich noch einmal einen gewaltigen Aufschwung. Ein Teil ihrer Attraktivität lag darin begründet, daß sie in der Lage war, das aufgrund der erschütterten Glaubwürdigkeit der christlichen Dogmen entstandene Vakuum zu füllen, indem sie ihren eigenen Heilsplan einer animistischen Philosophie entwickelte, der sowohl Religion wie auch Wissenschaft und Gesellschaft mit einbezog. Diese Alchemisten entnahmen viele ihrer Ideen dem Neuplatonismus und den hermetischen Lehren der Renaissance. In allen drei Systemen galt die Welt als ein einziger, von geistigen Kräften auf allen Ebenen durchdrungener Organismus, und zwar auf pflanzlicher, tierischer, menschlicher und geistiger Ebene. Frances Yates hat brillant die sich aus diesen Vorstellungen entwickelnde »Magus«-Mentalität beschrieben, die die Menschen dazu ermutigte zu glauben, sie könnten ihre Umwelt verstehen und kontrollieren. Diese Geisteshaltung wird in den Schriften Paracelsus deutlich sichtbar, worin Neuplatonismus, Hermetik und Alchemie zu einer eigenwilligen Mischung revolutionärer Ideen kombiniert sind. Für Paracelsus ist Gott der göttliche Alchemist, der die Welt mittels *calcinatio, coagulatio, distillatio* und *sublimatio* der Elemente des Chaos erschuf. Genau wie die Dinge aufgrund chemischer Reaktionen entstanden, so unterlagen sie auch Transmutationen und Zerstörung. Die Chemie war der Schlüssel zum Universum, er würde die Geheimnisse der Theologie, Physik und Medizin »aufschließen«. Der Alchemist brauchte nur die Reaktionen im Laboratorium auf den Makrokosmos zu übertragen – und die Geheimnisse der Schöpfung waren keine mehr für ihn. Indem sie die Alchemie von ihrer Hauptbeschäftigung, dem Goldmachen, wegführten, formten Paracelsus und seine Anhänger sie in eine universale, mit jedem Aspekt materieller Veränderung sich auseinandersetzende Wissenschaft der Materie um. »Die Chemie ist nichts weiter als die Kunst und das Wissen der Natur selbst«, schrieb Nicolas Lefèvre 1670. »Mit ihren Mitteln untersuchen wir die Prinzipien, aus denen natürliche Körper bestehen und zusammengesetzt sind, und durch sie entdecken wir die Gründe und den Ursprung der Entstehung und des Untergangs und aller Wandlungen und Veränderungen, denen diese Körper unterworfen sind.«

Wie sehr unterscheidet sich doch diese Definition von jener, die einst Thomas von Aquin geprägt hatte: »Die Hauptaufgabe des Alchemisten ist es, Metalle zu transmutieren, das heißt die unvollkommenen, und zwar wahrhaftig und nicht betrügerisch.«* Im 17. Jahrhundert war der Stein der Weisen nicht mehr

---

* Zit. n. F. S. Taylor, *The Alchemists.*

nur jene ideale Substanz, die unedles Metall in Gold verwandelte und Krankheiten heilte, er war zu einem Symbol für erstaunliche praktische Entdeckungen geworden, die im Laboratorium des Alchemisten nur darauf warteten, gemacht zu werden.

Diese neue und wesentlich erweiterte Auffassung von der Rolle der Alchemie fand eine starke Resonanz im von Kriegen erschütterten Europa des 16. und 17. Jahrhunderts. Die durch die Religionskämpfe jener Zeit hervorgerufenen Verheerungen schürten die apokalyptischen Erwartungen. Jedes neue Desaster schien die biblische Prophezeiung, dem Reich der Heiligen werde eine Periode furchtbarer Zerstörungen vorausgehen, zu bestätigen. Die Forschungs- und Entdeckungsreisen, die Erfindung des Teleskops, des Mikroskops, der Luftpumpe und des Barometers erhöhten sogar noch die Erwartungsstimmung, indem sie neue Sterne, Pflanzen, Tiere, riesige, unerforschte Kontinente und winzige, bisher von keinem Auge gesehene Geschöpfe ans Licht brachten. Die geschlossene Welt der Alten verlor angesichts so vieler neuer Informationen ihre Geschlossenheit, und die Menschen fingen an zu glauben, sie stünden an der Schwelle eines neuen, goldenen Zeitalters wissenschaftlicher Entdeckungen. Daniel 12,4 wurde zum optimistischen Motto einer schlachtenmüden Zeit: »Viele werden hin- und herlaufen, und groß ist dann das Wissen.«

Die Rosenkreuzer-Manifeste waren typisch für die utopischvisionäre Atmosphäre des frühen 17. Jahrhunderts. Unter Benutzung des Symbolismus und der Sprache der Alchemie riefen die Manifeste zur geistigen Erneuerung auf und umrissen in allgemeinen Zügen die zu diesem Zweck notwendigen sozialen, ökonomischen, politischen und religiösen Reformen. Die Reaktion auf diese Manifeste war verblüffend. Unzählige offene Briefe erschienen auf Flugblättern – anonym oder unter dem Namen des Verfassers; diese Leute gaben sich als Rosenkreuzer zu erkennen oder baten darum, in die Reihen der auserwählten Bruderschaft aufgenommen zu werden. Aber wie Briefe an den Weihnachtsmann, scheinen die Bittbriefe niemals von aufrichtigen Mitgliedern der Fraternität beantwortet worden zu sein. Das ließ viele Gelehrte vermuten, sie habe überhaupt nicht existiert. Aber auch wenn die Existenz der Gesellschaft unsicher sein mag – der Einfluß ihrer Manifeste ist es gewiß nicht, leiteten sie doch eine Bewegung wissenschaftlicher und sozialer Reformen ein, die zu einer offeneren, kooperativeren Haltung in allen Wissensbereichen einschließlich der Alchemie führten.

Niemand weiß, von wem die Rosenkreuzer-Manifeste stammen, aber man hat sie Johann Valentin Andreae zugeschrieben, dessen übrige Schriften eine ganz ähnliche Mischung von Utopie und spiritueller Alchemie aufweisen. Das berühmteste von Andreaes gesicherten Werken war sein *Christianopolis,* worin er darlegt, wie eine ideale Gesellschaft organisiert sein müsse, um Gesundheit, Bildung und allgemeine Wohlfahrt ihrer Bürger zu fördern. Eine der von Andreae geschilderten Einrichtungen ist ein der Naturerforschung und der Anwendung jeder für das öffentliche Wohl sinnvollen Entdeckung gewidmetes »Laboratorium«:

Hier werden die Eigenschaften der Metalle, Mineralien und Pflanzen und sogar der Tiere untersucht, gereinigt, verbessert und vereinigt, und zwar zum Nutzen des Menschengeschlechts und im Interesse der Gesundheit. Hier werden Himmel und Erde vermählt; dem Land eingeprägte göttliche Geheimnisse werden entdeckt; hier lernen die Menschen, das Feuer zu regulieren, sich die Luft dienstbar zu machen, das Wasser richtig zu bewerten und die Erde zu erforschen. Hier hat der Affe der Natur etwas, womit er spielen kann, während er ihren Prinzipien nacheifert und derart mittels der Spuren des großen Mechanismus einen neuen bildet, präzise arbeitend und von ausgesuchter Beschaffenheit. Was immer der Fleiß der Alten aus den Eingeweiden der Natur mit der Hacke oder anderweitig hervorgeholt hat, wird hier einer näheren Prüfung unterzogen, damit wir erfahren, ob die Natur für uns wirklich und wahrheitsgemäß offengelegt worden ist. Das ist eine wahrhaft menschliche und großzügige Unternehmung, welche alle, die wahre Menschen sind, verdientermaßen hoch achten.

In Andreaes Vision ist der dem Hermes Trismegistos erteilte Rat, alle Dinge zu werden, um alle Dinge zu erkennen, Wirklichkeit geworden und hat Einzug gehalten in die nüchterne Atmosphäre eines chemischen Labors.

Francis Bacon war einer der vielen von den Rosenkreuzer-Manifesten und Andreaes *Christianopolis* beeinflußten Philosophen. Bacon freute sich auf das, was er eine »Große Erneuerung« der Gelehrsamkeit nannte, die die Wiederkehr des Goldenen Zeitalters ankündigen würde. Seine Vision war ihm Motivation für das gewaltige Werk, das er plante (aber nur teilweise vollendete) und worin er das gesamte menschliche Wissen umreißen und speziell jene Bereiche behandeln wollte, die einer Verbesserung am meisten bedurften. Eine der für Bacon anziehendsten Einrichtungen seiner idealen Gesellschaft war das »Haus Salomos«, ein riesiger, großartig ausgestatteter wissenschaftlicher Komplex, Andreaes Laboratorium sehr ähnlich. Es war ebenfalls der Erforschung jeden Fleckchens der Erdoberfläche, des Himmels und des Wassers gewidmet, und zwar unter dem Gesichtspunkt dessen, was Bacon als »die Erleichterung des menschlichen Zustands« beschrieb.

Weder Andreae noch Bacon sagten etwas in wissenschaftlicher Hinsicht Neues oder Bedeutungsvolles; neu an ihrer Vision war jedoch die Idee einer wissenschaftlichen Einrichtung, deren Mitglieder auf der Basis einer gemeinsamen Methode auf ein gemeinsames Ziel hinarbeiteten. Die für die Alchemie bis dahin so wichtige Geheimhaltung und Mystifikation spielten in den von den beiden beschriebenen wissenschaftlichen Gesellschaften keine Rolle, obwohl beide den zündenden Funken für ihre Visionen aus den grandiosen, mystischen Entwürfen der spirituellen Alchemie bezogen hatten. Als die Alchemie erst einmal ihren Elfenbeinturm verlassen hatte und die Alchemisten ihre Entdeckungen öffentlich an andere Interessenten weitergaben, war der

Boden für die gewaltigen Fortschritte, die wir von den Naturwissenschaften zu erwarten gewohnt sind, bereitet.

Das Auftauchen der Alchemie aus der Dunkelheit ihrer eigenen esoterischen Vergangenheit wird in den Plänen einer Gruppe von chiliastischen Reformern deutlich, die während der puritanischen Revolution in England aktiv wurde. Mit Feuereifer stürzten sich diese Männer – allen voran Samuel Hartlib, ein englischer Mystiker deutscher Herkunft – auf Bacons Vision von der Wiederkehr des Goldenen Zeitalters und arbeiteten für Erneuerung in allen Bereichen des englischen Lebens. Die Wiederherstellung der Herrschaft über die Natur war ein Hauptthema in ihren Schriften und gab ihnen den Mut, in Fragen der menschlichen Natur und Gesellschaft einen radikal optimistischen Standpunkt einzunehmen. In der Nachfolge Bacons betrachteten sie Wissenschaft und Technologie als nützliche Mittel zur Erreichung utopischer Ziele und konzentrierten ihre Bemühungen auf praktische Projekte zur »Erleichterung des menschlichen Zustands«.

Als die dominierende Figur dieser Gruppe arbeitete Samuel Hartlib heroisch und unermüdlich daran, ein Kommunikationssystem zwischen Wissenschaftlern, Reformern und der großen Öffentlichkeit aufzubauen. Er schrieb und ermutigte andere, Vorschläge für eine Verbesserung von Landwirtschaft, Medizin, Chemie, Armenbetreuung, Bildung, Sprache, Münzprägung und Manufaktur-Techniken zu unterbreiten. Wiederholt reichte er beim Parlament Petitionen für die Gründung einer Art »Zentralbüro« ein, das sowohl eine Arbeitsvermittlungsstelle sein sollte wie auch eine Einrichtung zur Sammlung und Verbreitung soziologischer, wissenschaftlicher und wirtschaftlicher Informationen.

Offenheit, Kommunikation und Kooperation waren die Schlüsselbegriffe in Hartlibs Reformvision, und dieses Konzept beeinflußte auch die von Mitgliedern seiner Gruppe vorgetragenen alchemistischen Entwürfe. Benjamin Worsleys Projekt der Salpeterherstellung kann als ein gutes Beispiel dafür dienen, nicht, weil es gelungen wäre (was nicht der Fall war), sondern weil es zeigt, daß man die Alchemie allmählich als ein kooperatives Unternehmen zum Wohle der Allgemeinheit auffaßte.

Wie die meisten Alchemisten glaubte Worsley, daß die Metalle, Mineralien und Salze unter günstigen Bedingungen in der Erde entstünden. Er schlug vor, die für die Erzeugung von Salpeter richtigen Bedingungen zu schaffen und es im industriellen Maßstab zu produzieren. Die Produktion von Salpeter würde nicht nur zur Sicherheit Britanniens beitragen, da sie einen angemessenen Vorrat an Schießpulver gewährleistete, sondern Worsley hoffte auch, man könne Salpeter als Düngemittel, Schädlingsbekämpfungsmittel und Konservierungsstoff für Fisch sowie als spezielles Ingredienz zur Verbesserung der Qualität der englischen Wolle einsetzen. Diese Verwendungsweisen des Salpeters würden helfen, die Importe zu reduzieren und die Inlandsproduktion anzukurbeln, sie würde die Gold- und Silbervorräte schonen, die Waren verbilligen, die landwirtschaftlichen Erträge steigern, den Armen Arbeit geben, die britische Schiffahrt ausweiten, die Überseekolonien vergrößern und Reichtum und Prestige Britanniens erhöhen. Aufgrund höherer Steuereinnahmen würde das Parlament imstande sein, eine Gesetzesreform durchzuführen, das Evangelium zu verbreiten, die Erziehung und den allgemeinen Fortschritt in der Bildung voranzutreiben. Den Höhepunkt solcher Aktivitäten würden die Bekehrung der Juden und die Versöhnung der Kirchen darstellen!

Worsleys Pläne schlugen fehl; sie basierten auf einer falschen Theorie. Doch sein Vorschlag enthielt alle chiliastischen Implikationen des Rosenkreuzer-Reformprogramms.

Ein anderer Plan Worsleys zeigt noch deutlicher die tiefgreifende Veränderung, die mit den Alchemisten vorgegangen war. Gemeinsam mit John Morian, Hartlibs holländischem Korrespondenten in alchemistischen Fragen, und einem nicht identifizierten Mann im Hintergrund, der die hübsche Summe von 1200 Pfund in die Sache investierte, machte Worsley den Vorschlag, in kommerziell auswertbarer Größenordnung Zinn in Gold zu verwandeln. Unglücklicherweise ist aus diesem Plan dem Anschein nach genausowenig geworden wie aus dem Salpeterunternehmen, aber auch dieses Vorhaben war von einer Offenheit und Bereitschaft, Informationen zu teilen, gekennzeichnet, wie man es in früheren Zeiten nicht gekannt hatte.

Im Jahre 1655 erschien ein kleines Buch unter dem Titel *Chymical, Medicinal, and Chyrurgical Addresses: Made to Samuel Hartlib Esquire.* Zwischen den Deckeln dieses dünnen Bändchens finden sich die alte und die neue Alchemie nebeneinander. Die geheimnisvolle, arkane und bombastische Vielfalt der spirituellen Alchemie wird durch Irenäus Philalethes' »Ripley's Epistle to King Edward Unfolded« repräsentiert; aber die neue, der kooperativen Erforschung der Natur zum öffentlichen Wohl gewidmete Richtung erhält Unterstützung durch die von Robert Boyle bezeichnenderweise »An Invitation to a Free and Generous Communication of Secrets and Receits in Physick« überschriebene Abhandlung. Boyle war stark beeinflußt von Hartlibs Ideal eines freien Austauschs wissenschaftlicher Informationen, und er drängt die Alchemisten, ihre Geheimnisse zum Wohl der Allgemeinheit öffentlich bekanntzumachen:

Wäre ... das Elixier ein Geheimnis, das wir ausschließlich der Offenbarung unseres Schöpfers verdanken, nicht unserem eigenen Fleiß, dann, dünkt mich, sollten wir nicht so widerwillig Mitteilungen über etwas machen, was wir nicht durch unsere Arbeit erworben haben, da das Gebot unseres Schöpfers in einem nämlichen Fall lautete: Großzügig habt ihr empfangen, nun gebet großzügig. Sollte Gott einem unserer Geistlichen einige neuere Wahrheiten und Geheimnisse seines Evangeliums offenbaren, würden wir ihn nicht wegen der Verheimlichung dessen, was nur mitgeteilt wurde, damit es allgemein bekannt werde, verdammen? Jene Geheimnisse, die unseren Zwecken dienen sollen, verlieren nicht dadurch an Wert, daß sie ihren Zweck auch erreichen: sondern durch die Verhinderung der Ausbreitung ihrer Botschaft. Und deshalb, auch wenn Gott jene speziellen Gnaden nur einer einzigen Person erweist, so sind sie seiner Absicht nach jedoch für das Beste der ganzen Menschheit bestimmt und dazu, daß der Almosenpfleger, dem sie anvertraut sind, nicht ihr Empfänger, sondern ihr Beförderer sei.

Die von Boyle gewünschte Kooperation erforderte die Fähigkeit, sich klarer und effektiver auszudrücken, als es die Alchemisten konnten. Boyle bedauerte die Ungenauigkeit und Dunkelheit der alchemistischen Sprache. »In einem wie laxen, unbestimmten und beinahe willkürlichen Sinn sie die Termini *Salz, Schwefel* und *Quecksilber* verwenden«, klagt er, »von denen ich niemals finden konnte, daß man sich aufgrund bestimmter Definitionen oder akzeptierter Vorstellungen auf sie geeinigt hätte; nicht nur verschiedene Autoren, sondern nicht selten ein und derselbe, und vielleicht sogar in demselben Buch, verwenden die Termini in verschiedenen Bedeutungen.«

Boyles Kritik an der alchemistischen Sprache und sein eigener Versuch, chemische Termini präziser zu benutzen, reflektierten neue Entwicklungen in Wissenschaft und Philosophie und entzogen am Ende dem älteren alchemistischen Weltbild seine Glaubwürdigkeit, und mit ihr schwand jene Ehrfurcht vor dem geschriebenen Wort, die sich auf die »Signaturenlehre« der Alchemisten stützte. Woher sollte man beispielsweise wissen, daß der Sturmhut gut ist für die Augen? Nicht etwa aufgrund experimenteller Forschung, sondern weil sein Samen, winzig und dunkel und in weiße, hautähnliche Hülsen eingebettet, den Augenlidern ähnelt. Dadurch wurde seine Grundnatur oder »Signatur«, wie Paracelsus es ausdrückte, bestimmt. Die Sprache war auf diese Weise in ein Netz symbolischer Entsprechungen verstrickt, weil man glaubte, sie »spiegele« die Natur. *Wörter und Dinge waren identisch;* daher war es möglich, aus beidem Wissen zu gewinnen. Der gewaltige Energieaufwand, den die Gelehrten des Mittelalters und der Renaissance zum Zweck der Erhellung antiker Texte, besonders der Bibel, betrieben, ist nur angesichts dieser Überzeugung verständlich. Für sie stellte das alte Wort die ewige Wahrheit dar, zwar verdunkelt durch die Zeit, aber der Wiederentdeckung durch geduldige etymologische Arbeit harrend.

Die Reformation war sowohl Ursache wie auch Folge einer sich rasch ausbreitenden Haltung philosophischen Skeptizismus. Francis Bacon prangerte die Gewohnheit, Erkenntnis durch Ähnlichkeiten zu suchen, als eines der geistigen »Idole« an, die den Fortschritt der Wissenschaft behinderten. Thomas Hobbes leugnete jede essentielle Beziehung zwischen den Wörtern und den damit bezeichneten Sachen. Wissenschaftliche und philosophische Behauptungen könnten deshalb niemals für sich in Anspruch nehmen, mehr zu sein als Hypothesen. John Locke vertrat die Ansicht, daß Wissen sich aus Sinneseindrücken herleite und wie Wörter diesen Eindrücken willkürlich zugeordnet seien – nie könne, so meinte er, das Wort »Ananas« den delikaten Geschmack dieser süßen Frucht vermitteln.

Entsprechend dem Skeptizismus des Zeitalters, begannen die Philosophen des 17. Jahrhunderts, die Sprache als menschlichen und nicht göttlichen Ursprungs zu sehen. Sie betrachteten sie als ein Werkzeug, das durch menschliche Klugheit geschärft werden könne, um wissenschaftliche Erkenntnisse klar und präzise auszudrücken. Unter ihren Händen verwandelte sich die mystische Sprachauffassung, die so typisch für die Alchemisten war, in den bewußten Versuch, künstliche Sprachen zu konstruieren, um mit ihrer Hilfe die Struktur des Universums freizulegen. Der Gedanke, es lasse sich vielleicht eine Universalsprache entwickeln, deren Begriffe die Dinge genau beschreiben würden, inspirierte eine gewaltige Welle des Idealismus, weil dieser Gedanke ein Allheilmittel für alle Leiden einer geplagten Gesellschaft anzubieten schien. Wie der böhmische Philosoph Johann A. Comenius nach den Schrecken des Dreißigjährigen Krieges hoffte:

»Wenn die Menschen einander verstehen würden, werden sie wie ein Geschlecht, ein Volk, ein Haushalt, eine Schule Gottes sein . . ., und dann wird ein allumfassender Friede auf der ganzen

Welt ausbrechen, der Haß und die Ursachen des Hasses und jeglicher Streit zwischen den Menschen werden ausgeräumt werden. Denn es wird keine Gründe zum Streit mehr geben, wenn die Menschen dieselben Wahrheiten sich klar vor Augen gestellt sehen.«

Von da war es nur noch ein kleiner Schritt bis zu dem Schluß, eine einfache, klare, natürliche Art zu sprechen werde ein sicheres Fundament für den Fortschritt der Wissenschaft bilden. Leibniz, einer der großen Philosophen und Mathematiker seiner Zeit, betrachtete seine Erfindung einer Infinitesimalrechnung als ein kleines Beispiel dafür, was eine Universalsprache im großen leisten könnte:

»Da ich das Glück hatte, die mathematische Kunst der Erfindung oder Analyse beträchtlich zu vervollkommnen, begann ich völlig neue Möglichkeiten zu sehen, wie man alles menschliche Räsonieren auf eine Art von Rechenmethode reduzieren könne, die dabei helfen könnte, die Wahrheit so sehr als möglich vom Beweis oder von dem Gegebenen und Gewußten her aufzudecken, oder wenn die gegebenen Informationen nicht ausreichen, um eine Frage zu beantworten, vom Gegebenen her die genaue Wahrscheinlichkeit annäherungsweise oder präzise zu bestimmen.«

Leibniz freute sich auf den Tag, da man imstande sein würde, die Sprache auf mathematische Begriffe zu bringen, und die Menschen sich hinsetzen würden und ihre Differenzen »aus der Welt rechneten«.

Die Reduzierung der Sprache auf mathematische Gewißheiten war eines der Ideale der Mitglieder der ersten Akademie der Wissenschaften in England, der 1660 gegründeten Royal Society. Dem ersten Chronisten der Akademie, Thomas Sprat, zufolge wünschten die Mitglieder, mit »mathematischer Einfachheit« zu sprechen, wodurch alle Unterschiede von Geburt, Nationalität, und Religion überwunden werden könnten. Ihr Ziel war, »nicht die Grundlagen zu einer englischen, schottischen, irischen, papistischen oder protestantischen Philosophie zu legen, sondern zu einer Menschheitsphilosophie«. Das Motto der Royal Society lautete bezeichnenderweise *Nullius in Verba*. Die Obskurität alchemistischer Texte hatte da keine Chance mehr. Im Gegenteil. Wie Robert Boyle meinte, lautete die ehrlichste jemals von einem Alchemisten getroffene Feststellung: *Ubi palam locuti sumus, ibi nihil diximus* (Wo wir in Geheimnissen geredet haben, haben wir nichts gesagt).

John Wilkins gab der neuen Haltung gegenüber Sprache und Wissen Ausdruck, als er die Alchemisten dafür kritisierte, daß sie »eher Vermutungen als Experimente« aufzeichneten. Ohne das Experiment als Zügel der Phantasie sei der Begriff des Steins der Weisen seiner Meinung nach einer »keuschen Hure« vergleichbar: »Sie lockt viele an, aber gewährt niemandem Zutritt.« Beobachtung und Experiment waren dagegen das Kennzeichen der neuen Wissenschaft – und schließlich der Untergang der Alchemie.

Die meisten negativen experimentellen Ergebnisse hatten jene Alchemisten zu verzeichnen, die weiterhin an die Transmutation glaubten. Ein überzeugter Adept hinterließ beispielsweise eine Sammlung von 104 alchemistischen Rezepten – die *Experimenta Chimica* –, die er systematisch im Laboratorium ausprobiert hatte. Seine Bemühungen trugen kaum Früchte, und er gab seiner Enttäuschung in mehreren Sprachen Ausdruck: *Sofistico e falso*, schrieb er nach einem mißratenen Versuch neben die Anleitung. Nach anderen Fehlschlägen notierte er verschiedentlich: »Falsch«, »ganz falsch und betrügerisch«, *processus nihil valet, falsus omnino, falsissimus, bonum aurum non est*. Als besonders gemein erwies sich ein Rezept, das nicht nur das versprochene Gold nicht herbeizaubern konnte, sondern sogar die Hälfte des als Ingredienz benötigten Silbers zerstörte. *Non tantum est falsissimus; sed etiam rapacissimus*, kommentierte der aufgebrachte Experimentator. Inmitten all dieser Mißerfolge vermerkt er einen gelungenen Versuch: ein Silber-Rezept, bei dem Arsen eine Rolle spielt. Irgendwie funktionierte es; denn an den Rand dieses Rezepts schrieb der Adept: »Gewinnt man vil silber darpei.«

Auch Boerhaave war einer von denen, die ihren Glauben an die Transmutation niemals aufgaben, aber seine sorgfältigen Versuche zeigten, daß viele der Experimente, von denen die Alchemisten behaupteten, sie gehörten zum Laboratoriumsalltag, praktisch undurchführbar sind. So erhitzte er beispielsweise Quecksilber kontinuierlich fünfzehn Jahre und sechs Monate lang auf 100° F. Danach kam er zu dem Schluß, daß es weder möglich sei, allein aufgrund von Hitze aus gewöhnlichem Quecksilber philosophisches Quecksilber zu machen, noch Quecksilber in etwas Gold- oder Silberähnliches zu verwandeln. Experimente wie das von Boerhaave trugen viel dazu bei, die Alchemie mehr und mehr in Mißkredit zu bringen. Als im 18. Jahrhundert immer bessere und genauere Labortechniken und -apparate entwickelt wurden, wurde die Überprüfung alchemistischer Behauptungen weiter fortgesetzt, und langsam, aber sicher erwiesen sich immer mehr der königlichen Straßen zur Transmutation als Sackgassen.

Die Entwicklung in der Chemie hinkte bis tief ins 18. Jahrhundert weit hinter jener der Physik her. Erst mal mußte die komplizierte experimentelle und theoretische Aufgabe festzustellen, was ein Element eigentlich ist und was chemische Zusammensetzung und Veränderung bewirken, gelöst werden, bevor man wirkliche Fortschritte machen konnte. Bei der Beantwortung dieser Fragen erregte unter den Experimentatoren das Phänomen der Verbrennung die größte Aufmerksamkeit. Thomas Norton hatte den als »perfekten Meister« der Alchemie bezeichnet, der die Geheimnisse des Feuers verstehe. Die erstaunlichen, durch die Erhitzung und Verbrennung von Substanzen hervorgerufenen Wandlungsprozesse schrien geradezu nach einer Erklärung, und die Theorie der vier Elemente und der drei Prinzipien füllte diese Wissenslücke. Aristoteles hatte Hitze als die Sache definiert, die Körper in ihre Grundelemente zerlege. Jahrhundertelang akzeptierte man diese Auffassung, und das Beispiel brennenden Holzes galt als sichtbarer Beweis dafür, daß die materiellen Körper aus den vier Elementen zusammengesetzt sind –

und später aus den drei Prinzipien. Robert Boyle war einer der ersten, der diese Weisheit aufgrund überzeugender Experimente in Frage stellte. Er leugnete, daß Feuer Körper in die vier Elemente oder die drei Prinzipien zerlege. Was er dagegen herausfand, war, daß während der Verbrennung viele verschiedene Substanzen entstehen, die in dem verbrannten Material vorher nicht enthalten gewesen waren.

Boyles eigener Versuch, die Verbrennung zu erklären, zeigt, wie schwierig es zu der Zeit, als er schrieb, war, experimentell gesichertes Beweismaterial zu interpretieren. Als er in einem versiegelten Gefäß Zinn kalzifizierte, beobachtete Boyle korrekt, daß, obwohl das kalzifizierte Zinn an Gewicht zunahm, das Gewicht des geschlossenen Gefäßes vor und nach der Kalzination gleich blieb. Er notierte außerdem, daß, wenn man das Siegel an dem Gefäß aufbrach, die Außenluft hineinströmte. Dennoch war er nicht imstande, die richtige Schlußfolgerung zu ziehen (nämlich, daß das kalzifizierte Zinn seine Gewichtszunahme der Absorption von Sauerstoff verdankte), und zwar ganz einfach deshalb, weil er lange vor der Entdeckung des Sauerstoffs arbeitete und schrieb. Statt dessen folgerte er, daß die Gewichtszunahme auf feurige Partikel zurückzuführen sei, die durch die Wände des Glasgefäßes schlüpften und in das Zinn eindrangen.

Boyles Beobachtungen wurden erst zur Zeit Lavoisiers richtig interpretiert. In den dazwischen liegenden hundert Jahren erwies sich die von Georg Ernst Stahl begründete Phlogiston-Theorie als die populärste Erklärung der Verbrennung. Danach sollte aus oxydierenden (verbrennenden) Körpern ein als »Phlogiston« bezeichneter Wärmestoff entweichen. Wann immer etwas brannte, wurde Phlogiston freigesetzt. Der verbrannte Gegenstand konnte wieder in seinen Ursprungszustand zurückversetzt werden, wenn das verlorene Phlogiston durch ein phlogistonhaltiges Material wie Öl, Wachs, Holzkohle und Ruß ersetzt wurde. Stahl hatte natürlich die Abfolge der Ereignisse falsch herum dargestellt. Was er als Phlogistonverlust beschrieb, war tatsächlich eine Zunahme an Sauerstoff, und der Zusatz von Phlogiston war in

Wirklichkeit ein Verlust an Sauerstoff. Doch obwohl falsch, war Stahls Theorie nicht ohne Wert. Wie J. R. Partington ausgeführt hat, »verband sie eine große Zahl von Fakten zu dem in sich geschlossenen Körper einer falschen Doktrin, die neue Experimente anregte und Entdeckungen einleitete«.

Wer die Phlogiston-Theorie akzeptierte, stand vor zwei Hauptproblemen: 1. Warum verlor der Metallkalk an Gewicht, wenn er doch angeblich an Phlogiston zunahm? Und 2. Warum zog sich die in einer versiegelten Retorte eingeschlossene Luftmenge zusammen, wenn darin ein Metall verbrannt und angeblich Phlogiston freigesetzt wurde? Man schlug die verschiedensten Lösungsmöglichkeiten vor, um diese unbequemen, (noch) nicht zu beantwortenden Fragen zu klären. Einer der phantasievollsten zufolge verhielt sich das Phlogiston wie ein im Käfig umherfliegender Vogel. Es flog in dem Raum zwischen den Metallteilchen herum ohne zunächst – im wahrsten Sinne des Wortes – »ins Gewicht zu fallen«, bis es während der Kalzination dann tot zu Boden fiel!

Die Phlogiston-Theorie behauptete ihre starke Position in der Chemie, bis Lavoisier 1775 seine berühmten Quecksilber-Experimente durchführte. Lavoisier bewies, daß die von in einem geschlossenen Gefäß erhitztem Quecksilber absorbierte Luft das gleiche Volumen besitzt wie die Luft, die freigesetzt wird, wenn man das Quecksilberoxyd aus dem ersten Experiment erhitzte. In beiden Fällen identifizierte er die Luft als Sauerstoff. Lavoisiers Arbeit wurde durch die früheren Entdeckungen von Black, Cavendish und Priestley ermöglicht, aber er faßte ihre Ergebnisse in kohärenten Theorien zusammen, die die Chemie revolutionieren und ihr eine feste, quantitative Grundlage geben sollten.

Der letzte große Durchbruch, der die endgültige Trennung von Alchemie und Chemie markiert, war die Entwicklung der Atomtheorie durch John Dalton (1776–1844). Dalton machte sich, gestützt auf Newtons Vermutung, daß die Materie aus »soliden, massigen, harten, undurchdringlichen, in Bewegung befindlichen, in Größe und Gewicht verschiedenen Teilchen« zusammengesetzt sei, daran, die relative Größe und Schwere der Atome in verschiedenen Elementen festzustellen. Seine Erkenntnis, daß jedes Element ein spezifisches (atomisches) Gewicht habe, das seine Struktur und Reaktionsfähigkeit widerspiegele, ebnete der modernen theoretischen Chemie den Weg.

Worin die eigentliche Leistung der Alchemie bestand, hat Francis Bacon in folgendem Bild auf den Begriff gebracht:

»Man kann die Alchemie vielleicht mit dem Mann vergleichen, der seinen Söhnen erzählte, er habe ihnen irgendwo in seinem Weingarten vergrabenes Gold hinterlassen; wo sie jedoch beim Graben kein Gold fanden, aber durch das Auflockern des Erdreichs an den Wurzeln der Weinstöcke eine reiche Ernte gewährleisteten. In gleicher Weise haben die Bemühungen und Versuche, Gold zu machen, viele nützliche Erfindungen und lehrreiche Experimente zu Tage befördert.«*

Die Vorstellung, es existiere eine Substanz, die die Menschen für immer von Tod und Armut befreien könnte, war für das menschliche Suchen und Forschen ein mächtiger Ansporn. Bevor die Alchemisten wissen konnten, daß der Stein der Weisen nicht existiert, mußten sie alle möglichen Dinge ausprobieren. Sie haben vielleicht niemals unedles Metall in Gold verwandelt oder das Elixier des Lebens gefunden, aber weil sie so sehr danach strebten, haben sie uns ein Vermächtnis der Hoffnung hinterlassen. Ihrem Glauben entspringt zum Teil unser Fortschrittsoptimismus. Ihr Glaube daran, daß es möglich sei, die Natur zum Vorteil der Menschheit umzubilden, hat auch unser Handeln irgendwie bestimmt. Mit Chemie und Medizin haben wir das Bild der Erde und des Menschen in einer Weise verändert, die die Träume der meisten Alchemisten bei weitem übersteigt.

Vom Standpunkt des 20. Jahrhunderts aus betrachtet, war die Alchemie ein Irrweg. Aber auch die Chemie der Gegenwart ist bloß eine weitere Phase in der langen Geschichte von Suche und Irrtum, Mutmaßung und Widerlegung. So wie das Newtonsche

---

* Zit. n. J. Read, *Prelude to Chemistry*.

Weltbild die Alchemie stürzte, griffen Einstein und später noch die moderne Teilchenphysik die Fundamente des Newtonschen Universums an. Heisenbergs Unschärferelation und die Tiefenpsychologie Freuds und Jungs erschütterten, was zweihundert Jahre lang als unumstößlich sicher galt.

Heute stehen wir in vielerlei Hinsicht wieder an jenem Scheideweg, wo auch jener letzte Adept stand, der die Suche nach dem ewigen Leben und dem Gold der Weisen aufgab und sich statt dessen dem Aspirin und einem geregelten Job zuwandte. Trotz unserer Computer, unserer Mondflüge, trotz aller Berechnungen und Rechenmaschinen, trotz Radio und Röntgenstrahlen, Laser und Ultraschall ist das einzige ursprüngliche »Instrument«, das noch ein Hoffnungspotential für das Verständnis der Welt um uns herum birgt und das auch die Alchemisten bis zum letzten strapazierten: der Geist, der seine Geheimnisse nicht preisgegeben hat, der alles ist und worin alles eins ist.

Literaturverzeichnis

Abu'l-Qasim al-Iraqui, *The Book of Knowledge Acquired Concerning the Cultivation of Gold*, hrsg. u. übers. v. E. J. Holmyard, New York 1928.
Agrippa von Nettesheim (eigtl. Heinrich Cornelius A.), *Occulta Philosophia*, Antwerpen 1531.
Albertus Magnus, *De Mineralibus*, Köln 1619.
Alchemy and the Occult: A Catalogue of Rare Books and Manuscripts from the Collection of Paul and Mary Mellon, 4 Bde., New Haven 1968–77.
Andreae, Johann Valentin, *Christianopolis*, hrsg. v. Richard von Dülmen, Stuttgart 1972.
–, *Die Chymische Hochzeit Christiani Rosenkreutz* (1616), Neudr. Regensburg 1923.
Aristoteles, *Werke*, Griech. u. dt., 7 Bde., hrsg. v. K. Prantl, H. Aubert u. a., Aalen 1978.
Artis Auriferae, quam chemicam vocant . . ., 2 Bde., Basel 1593; 1610 u. ö.
Augustinus, *Confessiones*, Frauenfeld ³1969.
Aurora Consurgens. Ein dem Thomas von Aquin zugeschriebenes Dokument der alchemistischen Gegensatzproblematik, übers. u. hrsg. von Marie-Louise von Franz, in: C. G. Jung, *Mysterium Coniunctionis*, Werke Bd. 14, 3, Freiburg i. Br. 1971.
Avicenna, *De Congelatione et Conglutinatione Lapidum*, hrsg. v. E. J. Holmyard, Paris 1927.

Bacon, Francis, *Collected Works*, hrsg. v. Ellis u. Heath Spedding, London 1857–74; Neudr. 1962/3.
Bacon, Roger (zugeschrieben), *The True Glass of Alchemy*, London 1683.
Basilius Valentinus, »De magno lapide antiquorum sapientum«, in: *Musaeum Hermeticum reformatum et amplificatum*, Frankf. a. M. 1678, S. 377–431.
Becher, Johann Joachim, *Physicae Subterraneae*, o. O. 1669.

Berroulli, R., »Spiritual Development as Reflected in Alchemy«, in: *Spiritual Disciplines*, Papers from Eranos Yearbook 4, 1960.

Berthelot, M. P. E., *La Chimie au Moyen Âge*, 3 Bde., Paris 1893.

–, *Collections des Anciens Alchimists Grecs*, 4 Bde., Paris 1888.

–, *Introduction à L'Étude de la Chimie des Anciens et au Moyen Âge*, Paris 1889.

–, *Les Origines de l'Alchimie*, Paris 1885.

Bibliotheca Alchemica et Chemica: An Annotated Catalogue of Printed Books on Alchemy, Chemistry and Cognate Subjects in the Library of Denis I. Duveen, London 1949.

Birch, Thomas, *The History of the Royal Society of London for Improving Natural Knowledge . . .*, London 1667.

Boas (Hall), Marie, *Robert Boyle and Seventeenth-century Chemistry*, Cambridge 1958.

Boerhaave, Hermann, *Anfangsgründe der Chymie . . .*, Berlin 1762.

–, *Some Experiments Concerning Mercury*, London 1734.

Bonus, Petrus, *Margarita Pretiosa, novella correctissima, exhibens introductionem in artem . . .*, in: Mangetus, Joh. Jocobus, *Bibliotheca chemica curiosa seu rerum ad alchemiam . . .*, 2 Bde., Genf 1702, Bd. 2, S. 1–80.

Boyle, Robert, *The Sceptical Chymist* (1661), Neudr. London 1964.

–, *The Works of Honourable Robert Boyle*. To which is prefixed the Life of the Author, 6 Bde., London 1772–78.

Browne, C. A., »Rhetorical and Religious Aspects of Greek Alchemy«, in: *Ambix* 2, 1946, S. 129 ff.; 3, 1948, S. 15 ff.

Burckhardt, T., *Alchemy*, London 1971.

Burland, C. A., *The Arts of the Alchemists*, New York 1968.

Campbell, Joseph, *Der Heros in tausend Gestalten*, Frankf. a. M. 1978.

–, *The Masks of God: Primitive Mythology*, bearb. Neuaufl. London 1969; *Occidental Mythology*, 1964; *Oriental Mythology*, 1962.

Capra, Fridjoff, *Der kosmische Reigen. Physik und östliche Mystik – ein zeitgemäßes Weltbild*, Bern u. München 1977.

Cellini, Benvenuto, *Lebensbeschreibung*, übers. v. J. W. v. Goethe, Berlin 1979.

Chuang-tzu (Dschuang Dsi), *Das wahre Buch vom südlichen Blütenland*, übertr. u. erl. v. R. Wilhelm, Düsseldorf u. Köln 1979.

Chymical, Medicinal, and Chyrurgical Addresses: Made to Samuel Hartlib, Esquire, London 1665.

Cline, Walter, *Mining and Metallurgy in Negro Africa*, Menashy, Wisconsin, 1937.

Comenius, Johann A., *Große Didaktik*, hrsg. v. Andreas Flitner, Stuttgart ⁴1970.
–, *Gewalt sei ferne den Dingen*. Eine Auswahl aus seinen Schriften; hrsg. u. erl. v. Edith Biewend, Heilbronn 1971.
Crosland, Maurice, *Historical Studies in the Language of Chemistry*, London 1962.

Debus, Allen, *The Chemical Philosophy of the Renaissance*, 2 Bde., New York 1977.
–, *The English Paracelsians*, London 1965.
–, *Science and Education in the Seventeenth Century: The Webster-Ward Debate*, London 1970.
Dee, John, *Monas Hieroglyphica* → C. H. Josten, »A Translation of John Dee's ›Monas Hieroglyphica‹ (Antwerpen 1564), with an Introduction and Notes«, in: *Ambix* 12, 1964, S. 84–221.
Dijksterhuis, Eduard Jan, *Die Mechanisierung des Weltbildes*, Berlin 1965.
Dobbs, B. J. T., *The Foundations of Newton's Alchemy*, Cambridge 1975.
Douglas, Robert K., »Love and Alchemy«, in: *Chinese Stories*, London 1893.
Dubbs, H. H., »Beginnings of Alchemy«, in: *Isis* 38, 1947.
Duveen, D., »Le Livre de la Très Sainte Trinité«, in: *Ambix* 3, 1948.

Edsman, Carl-Martin, *Ignis Divinus. Le Feu comme Moyen de Rajeunissement et d'Immortalité: Contes, Legendes, Mythes, et Rites*, Lund 1949.
Eliade, Mircea, *Das Mysterium der Wiedergeburt, Initiationsriten, ihre kulturelle und religiöse Bedeutung*, Zürich u. Stuttgart 1961.
–, *Schamanismus und archaische Ekstasetechnik*, Zürich u. Stuttgart 1957.
–, *Schmiede und Alchemisten*, Stuttgart 1980.
»Experimenta Chimica« (1653/4), MS 18 Harvard University, Cambridge, Mass.; beschrieben in: W. J. Wilson, »Catalogue of Latin and Vernacular Alchemical Manuscripts in the United States and Canada«, in: *Osiris* 6, 1936.

Ferguson, John, *Bibliotheca Chemica: A Catalogue of the Alchemical, Chemical, and Pharmaceutical Books in the Collection of the late James Young of Keeley and Durris*, 2 Bde., Glasgow 1906.
Festugière, A. J./Nock, A. D., *Corpus Hermeticum*, 4 Bde., Paris 1945–54.
–, *La Révélation d'Hermes Trismegiste*, 4 Bde., Paris 1950–54.
Figuier, Louis, *L'Alchimie et les Alchimistes*, Paris 1854.
Flamel, Nicolas, »Das güldene Kleinod der Hieroglyphischen Figuren«, in: *Chymische Werke*, Hamburg 1681, S. 17–110.

Fludd, Robert, *Historia macro- et microcosmi,* London 1638.
–, *Clavis philosophiae et alchymiae,* London 1617–33.
Forbes, R. J., *Short History of the Art of Distillation,* Leiden 1948.
Frankfort, Henri, *Frühlicht des Geistes. Wandlungen des Weltbildes im alten Orient,* Stuttgart 1954.
French, P. J., *John Dee: The World of an Elizabethan Magus,* London 1972.

Geber, Johannes (Jabir ibn Hayyan), *Die Alchemie des Geber,* übers. v. Ernst Darmstaedter, Berlin 1922.
Geoghegan, D., »A License of Henry VI. to practise Alchemy«, in: *Ambix* 6, 1957.
Das Gilgamesch-Epos, übers. u. hrsg. v. Albert Schott, Stuttgart 1958 u. ö.
Givry, Grillot de, *Witchcraft, Magic and Alchemy,* Dover 1971.
Glauber, Johann Rudolf, *Furni novi philosophici,* 5 Bde., Amsterdam 1648.
–, *Miraculum mundi,* 2 Bde., Amsterdam 1653.
Gribbs, F. W., »Boerhaave's Chemical Writings«, in: *Ambix* 6, 1958.
Goltz, Dietlinde, »Alchemie und Aufklärung«, in: *Medizinhistorisches Journal* 7, 1972.
–, »Anfänge der Alchemie«, in: *Bild der Wissenschaft,* 1968, S. 887–96.
–, »Zur Geschichte der Sublimation«, in: *CIBA,* Rundschau 1970/3.
–, *Studien zur Geschichte der Mineralnamen,* Wiesbaden 1972.
–, »Versuch einer Grenzziehung zwischen ›Chemie‹ und ›Alchemie‹«, in: *Sudhoffs Archiv* 52, 1968.

Helvetius, Jan Fridericus, *Vitulus Aureus oder guldenes Kalb,* Nürnberg 1733.
Helmont, Johann Baptist van, *Ortus Medicinae, i. e. initia physica inaudita,* Amsterdam 1688; Neudr. 1966.
Heym, G., »Some Alchemical Picture Books«, in: *Ambix* 1, 1937.
Holmyard, E. J., *Alchemy,* London 1968.
Hookyaas, R., »Chemical Trichotomy before Paracelsus«, in: *Archive Internationale d'Histoire des Sciences* 28, 1949.
–, »Die Elementenlehre des Paracelsus«, in: *Janus* 39, 1935.
–, *Religion and the Rise of Modern Science,* Edinburgh 1972.
Hopkins, A. J., *Alchemy: Child of Greek Philosophy,* New York 1934.
–, »A Study of the Kerotakis Process as Given by Zosimos and Later Alchemical Writers«, in: *Isis* 29, 1938.

I Ging. Das Buch der Wandlungen, übertr. u. hrsg. v. R. Wilhelm, Düsseldorf u. Köln 1978.

Johnson, O. S., *A Study of Chinese Alchemy*, Schanghai 1928.

Jonas, Hans, *The Gnostic Religion*, Boston 1972.

Jong, H. M. E. de, *Michael Maier's Atalanta Fugiens: Sources of an Alchemical Book of Emblems*, Leiden 1969.

Josten, C. H., *Elias Ashmole (1617–1692)*, Oxford 1966.

–, »A Translation of John Dee's *Monas Hieroglyphica* (Antwerpen 1564), with an Introduction and Annotations«, in: *Ambix* 12, 1964.

–, »*Truth's Golden Harrow:* An Unpublished Alchemical Treatise of Robert Fludd in the Bodleian Library«, in: *Ambix* 3, 1949.

Jung, C. G., *Gesammelte Werke*, hrsg. v. Dr. Dieter Baumann, Lilly Jung Merker, Dr. Elisabeth Rüf, Freiburg i. Br. 1972; vor allem: Bd. 12, *Psychologie und Alchemie;* Bd. 13, *Studien über alchemistische Vorstellungen;* Bd. 14, *Mysterium Coniunctionis.*

–, *Erinnerungen, Träume, Gedanken*, hrsg. v. Aniela Jaffé, Olten u. Freiburg i. Br. [11]1981.

–, Wilhelm, Richard, *Das Geheimnis der Goldenen Blüte*, Olten u. Freiburg i. Br. [3]1971.

Ko Hung, *The Nei P'ien of Ko Hung: Alchemy, Medicine, Religion in the China of A. D. 320*, übers. v. J. R. Ware, Cambridge, Mass. 1966.

Kopp, Hermann, *Die Alchemie in älterer und neuer Zeit*, Heidelberg 1886.

Kraus, P., *Jabir Ibn Hayyan: Contribution à l'Histoire des Idées Scientifiques dans l'Islam*, 2 Bde., Kairo 1942/3.

Khunrath, Heinrich, *Amphitheatrum Sapientiae Aeternae*, Magdeburg 1608.

Lambspring, L., *das ist ein herrlicher teutscher Tractat vom philosophischen Steine . . .*, Frankf. a. M. 1625.

Lao-tzu (Laotse), *Tao-te-king*, übers. v. R. Wilhelm, Düsseldorf u. Köln 1979.

Law, William, *The Way of Divine Knowledge: The Second Dialogue*, London 1762.

Laye, Camara, *Einer aus Kurussa*, Zürich 1954.

Lefèvre, Nicolas, *A Complete Body of Chemistry*, London 1670.

Lehmann, Alfred, *Aberglaube und Zauberei von den ältesten Zeiten an bis in die Gegenwart*, Neudr. Aalen 1969.

Leibniz, Gottfried Wilhelm, *Hauptschriften zur Grundlegung der Philosophie*, 2 Bde., hrsg. v. Ernst Cassirer, Hamburg [3]1966.

Leicester, H. M., *The Historical Background to Chemistry*, London 1957.

Leisegang, Hans, *Die Gnosis*, Leipzig 1924.

–, »The Mystery of the Serpent«, in: Joseph Campbell (Hrsg.), *The Mysteries*, Papers from Eranos Yearbook, Bd. 2, 1955.

Lenglet Dufresnoy, Pierre Nicolas, *L'Histoire de la Philosophie Hermétique*, 3 Bde., Paris u. Den Haag 1742.

Lennep, J. van, *L'Art et L'Alchimie: Etude de l'Iconographie Hermétique et des ses Influences*, 1966.

Lenoble, Robert, *Mersenne, ou la Naissance du Mecanisme*, Paris 1943.

Lindeboom, G. A., *Herman Boerhaave, The Man and His Work*, London 1968.

Lindsay, Jack, *The Origins of Alchemy in Greco-Roman Egypt*, New York 1970.

Lippmann, E. O. von, *Entstehung und Ausbreitung der Alchemie*, 3 Bde., Berlin 1919–54.

–, »Some Remarks on Hermes and Hermetics«, in: *Ambix* 2/3, 1938/9.

Ludy, Fritz, *Alchemistische und chemische Zeichen . . .*, Berlin 1928.

Lu Gwei-djen, »The Inner Elixir (Nei Tan); Chinese Physiological Alchemy«, in: *Changing Perspectives in the History of Science: Essays in honor of Joseph Needham*, hrsg. v. Mikulas Teich u. Robert Young, London 1973.

Luther, Martin, »Dr. M. L.s Tischreden (1531–46)«, in: *Kritische Gesamtausgabe*, Bd. 1, Weimar 1912.

Majer, Michael, *Atalanta Fugiens, hoc est, emblemata nova de secretis naturae chymica*, Oppenheim 1618.

–, *Secretioris naturae secretorum scrutinium chymicum*, Frankf. 1687.

–, *Symbolae Aureae Mensae duodecim nationum*, Frankf. 1617.

Mâle, E., *Religious Art from the Twelfth to the Eighteenth Century*, New York 1959.

Mangetus, Johannes Jacobus, *Bibliotheca chemica curiosa seu rerum ad alchemiam pertinentium thesaurus instructissimus . . .*, 2 Bde., Genf 1702.

Mersenne, Marin, *La Vérité des Sciences*, Paris 1625.

Montgomery, J. W., *Cross and Crucible: Johann Valentin Andreae (1586–1654), Phoenix of the Theologians*, Bd. 1: *Andreae's Life, World View, and Relations with Rosicrucianism and Alchemy*, Den Haag 1973.

More, Henry, *Enthusiasmus Triumphatus*, London 1622.

Morienus → *Artis Auriferae*, Bd. 2.

Multhauf, R. P., *The Origin of Chemistry*, London 1966.

Musaeum Hermeticum reformatum et amplificatum, Frankfurt a. M. 1678.

Mylius, Johannes Daniel, *Philosophia Reformata*, Frankfurt a. M. 1622.

Nazari, Giovanni Battista, *Della Transmutatione Metallica Sogni tre*, Brescia 1599.

Needham, Joseph, *Science and Civilization in China*, Cambridge 1956 ff.

Norton, Thomas, *The Ordinall of Alkimy*, hrsg. v. E. J. Holmyard, London 1928, s. a. → *Theatrum Chemicum Britannicum*.

O'Leary, DeLacy, *How Greek Science was Passed to the Arabs*, London 1949.

Oporinus, Johannes, Assistent von → Paracelsus.

Pagel, Walter, *Das medizinische Weltbild des Paracelsus. Seine Zusammenhänge mit Neuplatonismus und Gnosis*, Wiesbaden 1962.

Paracelsus (Theophrastus Bombastus von Hohenheim), *Theophrast von Hohenheim genannt Paracelsus sämtliche Werke*. Erster Teil: *Medizinische, naturwissenschaftliche und philosophische Schriften*, hrsg. v. Karl Sudhoff u. Wilhelm Matthiessen, München u. Berlin 1922–33, 14 Bde.; Zweiter Teil: *Theologische und religionsphilosophische Schriften*, hrsg. v. K. Sudhoff, W. Matthiessen u. K. Goldammer, München u. Wiesbaden 1923 ff.

Partington, J. R., *A History of Chemistry*, 4 Bde., London 1961–70.

–, *A Short History of Chemistry*, New York 1957.

Pernety, Antoine-Joseph, *Dictionnaire Mytho-Hermétique*, Paris 1758.

–, *Les Fables Égyptiennes et Grecques Dévilées et Reduites au même Principe*, Paris 1786.

Plessner, Martin, »Geber and Jabir ibn Hayyan: an authentic sixteenth century quotation from Jabir«, in: *Ambix* 16, 1969/70.

–, »The Place of the *Turba Philosophorum* in the Development of Alchemy«, in: *Isis* 14, 1954.

–, »The *Turba Philosophorum*«, in: *Ambix* 7, 1959.

Plinius der Ältere, *Naturgeschichte*, 37 Bde., München 1973 ff.

Ramakrischna, *The Gospel of Sri Ramakrishna*, New York 1942.

Rattansi, P. M., »Paracelsus and the Puritan Revolution«, in: *Ambix* 11, 1963.

Read, John, *The Alchemist in Life, Literature and Art*, London 1947.

–, *Humour and Humanism in Chemistry*, London 1947.

–, *Through Alchemy to Chemistry*, London 1957.

–, *Prelude to Chemistry*, Mass. 1966.

Reason, Experiment and Mysticism in the Scientific Revolution, hrsg. v. M. L. Righini Bonelle u. William R. Shea, New York 1975.

Ripley, George, *The Compound of Alchymie* → *Theatrum Chemicum Britannicum.*

Rosarium Philosophorum. Secunda pars alchemiae de lapide philosophorum vero modo prae parando..., Frankf. a. M. 1550.

Ruland(us), Martin, *Lexicon Alchemiae sive dictionarium alchemisticum*, Frankf. a. M. 1612.

Ruska, Julius, *Arabische Alchemisten*, 2 Bde., Heidelberg 1924.

–, *Tabula Smaragdina*, Heidelberg 1926.

–, *Turba Philosophorum*, Heidelberg 1931.

Schuler, Robert M., »Some Spiritual Alchemists of Seventeenth Century England«, erscheint demnächst im *Journal of the History of Ideas.*

Sendivogius, Michael, *Novum lumen chemicum...* → *Musaeum Hermeticum.*

Seuse (Suso), Heinrich, *Deutsche Schriften*, Frankf. a. M. 1961.

Sheppard, H. J., »Alchemy: Origin or Origins«, in: *Ambix* 17, 1970.

–, »Colour and Symbolism in the Alchemical Opus«, in: *Scientia*, 1964.

–, »Egg Symbolism in Alchemy«, in: *Ambix* 6, 1958.

–, »Gnosticism and Alchemy«, in: *Ambix* 6, 1957.

–, »The Origin of the Gnostic-Alchemical Relationship«, in: *Scientia*, 1962.

–, »The Redemption Theme in Hellenistic Alchemy«, in: *Ambix* 7, 1959.

–, »A Survey of Alchemical and Hermetic Symbolism«, in: *Ambix* 10, 1962.

Silberer, Herbert, *Probleme der Mystik und ihre Symbolik*, Wien 1914.

Singer, Dorothea Waley, *Catalogue of Latin and Vernacular Alchemical Manuscripts in Great Britain and Ireland Dating from Before the Sixteenth Century*, 3 Bde., Brüssel 1928–31.

Sivin, N., *Chinese Alchemy: Preliminary Studies*, Harvard University Press 1968.

Sprat, Thomas, *History of the Royal Society*, London 1667.

Steele, R./Singer, D. W., »The Emerald Table«, in: *Proceedings of the Royal Academy of Medicine* 21, 1927.

Stillman, J. M., *The Story of Alchemy and Early Chemistry*, New York 1960.

Stolcius (Stoltzius von Stoltzenberg), Daniel, *Viridarium chymicum figuris adornatum*, Frankf. a. M. 1624.

Taylor, F. S., *The Alchemists: Founders of Modern Chemistry*, London 1951.

–, »The Alchemical Works of Stephanos of Alexandria«, in: *Ambix* 1, 1937; 2/3 1938/9.

–, »The Origins of Greek Alchemy«, in: *Ambix* 1, 1937.

–, »The Origins of the Thermometer«, in: *Annals of Science* 5, 1942.

–, »Symbols in Greek Alchemical Writing«, in: *Ambix* 1, 1937/8.

–, »Thomas Charnock«, in: *Ambix* 2, 1946.

–, »The Visions of Zosimos«, in: *Ambix* 1, 1937.

T(h)eres(i)a von Avila, *Vida*, o. O. 1561/2.

Theatrum Chemicum Britannicum..., hrsg. u. mit Anm. versehen v. Elias Ashmole, London 1652.

Theatrum Chemicum, praecipuos selectorum auctorum tractatus... *continens*, Bde. 1–3 Ursel 1602, 4–6 Straßburg 1613, 1622, 1661.

Thronedike, Lynn, *History of Magic and Experimental Science*, 8 Bde., New York 1923–58.

Trismosin, Salomon, *Aureum vellus, oder guldin Schatz und Kunstkammer*, Rorschach 1598.

Waite, A. E., *Alchemists through the Ages: The Lives of the Alchemystical Philosophers* (1888), New York 1970.

Wasserstein der Weysen, das ist, Ein chymisch Tractatlein, Frankf. a. M. 1619.

Webster, Charles, *The Great Instauration: Science Medicine and Reform 1626–1660*, London 1975.

Wilkins, John, *Mathematical Magick*, London 1648.

Wilson, William J., »Catalogue of Latin and Vernacular Alchemical Manuscripts in the United States and Canada«, in: *Osiris* 6, 1936.

Wittkower, R., *Born Under Saturn*, New York 1963.

Yates, Frances A., *Giordano Bruno and the Hermetic Tradition*, London 1964.

–, »The Hermetic Tradition in Renaissance Science«, in: *Art, Science and History in the Renaissance*, hrsg. v. Charles S. Singleton, Baltimore 1968.

–, *The Rosicrucian Enlightenment*, London 1972.

Bildquellennachweis

Die in diesem Buch wiedergegebenen Abbildungen wurden durchweg der englischen Originalausgabe entnommen.

Personen- und Sachregister